奥数
题库

澳大利亚数学能力检测
试题解析与评注

中学高级卷

2006—2013

（适用于高中）

〔澳〕W. J. 阿特金斯　P. J. 泰勒　M. G. 克拉珀　编著

朱华伟　孙文先　编译

科学出版社

北京

内 容 简 介

　　本书收录了 2006－2013 年澳大利亚数学能力检测中学高级卷的全部试题，对每一道试题均给出详解，有些题目还给出了多种解法与评注，以使读者加深对问题的理解并能开拓思路，培养举一反三的能力.

　　本书可供高中数学资优生，准备参加高中数学竞赛、高考及大学自主招生的学生，中学数学教师、数学爱好者、高等师范院校数学教育专业师生参考.

图书在版编目（CIP）数据

　　澳大利亚数学能力检测试题解析与评注. 中学高级卷：2006－2013 /（澳）阿特金斯（Atkins, W. J.），（澳）泰勒（Taylor, P. J.），（澳）克拉珀（Clapper, M. G.）编著；朱华伟，孙文先编译. —北京：科学出版社，2014.3
　　（奥数题库）

　　ISBN 978-7-03-040019-2

　　I. ①澳⋯　II. ①阿⋯②泰⋯③克⋯④朱⋯⑤孙⋯　III. ①中学数学课-高中-题解　IV. ① G634.605

　　中国版本图书馆 CIP 数据核字（2014）第 045154 号

责任编辑：李　敏　周　杰 / 责任校对：郭瑞芝
责任印制：赵德静 / 封面设计：黄华斌

科 学 出 版 社 出版

北京东黄城根北街 16 号
邮政编码：100717
http://www.sciencep.com

中国科学院印刷厂 印刷

科学出版社发行　各地新华书店经销

*

2014 年 4 月第 一 版　　开本：720 × 1000　1/16
2014 年 4 月第一次印刷　　印张：14
字数：300 000

定价：58.00 元

（如有印装质量问题，我社负责调换）

张景中谈奥数

华伟教授认为，竞赛数学是教育数学的一部分．这个看法是言之成理的．数学要解题，要发现问题、创造方法．年复一年进行的数学竞赛活动，不断地为数学问题的宝库注入新鲜血液，常常把学术形态的数学成果转化为可能用于教学的形态．早期的国际数学奥林匹克试题，有不少进入了数学教材，成为例题和习题．竞赛数学与教育数学的关系，于此可见一斑．

写到这里，忍不住要为数学竞赛说几句话．有一阵子，媒体上面出现不少讨伐数学竞赛的声音，有的教育专家甚至认为数学竞赛之害甚于黄、赌、毒．我看了有关报道后第一个想法是，中国现在值得反对的事情不少，论轻重缓急还远远轮不到反对数学竞赛吧．再仔细读这些反对数学竞赛的意见，可以看出来，他们反对的实际上是某些为牟利而又误人子弟的数学竞赛培训．就数学竞赛本身而言，是面向青少年中很小一部分数学爱好者而组织的活动．这些热心参与数学竞赛的数学爱好者（还有不少数学爱好者参与其他活动，例如青少年创新发明活动、数学建模活动、近年来设立的丘成桐中学数学奖），估计不超过约两亿中小学生的百分之五．从一方面讲，数学竞赛培训活动过热产生的消极影响，和升学考试体制以及教育资源分配过分集中等多种因素有关，这笔账不能算在数学竞赛头上；从另一方面看，大学招生和数学竞赛挂钩，也正说明了数学竞赛活动的成功因而得到认可．

对于青少年的课外兴趣活动，积极的对策不应当是限制堵塞，而是开源分流，发展多种课外活动，让更多的青少年各得其所，把各种活动都办得像数学竞赛这样成功并且被认可，数学竞赛培训活动过热的问题自然就化解或缓解了.

摘自《走进教育数学》丛书总序

前　言

澳大利亚数学竞赛 (Australian Mathematics Competition) 于 1978 年开始正式举办, 在此之前曾在澳大利亚一些地区进行小规模试验性的竞赛. 目前它是世界上规模最大的数学竞赛之一, 每年都吸引几十万名学生参赛, 其中部分参赛者是来自邻近国家或地区, 人数较多者有新加坡、新西兰、马来西亚、中国台湾、中国香港与菲律宾, 成绩表现优异的国家有中国、印度尼西亚、泰国、印度与保加利亚, 在澳大利亚几乎所有的学校都参加此竞赛.

澳大利亚数学竞赛中学试题依难易分为中学初级卷 (适用于小学六年级、初中一年级)、中学中级卷 (适用于初中二、三年级)、中学高级卷 (适用于高中) 三种. 试题共有 30 题, 其中第 1—25 题是五个选择项的单选题, 第 26—30 题则深具挑战性, 其答案设计为 000 ~ 999 的正整数. 答题时间 75 分钟, 不得使用任何辅助计算器具.

试题的难度是经过精心分级的, 前面的一些试题, 通常是与课堂上数学基本技能高度相关的, 我们假定所有的学生应该有能力答对这些题目. 从第 11 题以后, 试题难度逐渐加深, 特别是最后五题, 则是非常具有挑战性的.

命题委员会的组成包括来自澳大利亚与世界各地的专家, 他们全心投入拟订试题与审查试题的工作, 以确保试题的质量, 并控制试题所涉及的知识以免超出中学生的能力所及. 特别具有难度的试题，考生必须熟悉如何运用课堂知识与细心尝试各种可能性，才能够求出答案的.

　　澳大利亚数学信托基金会 (Australian Mathematics Trust) 原出版了一系列有关澳大利亚数学竞赛中学试题的解析，但由于是根据试题所属数学知识之分支编排，将中学初级卷、中级卷、高级卷的试题都融合在一起，知识面跨度较大，对于中学低年级学生阅读产生一定的困难度. 于是我们改变了编排的形式，本书收录 2006—2013 年澳大利亚数学竞赛中学高级卷的全部试题，将英文版原试题与中文翻译版试题并列，以方便学生顺便了解数学语句与词汇的英文说法. 对于每一道试题均给出了详细解答，有些题目还给出了多种解法与评注，目的是使读者加深对问题的理解与开拓思路，从中得到有益的启发. 本书英文版的所有打字编排工作全由命题委员会主席 Warren Atkins 与澳大利亚数学信托基金会执行董事 Peter Taylor 亲自操办，书中运用许多生动的图案与表格来体现一些概念，让学生易于了解. 本书非常适合喜爱数学的中学生自修.

　　在本书编译与撰写评注过程中，我们参阅了许多中外文文献资料，在此向原作者表示衷心的谢意. 财团法人台北市九章数学教育基金会研究员李政霖、广州大学博士研究生付云皓对本书的编写提供了很大的帮助，在此向他们表示真诚的感谢. 对于本书存在的问题，诚挚希望读者不吝赐教.

2013 年 11 月于广州大学城

目　　录

第1章 2006—2013年英文试题、中文试题

1.1 2006年中学高级卷英文试题

Australian Mathematics Competition 2006
Senior Division Competition Paper

Questions 1 to 10, 3 marks each

1. The value of $\dfrac{6 \times 25}{3 \times 5 \times 2}$ is

(A) 1   (B) 2   (C) 3   (D) 5   (E) 6

2. If $a = 2b - 5$, then b equals

(A) $\dfrac{a}{2}$ (B) $\dfrac{a}{2} + 5$ (C) $\dfrac{a-5}{2}$ (D) $\dfrac{a+5}{2}$ (E) $2a + 5$

3. In the diagram, $\angle POR = 120°$ and $\angle QOS = 145°$. The size of $\angle TOV$ is

(A) 45°   (B) 60°   (C) 85°   (D) 90°   (E) 95°

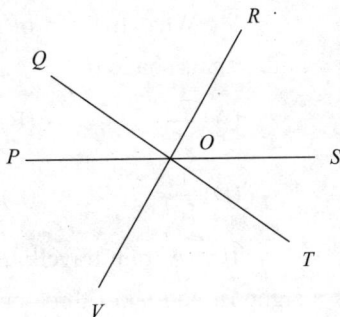

4. Which of the following is equal to $\dfrac{7}{x^2}$?

(A) $(7x)^{-2}$ (B) $\dfrac{1}{7x}$ (C) $\dfrac{1}{7x^2}$ (D) $\dfrac{x^2}{7}$ (E) $7x^{-2}$

5. In the figure, if the line has gradient -1, what is the y-intercept?

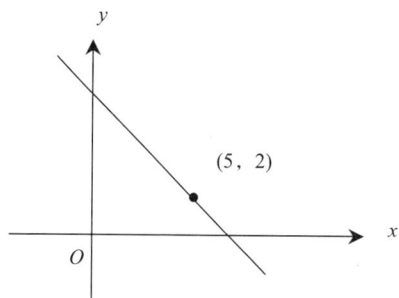

(5, 2)

(A) 4   (B) 2   (C) 6   (D) 7   (E) 5

6. The page numbers of a book are consecutive whole numbers. If you begin reading at the top of page x and stop reading at the bottom of page y, the number of pages you have read is

(A) $x - y$ (B) $y - x$ (C) $x + y$

(D) $y - x + 1$ (E) $y - x - 1$

7. A rectangular box has faces with areas of 35, 60 and 84 square centimetres. The volume of the box, in cubic centimetres, is

(A) 420   (B) 480   (C) 512   (D) 563   (E) 635

8. If $x = 3^n + 3^n + 3^n$, which of the following is equal to x^2?

(A) 9^{3n} (B) 3^{2n+2} (C) 27^{2n} (D) 3^{2n} (E) 3^{n^2+6n+9}

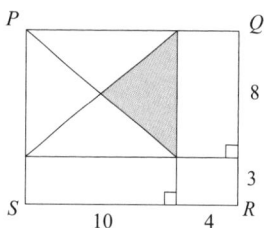

9. What fraction of the rectangle $PQRS$ in the diagram is shaded?

(A) $\dfrac{1}{16}$ (B) $\dfrac{3}{5}$ (C) $\dfrac{1}{8}$

(D) $\dfrac{1}{10}$ (E) $\dfrac{10}{77}$

10. A train travelling at constant speed takes a quarter of a minute to pass a signpost and takes three-quarters of a minute to pass completely through a tunnel which is 600 m in length. The speed of the train, in kilometres per hour, is

(A) 50   (B) 56   (C) 64   (D) 72   (E) 80

Questions 11 to 20, 4 marks each

11. In a container are 8 red, 3 white and 9 blue balls. If 3 balls are selected at

random，the probability of getting 2 red balls and 1 white ball is

(A)$\dfrac{1}{12}$　　　(B)$\dfrac{1}{4}$　　　(C)$\dfrac{7}{285}$　　　(D)$\dfrac{2}{3}$　　　(E)$\dfrac{7}{95}$

12．The number of digits in the answer to the product $16^8 \times 5^{25}$ is

(A) 24　　　(B) 25　　　(C) 26　　　(D) 27　　　(E) 28

13．If $x < y < 0 < z$, which of the following must be true?

(A) $x + y + z > 0$　　　(B) $(x + y)^2 - z > 0$　　　(C) $x + y + z^2 > 0$

(D) $x + y - z > 0$　　　(E) $x + y - z < 0$

14．In a triangle PQR, $\sin \angle P = \dfrac{1}{3}$ and $\sin \angle Q = \dfrac{1}{4}$. How many different

values can the size of $\angle R$ have?

(A) 0　　　(B) 1　　　(C) 2　　　(D) 3　　　(E) 4

15．How many different pairs of 2-digit numbers multiply to give a 3-digit

number with all digits the same?

(A) 5　　　(B) 6　　　(C) 7　　　(D) 8　　　(E) 9

16．I have 450 grams of salt and flour mix. How many grams of flour should I

add to reduce the percentage of salt in the mixture to 90% of what it was?

(A) 50　　　(B) 10　　　(C) 30　　　(D) 45　　　(E) 60

17．Five bales of hay are weighed two at a time in all possible combinations.

The weights，in kilograms，are:

110，112，113，114，115，116，117，118，120 and 121.

What is the weight，in kilograms，of the heaviest bale?

(A) 58　　　(B) 59　　　(C) 60　　　(D) 61　　　(E) 62

18．In the diagram，$PQRS$ is a square of side 2 units. M, N, O and L are the midpoints of PQ, QR, RS and SP respectively，and T is a point on LM.

The area，in square units，of $\triangle TNO$ is

(A) 2　　　(B) 1　　　(C) $\sqrt{2}$

(D)$\dfrac{4}{5}$　　　(E)$\dfrac{\sqrt{3}}{2}$

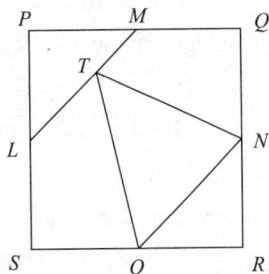

19．If $7^{x+1} - 7^{x-1} = 336\sqrt{7}$, then the value of x is

(A) $\dfrac{5}{2}$ (B) $\dfrac{3}{2}$ (C) $\dfrac{-3}{2}$ (D) $\dfrac{7}{2}$ (E) $\dfrac{1}{2}$

20. The nine squares of a 3×3 grid painted on a wall are to be coloured red, white and blue so that no row or column contains squares of the same colour. One such pattern is shown in the diagram. How many different patterns can be made?

R	W	B
B	R	W
W	B	R

(A) 15 (B) 6 (C) 9 (D) 12 (E) 24

Questions 21 to 30, 5 marks each

21. The squares $PQRS$ and $LMNO$ have equal sides of 1 m and are initially placed so that the side SR touches LM as shown.

The square $PQRS$ is rotated about R until Q coincides with N. The square is then rotated about Q until P coincides with O. It is then rotated about P until S coincides with L and then finally rotated about S until R coincides with M and the square is now back to its original position. The length, in metres, of the path traced out by the point P in these rotations is

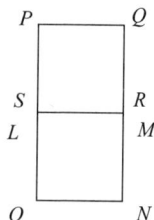

(A) $\pi(2 + \sqrt{2})$ (B) 4π (C) $2\pi(2 + \sqrt{2})$

(D) 2π (E) $\pi(3 + \sqrt{2})$

22. The vertices of a cube are each labelled with one of the integers $1, 2, 3, \cdots,$ 8. A face-sum is the sum of the labels of the four vertices on a face of the cube. What is the maximum number of equal face-sums in any of these labellings?

(A) 2 (B) 3 (C) 4 (D) 5 (E) 6

23. In a tetrahedron $PQRS$, $\angle PSR = 30°$ and $\angle QSR = 40°$. If the size of $\angle PSQ$ is an integral number of degrees, how many possible values can it have?

(A) 9 (B) 59 (C) 69 (D) 90 (E) 180

24. For how many positive integer values of a does the equation
$$\sqrt{a + x} + \sqrt{a - x} = a$$
have a real solution for x?

(A) 0 (B) 1 (C) 2 (D) 3 (E) 4

25. Eight points lie on the circumference of a circle. One of them is labelled P. Chords join some or all of the pairs of these points so that the seven points other

than P lie on different numbers of chords. What is the minimum number of chords on which P lies?

(A) 1   (B) 2   (C) 3   (D) 4   (E) 5

For questions 26 to 30, shade the answer as a whole number from 000 to 999 in the space provided on the answer sheet.

26. Each of the students in a class writes a different 2-digit number on the whiteboard. The teacher claims that no matter what the students write, there will be at least three numbers on the whiteboard whose digits have the same sum. What is the smallest number of students in the class for the teacher to be correct?

27. The sum of three numbers is 4, the sum of their squares is 10 and the sum of their cubes is 22. What is the sum of their fourth powers?

28. In a regular polygon there are two diagonals such that the angle between them is 50°. What is the smallest number of sides of the polygon for which this is possible?

29. The sum of n positive integers is 19. What is the maximum possible product of these n numbers?

30. Three circles of radius 1, 2 and 3 centimetres just touch each other as shown. A smaller circle lies in the space between them, just touching each one.

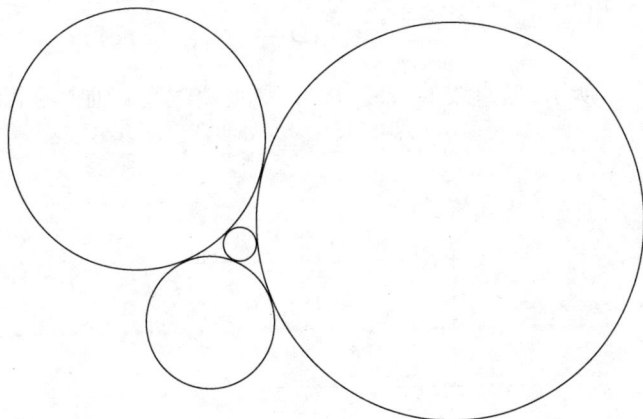

The radius of the smallest circle is, in centimetres, $\dfrac{p}{q}$, where p and q are integers with no common factors. What is the value of $p + q$?

1.2　2006 年中学高级卷中文试题

2006 年澳大利亚数学能力检测中学高级卷

1—10 题，每题 3 分

1. 算式 $\dfrac{6 \times 25}{3 \times 5 \times 2}$ 等于

(A) 1　　　　(B) 2　　　　(C) 3　　　　(D) 5　　　　(E) 6

2. 若 $a = 2b - 5$，则 b 等于

(A) $\dfrac{a}{2}$　　　(B) $\dfrac{a}{2} + 5$　　　(C) $\dfrac{a-5}{2}$　　　(D) $\dfrac{a+5}{2}$　　　(E) $2a + 5$

3. 在图 1-1 中，已知 $\angle POR = 120°$ 且 $\angle QOS = 145°$，请问 $\angle TOV$ 等于什么?

(A) 45°　　　　(B) 60°　　　　(C) 85°

(D) 90°　　　　(E) 95°

4. 请问 $\dfrac{7}{x^2}$ 等于下列哪一项?

(A) $(7x)^{-2}$　　　(B) $\dfrac{1}{7x}$　　　(C) $\dfrac{1}{7x^2}$

(D) $\dfrac{x^2}{7}$　　　(E) $7x^{-2}$

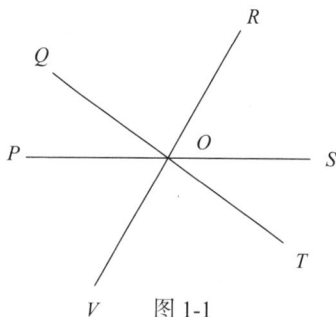

图 1-1

5. 如图 1-2 所示，若直线的斜率为 -1，则此直线在 y 轴上的截距为多少?

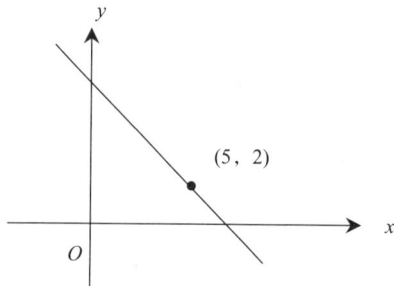

图 1-2

(A) 4　　　　(B) 2　　　　(C) 6　　　　(D) 7　　　　(E) 5

6. 书本的页数为连续的正整数. 已知您从第 x 页第一行开始阅读，直到第 y 页最后一行为止，请问您共阅读了多少页？

(A) $x-y$　　　　(B) $y-x$　　　　(C) $x+y$

(D) $y-x+1$　　　(E) $y-x-1$

7. 有一个长方形纸盒，其中三个面的面积为 $35\ \mathrm{cm}^2$、$60\ \mathrm{cm}^2$ 及 $84\ \mathrm{cm}^2$. 请问这个纸盒的体积为多少立方厘米？

(A) 420　　(B) 480　　(C) 512　　(D) 563　　(E) 635

8. 若 $x=3^n+3^n+3^n$，请问下列哪一项的值等于 x^2？

(A) 9^{3n}　　(B) 3^{2n+2}　　(C) 27^{2n}　　(D) 3^{2n}　　(E) 3^{n^2+6n+9}

9. 图 1-3 中，请问矩形 $PQRS$ 的几分之几被涂上阴影？

(A) $\dfrac{1}{16}$　　(B) $\dfrac{3}{5}$　　(C) $\dfrac{1}{8}$

(D) $\dfrac{1}{10}$　　(E) $\dfrac{10}{77}$

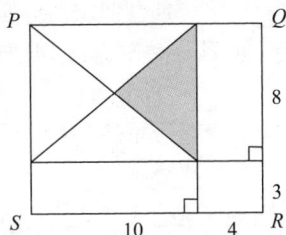

图 1-3

10. 一列火车以匀速行驶，这列火车通过一个信号灯耗时四分之一分钟，它从进入一座 $600\ \mathrm{m}$ 长的隧道开始到完全离开为止耗时四分之三分钟. 请问这列火车的时速为多少千米每小时？

(A) 50　　(B) 56　　(C) 64　　(D) 72　　(E) 80

11—20题，每题 4 分

11. 有一个箱子内有 8 颗红色球、3 颗白色球以及 9 颗蓝色球. 从箱子中随机取出 3 颗球，请问取出的球中有 2 颗红色球与 1 颗白色球的概率是多少？

(A) $\dfrac{1}{12}$　　(B) $\dfrac{1}{4}$　　(C) $\dfrac{7}{285}$　　(D) $\dfrac{2}{3}$　　(E) $\dfrac{7}{95}$

12. 将 $16^8\times 5^{25}$ 乘开，请问所得的乘积共有几位数字？

(A) 24　　(B) 25　　(C) 26　　(D) 27　　(E) 28

13. 已知 $x<y<0<z$，请问下列哪一项恒为真？

(A) $x+y+z>0$　　　　(B) $(x+y)^2-z>0$　　　(C) $x+y+z^2>0$

(D) $x+y-z>0$　　　　(E) $x+y-z<0$

14. 在 $\triangle PQR$ 中，已知 $\sin \angle P = \frac{1}{3}$ 且 $\sin \angle Q = \frac{1}{4}$。请问满足此条件的 $\angle R$ 有多少种不同的值？

(A) 0　　　　(B) 1　　　　(C) 2　　　　(D) 3　　　　(E) 4

15. 将两个两位数相乘，得到一个每位数码都相同的三位数，请问这样的两位数共有多少对？

(A) 5　　　　(B) 6　　　　(C) 7　　　　(D) 8　　　　(E) 9

16. 现有面粉及食盐的混合物 450 g。若欲使此混合物中的食盐所占的比例降低为原来的 90%，请问应再加入多少克的面粉？

(A) 50　　　(B) 10　　　(C) 30　　　(D) 45　　　(E) 60

17. 有五捆干草，每次任取两捆称重，将所有可能的组合都各称一次。其重量 (以千克计) 分别为

110，112，113，114，115，116，117，118，120 与 121。

请问最重的一捆干草的重量为多少千克？

(A) 58　　　　(B) 59　　　　(C) 60

(D) 61　　　　(E) 62

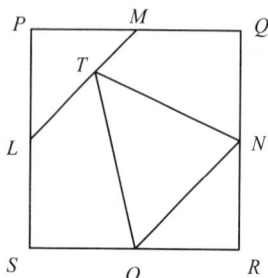

图 1-4

18. 图 1-4 中，正方形 $PQRS$ 边长为 2 单位。点 M、N、O 及 L 分别为边 PQ、QR、RS 及 SP 的中点，且 T 为 LM 上的一点。

请问 $\triangle TNO$ 的面积为多少平方单位？

(A) 2　　　　(B) 1　　　　(C) $\sqrt{2}$

(D) $\frac{4}{5}$　　　　(E) $\frac{\sqrt{3}}{2}$

19. 已知 $7^{x+1} - 7^{x-1} = 336\sqrt{7}$，则 x 之值等于

(A) $\frac{5}{2}$　　(B) $\frac{3}{2}$　　(C) $\frac{-3}{2}$　　(D) $\frac{7}{2}$　　(E) $\frac{1}{2}$

20. 将画在墙壁上的 3×3 方格表的九个方格内分别涂上红、白或蓝色，使得每一列、每一行的小方格内所涂的颜色都互不相同。如图 1-5 所示是其中一种涂法的例子。请问共可涂出多少种不同的图案？

(A) 15　　　　(B) 6　　　　(C) 9

(D) 12　　　　(E) 24

红	白	蓝
蓝	红	白
白	蓝	红

图 1-5

21—30题，每题5分

21. 正方形 PQRS 与 LMNO 之边长均为 1 m. 开始时的位置 SR 与 LM 重合在一起，如图 1-6 所示.

将正方形 PQRS 绕着点 R 旋转，直到点 Q 与点 N 重合为止. 再将此正方形绕着点 Q 旋转，直到点 P 与点 O 重合为止. 接着再将此正方形绕着点 P 旋转直至点 S 与点 L 重合为止，最后绕着点 S 旋转直到点 R 与点 M 重合为止，此时正方形绕回原来位置. 经过这几次的旋转，请问点 P 的轨迹的总长度为多少米？

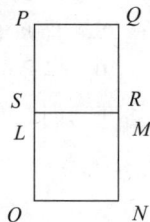

图 1-6

(A) $\pi(2+\sqrt{2})$　　　　(B) 4π　　　　(C) $2\pi(2+\sqrt{2})$

(D) 2π　　　　(E) $\pi(3+\sqrt{2})$

22. 将数 1、2、3、…、8 不重复地分别填写在正立方体的顶点上，每个顶点写上一个数. 将在同一个面上四个顶点的数相加，所得的和称为这个面的面和. 请问在所有的填写方法中，最多可以使几个面和相等？

(A) 2　　　　(B) 3　　　　(C) 4　　　　(D) 5　　　　(E) 6

23. 在四面体 PQRS 中，$\angle PSR = 30°$ 且 $\angle QSR = 40°$. 若 $\angle PSQ$ 的度数为正整数，请问它有几个可能的值？

(A) 9　　　　(B) 59　　　　(C) 69　　　　(D) 90　　　　(E) 180

24. 在方程 $\sqrt{a+x} + \sqrt{a-x} = a$ 中，请问有多少个正整数 a 可以使得 x 有实数根？

(A) 0　　　　(B) 1　　　　(C) 2　　　　(D) 3　　　　(E) 4

25. 在一个圆的圆周上有 8 个点，其中一个点标记为 P. 在某些点之间连上若干条弦，使得除了点 P 以外的 7 个点，每个点所连出的弦数都互不相同. 请问点 P 至少要连出多少条弦？

(A) 1　　　　(B) 2　　　　(C) 3　　　　(D) 4　　　　(E) 5

问题 26—30 的答案为 000~999 的整数，请将答案填在答案卡上对应的位置.

26. 老师请班上每位学生都分别在黑板上写一个互不相同的两位数. 老师宣称无论学生怎样写这些数，黑板上至少有三个数，其数码和都相等. 请问班上至少要有多少位学生才能保证老师所说的话正确？

27. 有三个数之和为 4，其平方和为 10 且其立方和为 22. 请问这三个数的四次方和为多少?

28. 有一个正多边形,它有两条对角线的交角为 50°. 请问这个正多边形至少要有几条边才有此可能?

29. 有 n 个正整数,其总和为 19. 请问这 n 个数最大可能的乘积为何?

30. 半径分别为 1 cm、2 cm 及 3 cm 的三个圆两两都互相外切,有一个小圆落在它们之间,且与它们都相切,如图 1-7 所示.

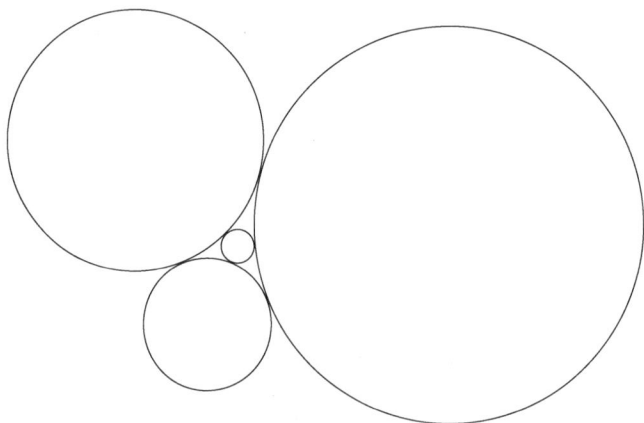

图 1-7

若此小圆的半径为 $\dfrac{p}{q}$ cm,其中 p 及 q 为除了 1 以外,并无其他公因子的两个正整数. 请问 $p+q$ 之值等于多少?

1.3 2007年中学高级卷英文试题

Australian Mathematics Competition 2007
Senior Division Competition Paper

Questions 1 to 10, 3 marks each

1. $2(5.61 - 4.5)$ equals

(A) 3.1   (B) 10.48   (C) 2   (D) 2.22   (E) 6.72

2. If $2^n + 2^n = 2^m$, then

(A) $n + n = m$ (B) $n + 1 = m$ (C) $4n = m$

(D) $m + 1 = n$ (E) $n^2 = m$

3. PQR is a straight line. The value of x is

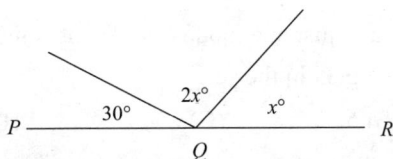

(A) 30   (B) 45   (C) 50   (D) 60   (E) 150

4. Of the following，which is the largest fraction?

(A) $\dfrac{7}{15}$ (B) $\dfrac{3}{7}$ (C) $\dfrac{6}{11}$ (D) $\dfrac{4}{9}$ (E) $\dfrac{1}{2}$

5. Nicky started a mobile phone call at 10: 57 am. The charge for the call was 89 cents per minute and the total cost for the call was \$6.23. Nicky's call ended at

(A) 11: 27 am   (B) 11: 14 am   (C) 11: 04 am

(D) 11: 46 am   (E) 11: 05 am

6. The straight lines with equations $2x + y = q$ and $y = x - p$ meet at the point $(2，k)$. The value of $p + q$ is

(A) 2   (B) 3   (C) 4   (D) 5   (E) 6

7. PQR is an equilateral triangle，QS and QT divide $\angle PQR$ into three equal parts. The size of $\angle QTS$，in degrees，is

(A) 60   (B) 70   (C) 80

(D) 90   (E) 100

8. Jane's age is a prime number. Andy's age has 8 factors and he is one year older than Jane. Of the following numbers，which could be the sum of their ages?

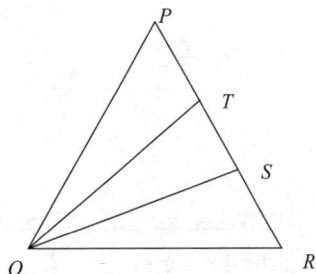

(A) 27   (B) 39   (C) 75

(D) 87   (E) 107

9. $PQRS$ is a parallelogram and T lies on PQ such that $PT : TQ = 3 : 2$. The ratio of the area of $PTRS$ to the area of $PQRS$ is

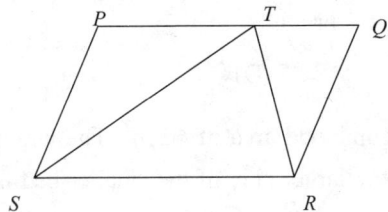

(A) 1 : 2   (B) 2 : 3

(C) 3 : 4   (D) 4 : 5

(E) 5 : 6

10. Five positive integers have a

mean of 5, a median of 5 and just one mode of 8. What is the difference between the largest and the smallest integers in the set?

(A) 4   (B) 5   (C) 6   (D) 7   (E) 8

Questions 11 to 20, 4 marks each

11. Dad filled his sprayer with 8 litres of water. He then added 16 drops of insecticide instead of the recommended dosage of 32 drops. After using 2 litres of the spray, he realised his mistake, refilled the sprayer with another 2 litres of water and added a suffcient number of drops of insecticide to reach the recommended concentration. The number of extra drops that dad needed to add was

(A) 20   (B) 12   (C) 8   (D) 16   (E) 24

12. The game of Four Tofu is played on a 4×4 grid. When completed, each of the numbers 1, 2, 3 and 4 occurs in each row and column of the 4×4 grid and also in each 2×2 corner of the grid.

When the grid shown is completed, the sum of the four numbers in the corners of the 4×4 grid is

(A) 13   (B) 11   (C) 15   (D) 12   (E) 10

13. Holly writes down all the two-digit numbers which can be formed using the digits 1, 3, 7 and 9 (including 11, 33, 77 and 99). Warren selects one of these numbers at random. What is the probability that it is prime?

(A) $\dfrac{5}{8}$ (B) $\dfrac{1}{2}$ (C) $\dfrac{9}{16}$ (D) $\dfrac{11}{16}$ (E) $\dfrac{3}{4}$

14. Two rectangular garden beds have a combined area of 40 m². The larger bed has twice the perimeter of the smaller and the larger side of the smaller bed is equal to the smaller side of the larger bed. If the two beds are not similar, and if all

edges are a whole number of metres, what is the length, in metres, of the longer side of the larger bed?

(A) 7   (B) 8   (C) 10   (D) 14   (E) 27

15. I take a two-digit positive number and add to it the number obtained by reversing the digits. For how many two-digit numbers is the result of this process a perfect square?

(A) 1   (B) 3   (C) 5   (D) 8   (E) 10

16. Ann, Bill and Carol sit on a row of 6 seats. If no two of them sit next to each other, in how many different ways can they be seated?

(A) 12   (B) 24   (C) 18   (D) 36   (E) 48

17. The number of integer solutions of the equation $(x^2 - 3x + 1)^{x+1} = 1$ is

(A) 1   (B) 2   (C) 3   (D) 4   (E) 5

18. Ava and Lucy both jog at 8 km/h along a straight path with Lucy staying 12 m behind Ava. Elizabeth jogs at 6 km/h along a straight path which meets the first path at right-angles at P. When Elizabeth is at P she is the same distance from Ava as from Lucy.

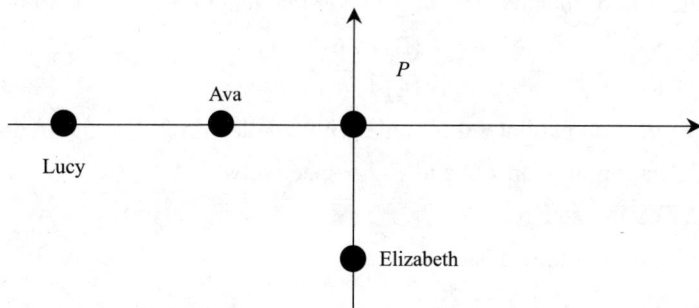

When Ava was first 50 m from P, how far, in metres, was Elizabeth from P?

(A) 40   (B) 42   (C) 44   (D) 46   (E) 48

19. On a 3×5 chessboard, a counter can move one square at a time along a row or a column, but not along any diagonal. Starting from some squares, it can visit each of the other 14 squares exactly once, without returning to its starting square. Of the 15 squares, how many could be the counter's starting square?

(A) 5   (B) 6   (C) 7   (D) 8   (E) 9

20. The inscribed circle of an equilateral triangle has radius 1 unit. A smaller circle is tangent to this circle and to two sides of the triangle as shown. The radius of this smaller circle is

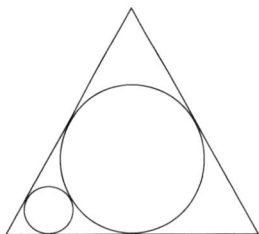

(A) $\dfrac{1}{3}$ (B) $\dfrac{1}{2}$ (C) $\dfrac{\sqrt{3}}{6}$

(D) $\dfrac{\sqrt{3}-1}{2}$ (E) $\dfrac{1}{5}$

Questions 21 to 25, 5 marks each

21. There are four lifts in a building. Each makes three stops, which do not have to be on consecutive floors or include the ground floor. For any two floors, there is at least one lift which stops on both of them. What is the maximum number of floors that this building can have?

(A) 4   (B) 5   (C) 6   (D) 7   (E) 12

22. A bee can fly or walk only in a straight line between any two corners on the inside of a cubic box of edge length 1. The bee managed to move so that it visited every corner of the box without passing through the same point twice in the air or on the wall of the box. The largest possible length of such a path is

(A) $2+5\sqrt{2}$ (B) $1+6\sqrt{2}$ (C) $7\sqrt{2}$

(D) $\sqrt{3}+6\sqrt{2}$ (E) $4\sqrt{3}+3\sqrt{2}$

23. PQR is an equilateral triangle with side length 2. S is the midpoint of QR and T and U are points on PR and PQ respectively such that $STXU$ is a square.

The area of this square is

(A) $6-3\sqrt{3}$ (B) $\dfrac{5-2\sqrt{3}}{2}$

(C) $\dfrac{3}{4}$ (D) $\dfrac{2\sqrt{2}}{3}$

(E) $\dfrac{1+\sqrt{2}}{2}$

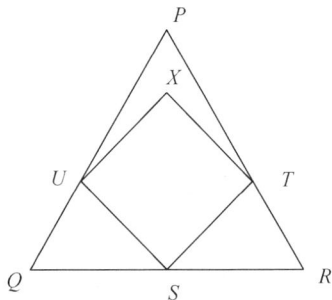

24. How many functions $f(x)=ax^2+bx+c$ are there with the property that, for all x, $f(x)\times f(-x)=f(x^2)$?

(A) 4   (B) 6   (C) 8   (D) 10   (E) 12

25. Let $(\sqrt{2}+1)^{2007} = a + b\sqrt{2}$, where a and b are integers. The highest common factor of b and 81 is

(A) 1　　　　(B) 3　　　　(C) 9　　　　(D) 27　　　　(E) 81

For questions 26 to 30, shade the answer as a whole number from 000 to 999 in the space provided on the answer sheet. Question 26 is 6 marks, question 27 is 7 marks, question 28 is 8 marks, question 29 is 9 marks and question 30 is 10 marks.

26. A rectangular area measuring 3 units by 6 units on a wall is to be covered with 9 tiles each measuring 1 unit by 2 units. In how many ways can this be done?

27. There are 42 points P_1, P_2, P_3, $\cdots$, P_{42}, placed in order on a straight line so that each distance from P_i to P_{i+1} is $\dfrac{1}{i}$ where $1 \leqslant i \leqslant 41$. What is the sum of the distances between every pair of these points?

28. A lucky number is a positive integer which is 19 times the sum of its digits. How many different lucky numbers are there?

29. On my calculator screen the number 2659 can be read upside down as 6592. The digits that can be read upside down are 0, 1, 2, 5, 6, 8, 9 and are read as 0, 1, 2, 5, 9, 8, 6 respectively. Starting with 1, the fifth number that can be read upside down is 8 and the fifteenth is 21. What are the last three digits of the 2007th number that can be read upside down?

30. Consider the solutions (x, y, z, u) of the system of equations

$$x + y = 3(z + u),$$
$$x + z = 4(y + u),$$
$$x + u = 5(y + z),$$

where x, y, z and u are positive integers. What is the smallest value that x can have?

1.4　2007 年中学高级卷中文试题

2007 年澳大利亚数学能力检测中学高级卷

1—10 题，每题 3 分

1. 算式 $2(5.61 - 4.5)$ 等于

(A) 3.1　　　　(B) 10.48　　　　(C) 2　　　　(D) 2.22　　　　(E) 6.72

2. 若 $2^n + 2^n = 2^m$，则

(A) $n + n = m$　　　　　(B) $n + 1 = m$　　　　　(C) $4n = m$

(D) $m + 1 = n$　　　　　(E) $n^2 = m$

3. 在图 1-8 中，PQR 为一直线，则 x 之值等于

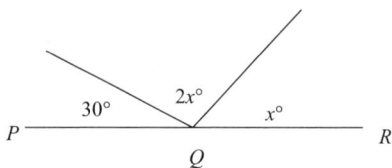

图 1-8

(A) 30　　　(B) 45　　　(C) 50　　　(D) 60　　　(E) 150

4. 请问下列哪一项分数最大?

(A) $\dfrac{7}{15}$　　(B) $\dfrac{3}{7}$　　(C) $\dfrac{6}{11}$　　(D) $\dfrac{4}{9}$　　(E) $\dfrac{1}{2}$

5. 小倪用手机从上午 10:57 开始通话，手机每分钟的通话费为 \$0.89. 若这通电话共花费 \$6.23，请问小倪在什么时刻结束通话?

(A) 上午 11:27　　　(B) 上午 11:14　　　(C) 上午 11:04

(D) 上午 11:46　　　(E) 上午 11:05

6. 表示为方程 $2x + y = q$ 及 $y = x - p$ 的两条直线相交于点 $(2, k)$，请问 $p + q$ 之值等于什么?

(A) 2　　　(B) 3　　　(C) 4　　　(D) 5　　　(E) 6

7. 在等边 $\triangle PQR$ 中，QS 和 QT 将 $\angle PQR$ 分为三等份. 请问 $\angle QTS$ 为多少度 (图 1-9) ?

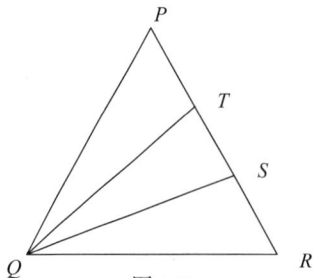

图 1-9

(A) 60　　　(B) 70　　　(C) 80

(D) 90　　　(E) 100

8. 珍妮的年龄是一个质数，安迪的年龄有 8 个因子且安迪的年龄比珍妮的年龄大一岁. 请问下列哪一个数可能是他们两人的年龄之和?

(A) 27　　　(B) 39　　　(C) 75

(D) 87　　　(E) 107

9. 平行四边形 $PQRS$ 中，点 T 在线段 PQ 上使得 $PT : TQ = 3 : 2$，如图

1-10 所示，请问 *PTRS* 的面积与 *PQRS* 的面积之比是什么？

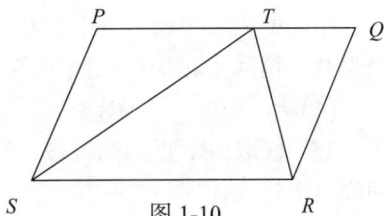

图 1-10

(A) 1 : 2　　　　(B) 2 : 3

(C) 3 : 4　　　　(D) 4 : 5

(E) 5 : 6

10. 有五个正整数的平均值为 5，中位数为 5 且只有一个众数为 8. 请问这五个正整数中，最大的数与最小的数之差是多少？

(A) 4　　　　(B) 5　　　　(C) 6　　　　(D) 7　　　　(E) 8

11—20 题，每题 4 分

11. 爸爸在一个喷雾器内装入 8 升水，他本应加入 32 颗药剂，但他却只加入 16 颗. 当用掉两升溶液后，他才发现这个错误，于是他再加入两升的水，并再加入足够数量的药剂以符合要求. 请问他应再加入药剂多少颗？

(A) 20　　　　(B) 12　　　　(C) 8　　　　(D) 16　　　　(E) 24

12. "四块豆腐游戏"是一个在 4×4 方格表内玩的游戏. 当此游戏完成时，在 4×4 方格表内的每一行、每一列及每个在角落上的 2×2 方格表上的数都恰好有 1、2、3、4 各一个. 当将图 1-11 的方格表完成后，请问在 4×4 方格表上四个角落上的数之和是多少？

	2		
			1
		1	3
4			

图 1-11

(A) 13　　　　(B) 11　　　　(C) 15　　　　(D) 12　　　　(E) 10

13. 小何写下由数码 1、3、7 和 9 组成的所有两位数 (包括 11、33、77 和 99). 小伦从这些两位数中任取一个数，请问他所取的这个数是质数的概率是什么？

(A) $\dfrac{5}{8}$　　　　(B) $\dfrac{1}{2}$　　　　(C) $\dfrac{9}{16}$　　　　(D) $\dfrac{11}{16}$　　　　(E) $\dfrac{3}{4}$

14. 两座矩形的花坛面积总共为 40 m². 大花坛的周长是小花坛周长的两

倍,并且小花坛的长边等于大花坛的短边.若两个花坛不相似且它们的边长都是整数,请问大花坛的长边为多少米?

(A) 7　　　　(B) 8　　　　(C) 10　　　　(D) 14　　　　(E) 27

15. 任取一个正的两位数,然后把这个数加上将其数码对调所得的数.请问经由上述操作所得的和为完全平方数的两位数共有几个?

(A) 1　　　　(B) 3　　　　(C) 5　　　　(D) 8　　　　(E) 10

16. A、B 和 C 被安排坐入排成一行的 6 个座位中,若任何两个人都不可以相邻而坐,请问共有多少种不同的入座方式?

(A) 12　　　　(B) 24　　　　(C) 18　　　　(D) 36　　　　(E) 48

17. 请问方程 $(x^2 - 3x + 1)^{x+1} = 1$ 有几个整数解?

(A) 1　　　　(B) 2　　　　(C) 3　　　　(D) 4　　　　(E) 5

18. 小艾和小蔷都以 8 km/h 的速度沿着一直线的路径慢跑,小蔷在小艾后面 12 m 处.小伊则以 6 km/h 的速度沿着与上述路径在 P 点相交出一个直角的直线路径上慢跑,如图 1-12 所示.当小伊抵达 P 点时,她与小艾、小蔷两人的距离都相等.若开始时小艾与 P 点的距离为 50 m,请问此时小伊与 P 点的距离为多少米?

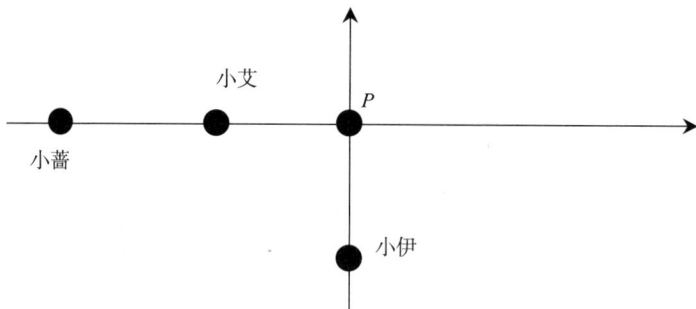

图 1-12

(A) 40　　　　(B) 42　　　　(C) 44　　　　(D) 46　　　　(E) 48

19. 在 3×5 的棋盘上,一个棋子每次可以沿水平或铅直方向移动一小格,但不可以沿任何斜对角线移动.从某些特定的格子开始,要求棋子经过全部的小正方格恰好一次,但不需要回到原来出发的小方格上.在这 15 个小方格中,请问有多少个小方格可以是这个棋子出发的小方格?

(A) 5　　　　(B) 6　　　　(C) 7　　　　(D) 8　　　　(E) 9

20. 正三角形的内切圆半径为 1. 有一个小圆同时与此圆及三角形的两个边相切，如图 1-13 所示，请问小圆的半径是什么？

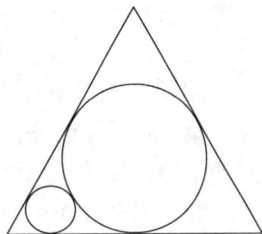

(A) $\dfrac{1}{3}$　　　(B) $\dfrac{1}{2}$　　　(C) $\dfrac{\sqrt{3}}{6}$

(D) $\dfrac{\sqrt{3}-1}{2}$　　　(E) $\dfrac{1}{5}$

图 1-13

21—25题，每题 5 分

21. 某一栋大楼共有四部电梯，每部电梯都可停三个楼层，这三层楼不必是连续的楼层也不一定要包括地面层. 若任意两个楼层之间，都至少有一部电梯可同时停这两层楼，请问这一栋建筑最多能有几个楼层？

(A) 4　　　(B) 5　　　(C) 6　　　(D) 7　　　(E) 12

22. 一只蜜蜂在一个边长为 1 的正立方体盒子的内部，它仅可以在任意两个顶点之间沿着直线行走或飞行. 这只蜜蜂打算用行走或飞行去经过每个顶点一次，但不可重复经过盒壁上或盒子内部空间中的任何一个点. 请问在满足上述条件下，它可以经过的最长路径为多少？

(A) $2+5\sqrt{2}$　　　　(B) $1+6\sqrt{2}$　　　　(C) $7\sqrt{2}$

(D) $\sqrt{3}+6\sqrt{2}$　　　(E) $4\sqrt{3}+3\sqrt{2}$

23. 正 $\triangle PQR$ 之边长为 2. 点 S 为 QR 边上的中点，点 T 与点 U 分别为 PR 边与 PQ 边上的点，使得 $STXU$ 为正方形，如图 1-14 所示. 请问正方形 $STXU$ 的面积是什么？

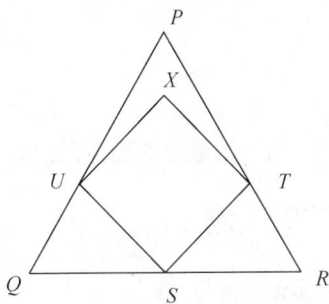

图 1-14

(A) $6-3\sqrt{3}$　　　(B) $\dfrac{5-2\sqrt{3}}{2}$

(C) $\dfrac{3}{4}$　　　(D) $\dfrac{2\sqrt{2}}{3}$

(E) $\dfrac{1+\sqrt{2}}{2}$

24. 请问有几个函数 $f(x)=ax^2+bx+c$ 具有性质：对于所有的 x，$f(x)\times f(-x)=f(x^2)$ 的性质？

(A) 4　　　(B) 6　　　(C) 8　　　(D) 10　　　(E) 12

25. 令 $(\sqrt{2}+1)^{2007}=a+b\sqrt{2}$，其中 a 和 b 为正整数，请问 b 和 81 的最大

公因子是什么?

(A) 1　　　　　(B) 3　　　　　(C) 9　　　　　(D) 27　　　　　(E) 81

问题 **26—30** 的答案为 **000 ~ 999** 的整数, 请将答案填在答案卡上对应的位置. 第 **26** 题占 **6** 分, 第 **27** 题占 **7** 分, 第 **28** 题占 **8** 分, 第 **29** 题占 **9** 分, 第 **30** 题占 **10** 分.

26. 用 9 片 1×2 的瓷砖可在墙上铺成一块 3×6 的区域. 请问要铺成这块 3×6 的区域共有多少种不同的方法?

27. 将 42 个点 P_1、P_2、P_3、$\cdots$、P_{42} 依序排在一直线, 使得点 P_i 与点 P_{i+1} 之间的距离为 $\dfrac{1}{i}$, 其中 $1 \leqslant i \leqslant 41$. 请问这些点中所有两个点之间的距离的总和为多少?

28. 若一个正整数的值等于其各位数码和的 19 倍, 则我们称此数为 "幸运数". 请问总共有多少个幸运数?

29. 在我的计算器屏幕上, 当所显示的数为 2659 时, 若我把计算器颠倒过来, 则屏幕上的数可读成为 6592. 其中数码 0、1、2、5、6、8、9, 当把计算器颠倒过来, 屏幕上显示的数码可分别读成 0、1、2、5、9、8、6. 从 1 开始, 第 5 个把计算器颠倒过来可读的数为 8, 第 15 个为 21. 请问第 2007 个把计算器颠倒过来可读的数之末三位是什么?

30. 考虑下列方程组

$$x + y = 3(z + u)，$$
$$x + z = 4(y + u)，$$
$$x + u = 5(y + z)$$

的解 (x, y, z, u), 其中 x、y、z 与 u 为正整数. 请问 x 可能的最小值是什么?

1.5　2008 年中学高级卷英文试题

Australian Mathematics Competition 2008
Senior Division Competition Paper

Questions 1 to 10，3 marks each

1. The value of 8002–2008 is

(A) 200　　　　　(B) 8　　　　　(C) 6006　　　　　(D) 1060　　　　　(E) 5994

2. The difference between $\dfrac{1}{20}$ and $\dfrac{2}{10}$ is

(A) 0 　　　　(B) $\dfrac{1}{10}$ 　　　(C) $\dfrac{3}{5}$ 　　　(D) $\dfrac{3}{10}$ 　　　(E) $\dfrac{3}{20}$

3. In the diagram，x equals

(A) 100 　　　　(B) 110 　　　　(C) 120

(D) 130 　　　　(E) 140

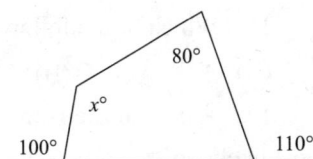

4. The value of $\dfrac{200 \times 8}{200 \div 8}$ is

(A) 1 　　　　(B) 8 　　　　(C) 16 　　　　(D) 64 　　　　(E) 200

5. The smallest value that $x^2 - 4x + 3$ can have is

(A) −1 　　　　(B) −3 　　　　(C) 1 　　　　(D) 3 　　　　(E) 2

6. $3 is shared between two people. One gets 50 cents more than the other. The ratio of the larger share to the smaller share is

(A) 6 : 1 　　　　(B) 7 : 5 　　　　(C) 4 : 3 　　　　(D) 5 : 3 　　　　(E) 7 : 4

7. When 1000^{2008} is written as a numeral，the number of digits written is

(A) 2009 　　　　(B) 6024 　　　　(C) 6025 　　　　(D) 8032 　　　　(E) 2012

8. A semicircle is drawn on one side of an equilateral triangle. The ratio of the area of the semicircle to the area of the triangle is

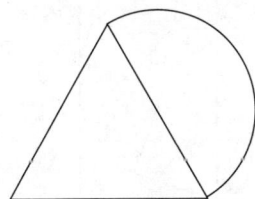

(A) 1 : 1 　　　　(B) π : $2\sqrt{3}$ 　　　　(C) π : $\sqrt{3}$

(D) $\sqrt{3}$: π 　　　　(E) 3 : π

9. Given that $\cos x = 0.5$ and $0° < x < 90°$, which of the following has the greatest value?

(A) $\cos^2 x$ 　　　(B) $\cos x$ 　　　(C) 0.75 　　　(D) $\sin x$ 　　　(E) $\tan x$

10. A fishtank with base 100 cm by 200 cm and depth 100 cm contains water to a depth of 50 cm. A solid metal rectangular prism with dimensions 80 cm by 100 cm by 60 cm is then submerged in the tank with an 80 cm by 100 cm face on the bottom.

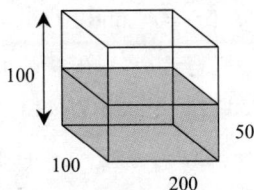

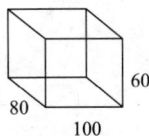

The depth of water，in centimetres，above the prism is then

(A) 12　　　　　(B) 14　　　　　(C) 16　　　　　(D) 18　　　　　(E) 20

Questions 11 to 20，4 marks each

11．Which of the following numbers is the largest?

(A) 2^{500}　　　(B) 3^{400}　　　(C) 4^{300}　　　(D) 5^{200}　　　(E) 6^{100}

12．A normal die is thrown 100 times. The sum of the numbers obtained will most likely be

(A) 200　　　　(B) 250　　　　(C) 300　　　　(D) 350　　　　(E) 400

13．What is the smallest whole number which gives a square number after multiply by 2008?

(A) 2　　　　　(B) 4　　　　　(C) 251　　　　(D) 502　　　　(E) 2008

14. A cross is made up of five squares，each with side length 1 unit．Two cuts are made，the first from X to Y and the second from Z to T，so that ZTX is a right angle. The three pieces are then arranged to form a rectangle.

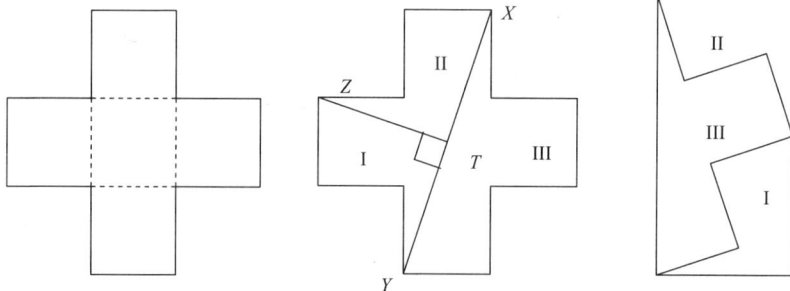

What is the ratio of the length to the width of the rectangle?

(A) 3 : 1　　　(B) $\sqrt{10}$: 1　　(C) 2 : 1　　　(D) $2\sqrt{3}$: 1　(E) 5 : 2

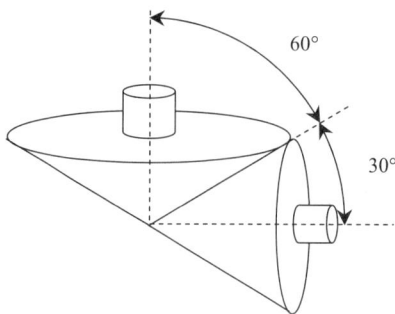

15．A function is said to be a toggle function on (p, q, r) if $f(p)=q$，$f(q)=r$ and $f(r)=p$．The function $f(x)=ax^2+bx+c$ is a toggle function on $(1, 2, 3)$. What is the value of c?

(A) -2　　　　(B) 0　　　　　(C) 3

(D) 9　　　　　(E) 14

16．Two conical rollers with perpendicular axes touch on a line that is 30° to the axis of the smaller roller and 60° to the axis of the larger roller. If the larger roller makes 1 revolution per second and there is no slipping, how many revolutions per second does the smaller roller make?

(A) $\dfrac{1}{2}$　　　　(B) 1　　　　(C) $\sqrt{2}$　　　　(D) $\sqrt{3}$　　　　(E) 2

17. Consider the set $X = \{1, 2, 3, 4, 5, 6\}$. How many subsets of X, with at least one element, do not contain two consecutive integers?

(A) 16　　　　(B) 18　　　　(C) 20　　　　(D) 21　　　　(E) 24

18. Farmer Taylor of Burra has two tanks. Water from the roof of his farmhouse is collected in a 100 kL tank and water from the roof of his barn is collected in a 25 kL tank. The collecting area of his farmhouse roof is 200 square metres while that of his barn is 80 square metres. Currently, there are 35 kL in the farmhouse tank and 13 kL in the barn tank. Rain is forecast and he wants to collect as much water as possible. He should:

(A) empty the barn tank into the farmhouse tank

(B) fill the barn tank from the farmhouse tank

(C) pump 10 kL from the farmhouse tank into the barn tank

(D) pump 10 kL from the barn tank into the farmhouse tank

(E) do nothing

19. A sequence $\{u_1, u_2, \cdots, u_n\}$ of real numbers is defined by

$$u_1 = \sqrt{2}, \quad u_2 = \pi, \quad u_n = u_{n-1} - u_{n-2} \text{ for } n \geq 3.$$

What is u_{2008}?

(A) $-\sqrt{2}$　　　　(B) $2008(\sqrt{2} - 2008\pi)$　　　　(C) $1003\sqrt{2} - 1004\pi$

(D) π　　　　(E) $\sqrt{2}$

20. In the diagram, RU is equal in length to ST. What is the ratio of the area of $\triangle QRU$ to the area of $\triangle QST$?

(A) $\sqrt{3} : 1$　　　　(B) $2 : 1$　　　　(C) $\sqrt{6} : 1$

(D) $\sqrt{3} : 2$　　　　(E) $\sqrt{6} : 2$

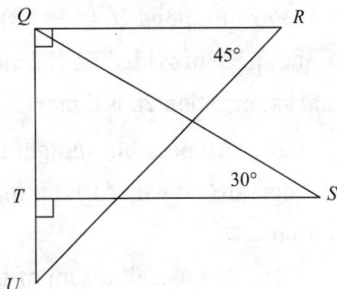

Questions 21 to 25, 5 marks each

21. P, Q, R, S and T are consecutive vertices of a regular polygon. When extended, the lines PQ and TS meet at U with $\angle QUS = 160°$. How many sides has the polygon?

(A) 36   (B) 42   (C) 48   (D) 52   (E) 54

22. How many numbers from 1, 2, 3, 4, $\cdots$, 2008 have a cubic number other than 1 as a factor?

(A) 346   (B) 336   (C) 347   (D) 251   (E) 393

23. The numbers 828 and 313 are 3-digit palindromes where $828 - 313 = 515$, which is also a palindrome. How many pairs (a, b) of 3-digit palindromes are there with $a > b$ and with $a - b$ also a 3-digit palindrome?

(A) 1972   (B) 1980   (C) 1988   (D) 1996   (E) 2008

24. The centres of all faces of a cube are joined to form an octahedron. The centres of all faces of this octahedron are now joined to form a smaller cube. What is the ratio of an edge of the smaller cube to an edge of the original cube?

(A) $1 : \sqrt{2}$ (B) $1 : \sqrt{3}$ (C) $1 : 2$ (D) $1 : 3$ (E) $1 : 4$

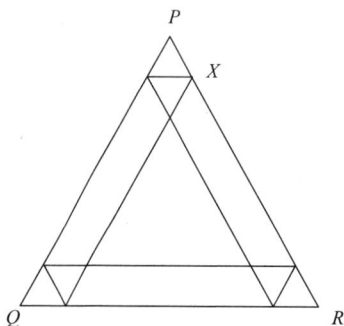

25. In the figure, all line segments are parallel to one of the sides of the equilateral triangle PQR which has side length 1 unit. How long should PX be to maximise the smallest of the ten areas defined?

(A) $\dfrac{1}{3}$ (B) $\dfrac{4 - \sqrt{2}}{14}$ (C) $\dfrac{1}{4}$

(D) $\dfrac{1}{5}$ (E) $\dfrac{1}{\sqrt{10}}$

For questions 26 to 30, shade the answer as a whole number from 000 to 999 in the space provided on the answer sheet. Question 26 is 6 marks, question 27 is 7 marks, question 28 is 8 marks, question 29 is 9 marks and question 30 is 10 marks.

26. All possible straight lines joining the vertices of a cube with mid-points of its edges are drawn. At how many points inside the cube do two or more of these lines meet?

27. Let us call a sum of integers cool if the first and last terms are 1 and each

term differs from its neighbours by at most 1. For example, the sum $1 + 2 + 3 + 4 + 3 + 2 + 3 + 3 + 3 + 2 + 3 + 3 + 2 + 1$ is cool. How many terms does it take to write 2008 as a cool sum if we use no more terms than necessary?

28. The positive integers x and y satisfy

$$3x^2 - 8y^2 + 3x^2y^2 = 2008.$$

What is the value of xy?

29. A point O is inside an equilateral triangle PQR and the perpendiculars OL, OM and ON are drawn to the sides PQ, QR and RP respectively. The ratios of lengths of the perpendiculars OL : OM : ON is $1 : 2 : 3$. If $\dfrac{\text{area of } LONP}{\text{area of } \triangle PQR} = \dfrac{a}{b}$, where a and b are integers with no common factors, what is the value of $a + b$?

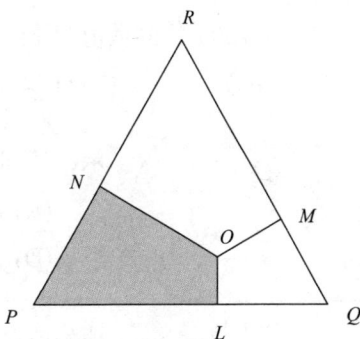

30. What is the smallest value that

$$\sqrt{49 + a^2 - 7\sqrt{2}a} + \sqrt{a^2 + b^2 - \sqrt{2}ab} + \sqrt{50 + b^2 - 10b}.$$

can have for positive real numbers a and b?

1.6 2008年中学高级卷中文试题

2008 年澳大利亚数学能力检测中学高级卷

1—10题，每题3分

1. 算式 8002−2008 等于

(A) 200　　　　(B) 8　　　　(C) 6006　　　　(D) 1060　　　　(E) 5994

2. 分数 $\dfrac{1}{20}$ 与 $\dfrac{2}{10}$ 之差等于

(A) 0　　　　(B) $\dfrac{1}{10}$　　　　(C) $\dfrac{3}{5}$　　　　(D) $\dfrac{3}{10}$　　　　(E) $\dfrac{3}{20}$

3. 在图 1-15 中，x 之值等于

(A) 100　　　　(B) 110　　　　(C) 120

(D) 130　　　　(E) 140

图 1-15

4. 算式 $\dfrac{200 \times 8}{200 \div 8}$ 等于

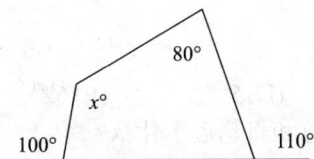

(A) 1　　　　(B) 8　　　　(C) 16　　　　(D) 64　　　　(E) 200

5. 请问代数式 $x^2 - 4x + 3$ 能够得到的最小值是什么?

(A) -1　　　(B) -3　　　(C) 1　　　(D) 3　　　(E) 2

6. 将 3 元分给两个人, 其中一人分得的钱比另一人多 0.5 元, 请问较大份的钱与较小份的钱之比是什么?

(A) $6 : 1$　　(B) $7 : 5$　　(C) $4 : 3$　　(D) $5 : 3$　　(E) $7 : 4$

7. 将 1000^{2008} 的数值写下, 请问它有多少位数字?

(A) 2009　　(B) 6024　　(C) 6025　　(D) 8032　　(E) 2012

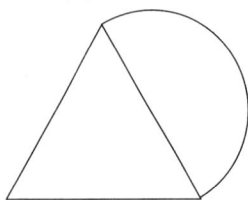

图 1-16

8. 以正三角形的一边向外作一半圆, 如图 1-16 所示, 请问半圆的面积与正三角形的面积之比是什么?

(A) $1 : 1$　　(B) $\pi : 2\sqrt{3}$　　(C) $\pi : \sqrt{3}$

(D) $\sqrt{3} : \pi$　　(E) $3 : \pi$

9. 已知 $\cos x = 0.5$ 且 $0° < x < 90°$, 请问下列哪一项的值最大?

(A) $\cos^2 x$　　(B) $\cos x$　　(C) 0.75　　(D) $\sin x$　　(E) $\tan x$

10. 有一个鱼缸的底面为 $100 \text{ cm} \times 200 \text{ cm}$, 它的高度为 100 cm, 现蓄有 50 cm 深的水. 将一个 $80 \text{ cm} \times 100 \text{ cm} \times 60 \text{ cm}$ 的实心长方体金属全部沉入鱼缸内, 使得它的 $80 \text{ cm} \times 100 \text{ cm}$ 这一个表面贴紧鱼缸的底部 (图 1-17).

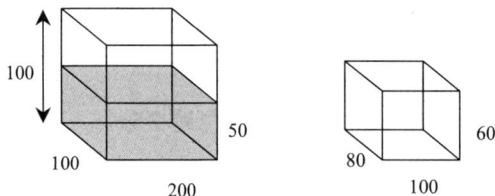

图 1-17

请问此时在这个金属长方体正上方的水深为多少厘米?

(A) 12　　　(B) 14　　　(C) 16　　　(D) 18　　　(E) 20

11—20题, 每题 4 分

11. 请问下列哪一项的值最大?

(A) 2^{500}　　(B) 3^{400}　　(C) 4^{300}　　(D) 5^{200}　　(E) 6^{100}

12. 投掷正常的骰子 100 次, 请问掷出点数的总和将趋近于什么?

(A) 200　　(B) 250　　(C) 300　　(D) 350　　(E) 400

13. 请问乘以 2008 后会成为一个完全平方数的最小正整数是什么?

(A) 2　　　　(B) 4　　　　(C) 251　　　　(D) 502　　　　(E) 2008

14. 一个十字形是由五个边长为 1 单位的正方形所构成. 分别沿连接 X、Y 两点的线段及连接 Z、T 两点的线段 ($\angle ZTX$ 是直角) 切开. 将所得的三片重拼为一个矩形, 如图 1-18 所示.

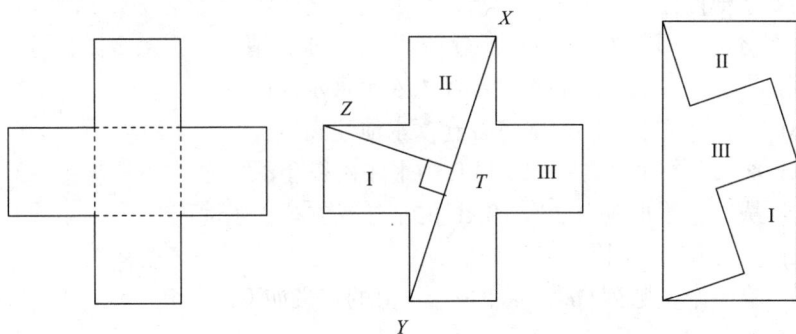

图 1-18

请问这个矩形的长与宽之比是什么?

(A) 3 : 1　　(B) $\sqrt{10}$: 1　　(C) 2 : 1　　(D) $2\sqrt{3}$: 1　　(E) 5 : 2

15. 一个函数如果满足 $f(p) = q$、$f(q) = r$、$f(r) = p$, 则称此函数对于 (p, q, r) 是个连环套函数. 已知函数 $f(x) = ax^2 + bx + c$ 对于 $(1, 2, 3)$ 是个连环套函数, 请问 c 之值是什么?

(A) -2　　　　(B) 0　　　　(C) 3　　　　(D) 9　　　　(E) 14

16. 有两个圆锥状的陀螺, 它们都具有垂直的中心轴. 这两个陀螺相接触的直线与小陀螺的中心轴之夹角为 30°, 与大陀螺的中心轴之夹角为 60°, 如图 1-19 所示. 已知大陀螺每秒转动 1 圈, 陀螺之间都没有滑动, 请问小陀螺每秒转动多少圈?

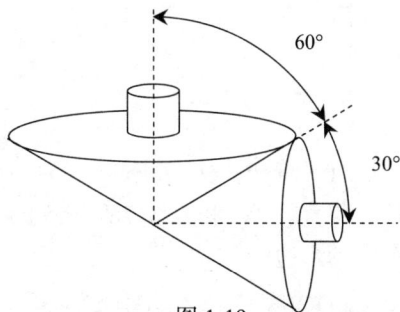

图 1-19

(A) $\dfrac{1}{2}$　　　　(B) 1　　　　(C) $\sqrt{2}$

(D) $\sqrt{3}$　　　　(E) 2

17. 已知集合 $X = \{1, 2, 3, 4, 5, 6\}$, 请问 X 的子集合中有多少个子集

合至少有一个元素且不包含两个连续的整数？

(A) 16   (B) 18   (C) 20   (D) 21   (E) 24

18.某农庄有两个蓄水池,从农舍屋顶收集来的雨水蓄入一个容量为 100kL 的池子内,从谷仓屋顶收集来的雨水则蓄入一个容量为 25 kL 的池子内. 农舍屋顶的集雨区域面积为 200 m²,而谷仓屋顶的集雨区域面积为 80 m². 目前在农舍的蓄水池内已经有 35 kL 的水,在谷仓的蓄水池内已经有 13 kL 的水. 气象预报即将会下雨,为了能收集尽可能多的雨水,请问应该怎么做？

(A) 将谷仓蓄水池内的水全部注入农舍蓄水池内

(B) 从农舍蓄水池内抽水将谷仓蓄水池注满

(C) 从农舍蓄水池内抽取 10 kL 的水注入谷仓蓄水池内

(D) 从谷仓蓄水池内抽取 10 kL 的水注入农舍蓄水池内

(E) 什么事都不用做

19. 有一个实数列 $\{u_1,u_2,\cdots,u_n\}$ 的定义如下:

$$u_1=\sqrt{2}、u_2=\pi、当 n \geqslant 3 时,u_n=u_{n-1}-u_{n-2}.$$

请问 u_{2008} 之值等于什么？

(A) $-\sqrt{2}$ (B) $2008(\sqrt{2}-2008\pi)$ (C) $1003\sqrt{2}-1004\pi$

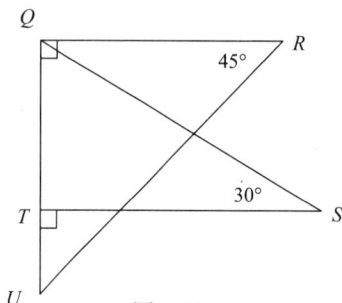

(D) π (E) $\sqrt{2}$

20. 图 1-20 中,线段 RU 之长度等于线段 ST 之长度. 请问△QRU 的面积与△QST 的面积之比是多少？

(A) $\sqrt{3}:1$ (B) $2:1$

(C) $\sqrt{6}:1$ (D) $\sqrt{3}:2$

(E) $\sqrt{6}:2$

图 1-20

21—25题,每题 5 分

21. 点 P、Q、R、S、T 为一个正多边形上连续的顶点. 将它们的各边延长,若直线 PQ 和直线 TS 相交于点 U 且 $\angle QUS=160°$,请问这个正多边形共有多少个边？

(A) 36   (B) 42   (C) 48   (D) 52   (E) 54

22. 请问在 1、2、3、4、…、2008 中,有多少个数具有除了 1 以外的立方数之因子？

(A) 346   (B) 336   (C) 347   (D) 251   (E) 393

23. 数 828 与 313 都是三位数的回文数，且 828–313 = 515 也是一个回文数. 请问有多少个三位数回文数对 (a, b)，其中 $a>b$ 且 $a–b$ 也是一个三位数的回文数？

(A) 1972   (B) 1980   (C) 1988   (D) 1996   (E) 2008

24. 连接一个正立方体各面的中心点，构成一个正八面体，再连接这个正八面体各面的中心点构成一个小正立方体. 请问这个小正立方体与原正立方体的边长之比是什么？

(A) $1 : \sqrt{2}$ (B) $1 : \sqrt{3}$ (C) $1 : 2$ (D) $1 : 3$ (E) $1 : 4$

25. 图 1-21 中，所有的线段都平行于边长为 1 单位的正三角形 PQR 的某一条边. 欲使所分割出之十个区域中的最小面积最大，请问 PX 之长度应为多少单位？

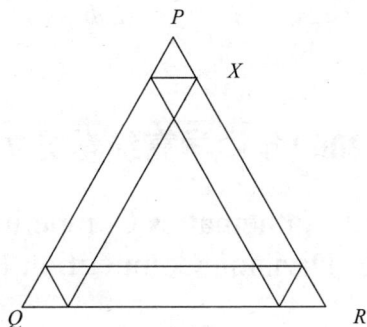

图 1-21

(A) $\dfrac{1}{3}$ (B) $\dfrac{4-\sqrt{2}}{14}$ (C) $\dfrac{1}{4}$ (D) $\dfrac{1}{5}$ (E) $\dfrac{1}{\sqrt{10}}$

问题 26—30 的答案为 000 ~ 999 的整数，请将答案填在答案卡上对应的位置. 第 26 题占 6 分，第 27 题占 7 分，第 28 题占 8 分，第 29 题占 9 分，第 30 题占 10 分.

26. 在一个正立方体中，由所有顶点向各棱边的中点作线段. 请问在这个正立方体的内部有多少个点是两条或两条以上这些线段的交点？

27. 若一个数列的首项与末项都是 1，且任意相邻的两项之差至多等于 1，则我们称这个数列的和是一个"好数". 例如: $1 + 2 + 3 + 4 + 3 + 2 + 3 + 3 + 3 + 2 + 3 + 3 + 2 + 1$ 之和是一个"好数". 若一个数列之和是好数 2008，请问此数

29

列至少有多少项？

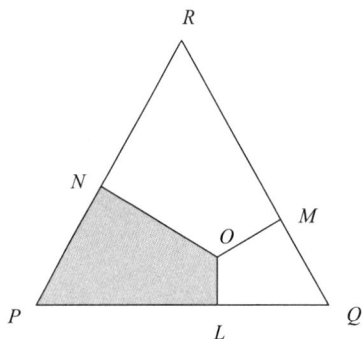

图 1-22

28. 正整数 x、y 满足

$$3x^2 - 8y^2 + 3x^2y^2 = 2008.$$

请问 xy 之值是什么？

29. 点 O 为在正 $\triangle PQR$ 内部之一点，线段 OL、OM、ON 分别垂直于边 PQ、RQ、RP (图 1-22). 已知 $OL : OM : ON = 1 : 2 : 3$ 且 $\dfrac{\text{四边形}LONP\text{的面积}}{\triangle PQR\text{的面积}} = \dfrac{a}{b}$，其中 a、b 为互质的正整数. 请问 $a + b$ 之值是什么？

30. 已知 a、b 为正实数，请问

$$\sqrt{49 + a^2 - 7\sqrt{2}a} + \sqrt{a^2 + b^2 - \sqrt{2}ab} + \sqrt{50 + b^2 - 10b}$$

之最小值是什么？

1.7 2009 年中学高级卷英文试题

Australian Mathematics Competition 2009
Senior Division Competition Paper

Questions 1 to 10，3 marks each

1. The value of $(2009 + 9) - (2009 - 9)$ is

(A) 4000   (B) 2018   (C) 3982

(D) 0   (E) 18

2. In the diagram，x equals

(A) 140   (B) 122   (C) 80

(D) 90   (E) 98

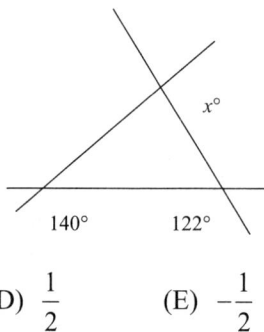

3. The graph of $y = kx$ passes through the point $(-2, -1)$. The value of k is

(A) 2   (B) -2 (C) 4   (D) $\dfrac{1}{2}$ (E) $-\dfrac{1}{2}$

4. The value of $(0.6)^{-2}$ is

(A) -0.36　　　(B) 0.036　　　(C) $\dfrac{9}{25}$　　　(D) $\dfrac{25}{9}$　　　(E) 3.6

5. $(x-y)-2(y-z)+3(z-x)$ equals

(A) $-2x-3y+5z$　　　(B) $-2x-3y-z$　　　(C) $4x+y-z$

(D) $4x+3y-z$　　　(E) $2x+3y-5z$

6. On a string of beads, the largest bead is in the centre and the smallest beads are on the ends. The size of the beads increases from the ends to the centre as shown in the diagram.

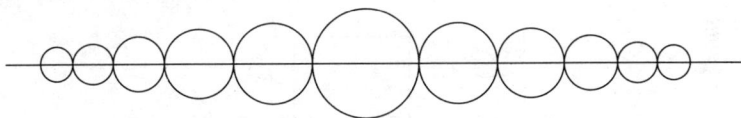

The smallest beads cost $1 each, the next smallest beads cost $2 each, the next smallest $3 each, and so on. How much change from $200 would there be for the beads on a string with 25 such beads?

(A) $ 25　　　(B) $ 31　　　(C) $ 40　　　(D) $ 52　　　(E) $ 55

7. If $a*b=a+\dfrac{1}{b}$ for every pair a, b of positive numbers, the value of $1*(2*3)$ is

(A) $\dfrac{10}{3}$　　　(B) $\dfrac{10}{7}$　　　(C) $\dfrac{11}{6}$　　　(D) $\dfrac{9}{2}$　　　(E) $\dfrac{3}{10}$

8. The graph of $y=ax^2+bx+c$ is shown, with its vertex on the y-axis. Which of the following statements must be true?

(A) $a+b+c=0$　　　(B) $a+b-c<0$

(C) $-a+b-c>0$　　　(D) $a+b+c<0$

(E) there is not enough information

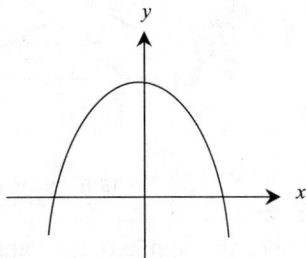

9. In a school of 1000 students, 570 are girls. One-quarter of the students travel to school by bus and 313 boys do **not** go by bus. How many girls travel to school by bus?

(A) 7　　　(B) 63　　　(C) 153　　　(D) 180　　　(E) 133

10. A box in the dressing shed of a sporting team contains 6 green and 3 red

caps. The probability that the first 2 caps taken at random from the box will be the same colour is

(A) $\dfrac{1}{2}$ (B) $\dfrac{5}{12}$ (C) $\dfrac{2}{3}$ (D) $\dfrac{3}{4}$ (E) $\dfrac{2}{9}$

Questions 11 to 20，4 marks each

11. $QRST$ is a square with T at $(1, 0)$ and S at $(2, 0)$. Which of the following is an equation of the line through the origin which bisects the area of the square?

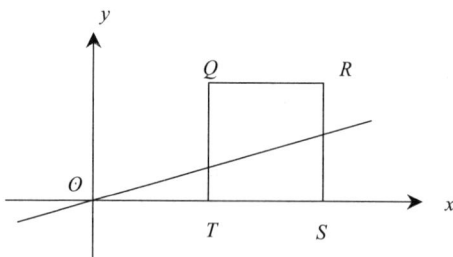

(A) $y = \dfrac{1}{2}x$ (B) $y = \dfrac{1}{3}x$ (C) $y = \dfrac{2}{3}x$ (D) $y = 2x$ (E) $y = 3x$

12. A rectangle $PQRS$ has $PQ = 2x$ cm and $PS = x$ cm. The diagonals PR and QS meet at T. X lies on RS so that QX divides the pentagon $PQRST$ into two sections of equal area. The length，in centimetres，of RX is

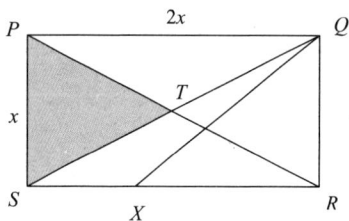

(A) $\dfrac{x}{2}$ (B) x (C) $\dfrac{5x}{4}$

(D) $\dfrac{3x}{2}$ (E) $\dfrac{3x}{4}$

13. The solution to the equation $5^x - 5^{x-2} = 120\sqrt{5}$ is a rational number of the form $\dfrac{a}{b}$, where $b \neq 0$ and a and b are positive and have no common factors. What is the value of $a + b$?

(A) 3   (B) 5   (C) 7   (D) 9   (E) 11

14. How many points (x, y) on the circle $x^2 + y^2 = 50$ are such that at least one of the coordinates x, y is an integer?

(A) 16   (B) 30   (C) 48   (D) 60   (E) 100

15. An eyebrow is an arrangement of the numbers 1, 2, 3, 4 and 5 such that the second and fourth numbers are each bigger than both their immediate neighbours. For example, (1, 3, 2, 5, 4) is an eyebrow and (1, 3, 4, 5, 2) is not.

The number of eyebrows is

(A) 16 　　　　(B) 12 　　　　(C) 15 　　　　(D) 24 　　　　(E) 18

16. The sum of the positive solutions to the equation $(x^2 - x)^2 = 18(x^2 - x) - 72$ is

(A) 5 　　　　(B) 7 　　　　(C) 8 　　　　(D) 9 　　　　(E) 18

17. On a clock face, what is the size, in degrees, of the acute angle between the line joining the 5 and the 9 and the line joining the 3 and the 8?

(A) 15 　　　　(B) $22\dfrac{1}{2}$ 　　　　(C) 30 　　　　(D) 45 　　　　(E) 60

18. A positive fraction is added to its reciprocal. The sum is $\dfrac{x}{60}$ in lowest terms, where x is an integer. The number of possible values of x is

(A) 1 　　　　(B) 2 　　　　(C) 3 　　　　(D) 4 　　　　(E) 5

19. In $\triangle PQT$, $PQ = 10$ cm, $QT = 5$ cm and $\triangle PQT = 60°$. PW, PY and TQ are tangents to the circle with centre S at W, Y and V respectively. The radius of the circle, in centimetres, is

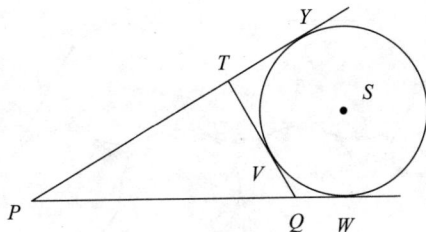

(A) $\dfrac{5\sqrt{3}}{2 + \sqrt{3}}$ 　　　　(B) $\dfrac{5(3 - \sqrt{3})}{2}$ 　　　　(C) $\dfrac{5}{1 + \sqrt{3}}$

(D) $\dfrac{5\sqrt{3}}{2}$ 　　　　(E) $\dfrac{25\sqrt{3}}{6}$

20. I bought a map of Australia, unfolded it and marked eight places I wanted to visit.

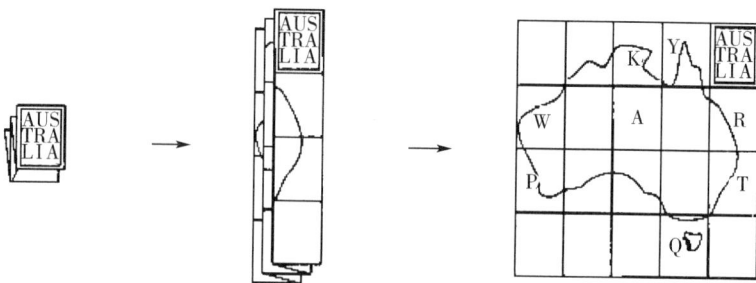

I then refolded the map and placed it back on the table as it was. In what order are my marks stacked from top to bottom?

(A) RTYQKAWP (B) YKRAWTPQ (C) RTQYKAWP

(D) YKTPRAWQ (E) YKWARTPQ

Questions 21 to 25, 5 marks each

21. A palindromic number is a 'symmetrical' number which reads the same forwards as backwards. For example, 55, 101 and 8668 are palindromic numbers. There are 90 four-digit palindromic numbers.

How many of these four-digit palindromic numbers are divisible by 7?

(A) 7 (B) 9 (C) 14 (D) 18 (E) 21

22. What is the area, in square centimetres, of the parallelogram that would fit snugly around 6 circles, each of radius 3 cm, as shown in the diagram?

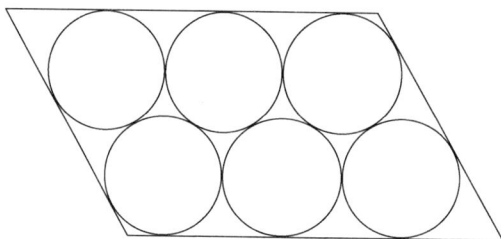

(A) 108 (B) $8(4+3\sqrt{3})$ (C) $15(2+\sqrt{3})$

(D) $12(9+5\sqrt{3})$ (E) 216

23. In 3009, King Warren of Australia suspects the Earls of Akaroa, Bairnsdale, Claremont, Darlinghurst, Erina and Frankston are plotting a conspiracy against him. He questions each in private and they tell him:

Akaroa: Frankston is loyal but Erina is a traitor.

Bairnsdale: Akaroa is loyal.

Claremont: Frankston is loyal but Bairnsdale is a traitor.

Darlinghurst: Claremont is loyal but Bairnsdale is a traitor.

Erina: Darlinghurst is a traitor.

Frankston: Akaroa is loyal.

Each traitor knows who the other traitors are, but will always give false information, accusing loyalists of being traitors and vice versa. Each loyalist tells the truth as he knows it, so his information on traitors can be trusted, but he may be wrong about those he claims to be loyal.

How many traitors are there?

(A) 1   (B) 2   (C) 3   (D) 4   (E) 5

24. Four circles of radius 1 cm are drawn with their centres at the four vertices of a square with side length 1 cm. The area, in square centimetres, of the region overlapped by all four circles is

(A) $2\sqrt{3}-\pi$ (B) $\pi-\sqrt{2}$ (C) $1+\dfrac{\pi}{3}-\sqrt{3}$

(D) $\pi-2\sqrt{2}$ (E) $\dfrac{\pi-3-\sqrt{3}}{2}$

25. Let $f(x)=\dfrac{x+6}{x}$ and $f_n(x)=f(f(\cdots(f(x))\cdots))$ be the n-fold composite

of f. For example, $f_2(x)=\dfrac{\dfrac{x+6}{x}+6}{\dfrac{x+6}{x}}=\dfrac{7x+6}{x+6}$ and $f_3(x)=\dfrac{\dfrac{7x+6}{x+6}+6}{\dfrac{7x+6}{x+6}}=\dfrac{13x+42}{7x+6}$.

Let S be the complete set of real solutions of the equation $f_n(x)=x$. The number of elements in S is

(A) 2   (B) $2n$ (C) 2^n (D) 1   (E) infinite

For questions 26 to 30, shade the answer as a whole number from 000 to 999 in the space provided on the answer sheet. Question 26 is 6 marks, question 27 is 7 marks, question 28 is 8 marks, question 29 is 9 marks and question 30 is 10 marks.

26. The reciprocals of 4 positive integers add up to $\dfrac{19}{20}$. Three of these

integers are in the ratio 1 : 2 : 3. What is the sum of the four integers?

27. We say a number is ascending if its digits are strictly increasing. For example, 189 and 3468 are ascending while 142 and 466 are not. For which ascending 3-digit number n (between 100 and 999) is $6n$ also ascending?

28. A regular octahedron has edges of length 6 cm. If d cm is the shortest distance from the centre of one face to the centre of the opposite face measured around the surface of the octahedron, what is the value of d^2?

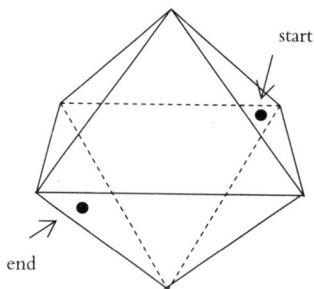

29. The country of Big Wally has a railway which runs in a loop 1080 km long. Three companies, A, B and C run trains on the track and plan to build stations. Company A will build three stations, equally spaced at 360 km intervals. Company B will build four stations at 270 km intervals and Company C will build five stations at 216 km intervals.

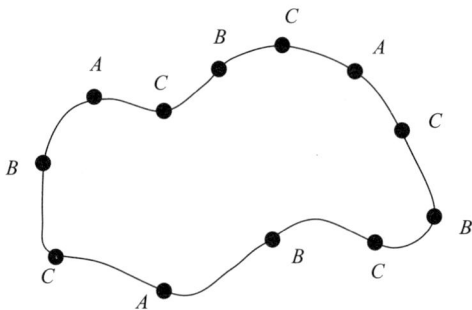

The government tells them to space their stations so that the longest distance between consecutive stations is as small as possible. What is this distance in kilometres?

30. A trapezium $ABCD$ has $AD//BC$ and a point E is chosen on the base AD so that the line segments BE and CE divide the trapezium into three right-angled triangles. These three triangles are similar, but no two are congruent. In common units, all the triangles' side lengths are integers. The length of AD is 2009. What is

the length of BC?

1.8　2009 年中学高级卷中文试题

2009 年澳大利亚数学能力检测中学高级卷

1—10 题，每题 3 分

图 1-23

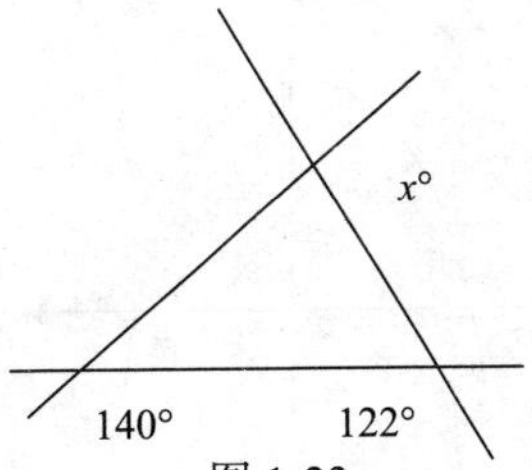

1．算式 $(2009+9)-(2009-9)$ 等于

(A) 4000　　(B) 2018　　(C) 3982
(D) 0　　(E) 18

2．在图 1-23 中，x 之值等于

(A) 140　　(B) 122　　(C) 80
(D) 90　　(E) 98

3．方程 $y=kx$ 的图形通过点 $(-2,\ -1)$，则 k 之值等于

(A) 2　　(B) -2　　(C) 4　　(D) $\frac{1}{2}$　　(E) $-\frac{1}{2}$

4．算式 $(0.6)^{-2}$ 等于

(A) -0.36　　(B) 0.036　　(C) $\frac{9}{25}$　　(D) $\frac{25}{9}$　　(E) 3.6

5．多项式 $(x-y)-2(y-z)+3(z-x)$ 等于

(A) $-2x-3y+5z$　　(B) $-2x-3y-z$　　(C) $4x+y-z$
(D) $4x+3y-z$　　(E) $2x+3y-5z$

6．有一串珠子，最大的珠子在正中央而最小的珠子在两端．珠子的尺寸由两端至中央渐大，如图 1-24 所示．

图 1-24

最小的珠子每枚价格为 $ 1、次小的珠子每枚价格为 $ 2、再次小的珠子每枚价格为 $ 3，依此类推．已知这串珠子共有 25 枚珠子，请问支付 $ 200 购买此串珠子应可找回多少钱?

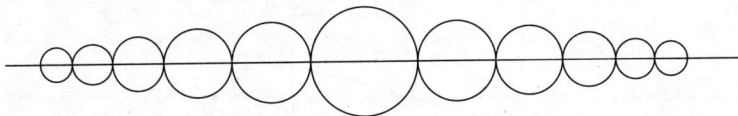

(A) $ 25 \qquad$ (B) $ 31 \qquad$ (C) $ 40 \qquad$ (D) $ 52 \qquad$ (E) $ 55

7. 对于所有的正数 a、b，若 $a*b = a + \dfrac{1}{b}$，则 $1*(2*3)$ 之值等于

(A) $\dfrac{10}{3}$ \qquad (B) $\dfrac{10}{7}$ \qquad (C) $\dfrac{11}{6}$ \qquad (D) $\dfrac{9}{2}$ \qquad (E) $\dfrac{3}{10}$

8. 图 1-25 所示为 $y = ax^2 + bx + c$ 之图形，其顶点在 y 轴上．请问下列哪一项叙述必定为真？

(A) $a + b + c = 0$ \qquad (B) $a + b - c < 0$

(C) $-a + b - c > 0$ \qquad (D) $a + b + c < 0$

(E) 没有足够的信息可判断

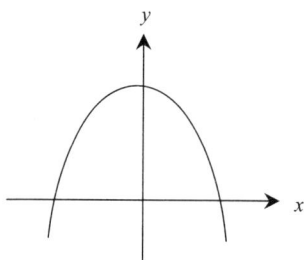

图 1-25

9. 某校共有 1000 名学生，其中 570 名为女生．该校四分之一的学生搭巴士上学而 313 名男学生不是搭巴士上学．请问该校有多少名女生搭巴士上学？

(A) 7 \qquad (B) 63 \qquad (C) 153 \qquad (D) 180 \qquad (E) 133

10. 某球队衣柜的箱子内有 6 顶蓝色与 3 顶红色的帽子，从箱子内任意取出两顶帽子，请问这两顶帽子颜色相同的概率是多少？

(A) $\dfrac{1}{2}$ \qquad (B) $\dfrac{5}{12}$ \qquad (C) $\dfrac{2}{3}$ \qquad (D) $\dfrac{3}{4}$ \qquad (E) $\dfrac{2}{9}$

11—20题，每题 4 分

11. 在图 1-26 的正方形 $QRST$ 中，点 T 之坐标为 $(1, 0)$、点 S 之坐标为 $(2, 0)$．一条通过原点的直线将此正方形的面积均分．请问下列哪一项是此直线的方程？

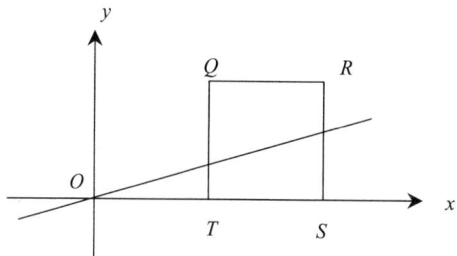

图 1-26

(A) $y = \dfrac{1}{2}x$ \qquad (B) $y = \dfrac{1}{3}x$ \qquad (C) $y = \dfrac{2}{3}x$ \qquad (D) $y = 2x$ \qquad (E) $y = 3x$

12. 在图 1-27 的矩形 $PQRS$ 中，$PQ = 2x$ cm、$PS = x$ cm 且两对角线 PR 与 QS 相交于点 T. 若点 X 在边 RS 上且 QX 将五边形 $PQRST$ 均分为面积相等的两部分，请问 RX 之长度为多少厘米？

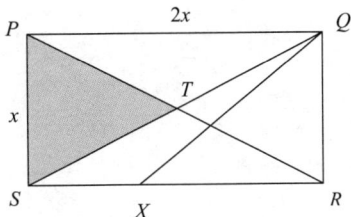

(A) $\dfrac{x}{2}$　　　　(B) x　　　　(C) $\dfrac{5x}{4}$

(D) $\dfrac{3x}{2}$　　　　(E) $\dfrac{3x}{4}$

图 1-27

13. 方程 $5^x - 5^{x-2} = 120\sqrt{5}$ 的解为具有 $\dfrac{a}{b}$ 形式的有理数，其中 $b \neq 0$ 且 a、b 为互质的正整数. 请问 $a + b$ 之值是什么？

(A) 3　　　　(B) 5　　　　(C) 7　　　　(D) 9　　　　(E) 11

14. 在圆 $x^2 + y^2 = 50$ 上，请问有多少个点 (x, y) 使得 x 或 y 坐标中至少有一个为整数？

(A) 16　　　　(B) 30　　　　(C) 48　　　　(D) 60　　　　(E) 100

15. 在 1、2、3、4、5 五个数的所有排列中，若第二个数与第四个数都比它们相邻的数大，则称此种排列为一个凤眉排列. 例如：(1，3，2，5，4) 是一个凤眉排列，但 (1，3，4，5，2) 则不是. 请问共有多少个凤眉排列？

(A) 16　　　　(B) 12　　　　(C) 15　　　　(D) 24　　　　(E) 18

16. 请问方程 $(x^2 - x)^2 = 18(x^2 - x) - 72$ 的所有正根之和是什么？

(A) 5　　　　(B) 7　　　　(C) 8　　　　(D) 9　　　　(E) 18

17. 在一个钟面上，连接 5 和 9 与连接 3 和 8 的两条直线所相交出的锐角为多少度？

(A) 15　　　　(B) $22\dfrac{1}{2}$　　　　(C) 30　　　　(D) 45　　　　(E) 60

18. 一个正分数与它的倒数之和化为最简分数为 $\dfrac{x}{60}$，其中 x 为正整数. 请问可能的 x 值有多少种？

(A) 1　　　　(B) 2　　　　(C) 3　　　　(D) 4　　　　(E) 5

19. 在图 1-28 的 $\triangle PQT$ 中，$PQ = 10$ cm、$QT = 5$ cm 且 $\angle PQT = 60°$，PW、

PY 和 TQ 分别切圆 S 于点 W、Y 和 V. 请问此圆之半径为多少厘米？

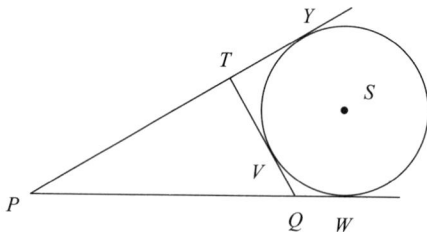

图 1-28

(A) $\dfrac{5\sqrt{3}}{2+\sqrt{3}}$ (B) $\dfrac{5(3-\sqrt{3})}{2}$ (C) $\dfrac{5}{1+\sqrt{3}}$

(D) $\dfrac{5\sqrt{3}}{2}$ (E) $\dfrac{25\sqrt{3}}{6}$

20. 我购买了一张澳大利亚地图，将它展开并标记上 8 个我想去旅游的地点 (图 1-29).

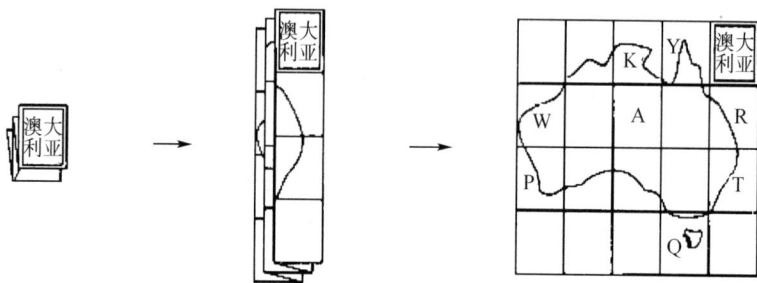

图 1-29

然后我将地图依照上述方式重新折好放在桌上. 请问我标记的地点从上到下的顺序为何？

(A) RTYQKAWP   (B) YKRAWTPQ   (C) RTQYKAWP

(D) YKTPRAWQ   (E) YKWARTPQ

21—25题，每题 5 分

21. 一个回文数是从前面读起与从后面读起数值相同的数. 例: 55、101、8668 都是回文数. 在所有四位数中总共有 90 个回文数. 这些四位回文数中，请问共有多少个可被 7 整除？

(A) 7　　　　　(B) 9　　　　　(C) 14　　　　　(D) 18　　　　　(E) 21

22. 在图 1-30 中，六个半径为 3 cm 的圆紧密地相切于一个平行四边形内部．请问此平行四边形之面积为多少平方厘米？

(A) 108　　　　　　　　　(B) $8(4+3\sqrt{3})$

(C) $15(2+\sqrt{3})$　　　　　　(D) $12(9+5\sqrt{3})$

(E) 216

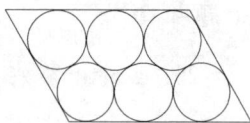

图 1-30

23. 某位国王怀疑他的臣子 A、B、C、D、E、F 图谋叛变．国王分别与他们私下密谈，他们告诉国王：

A：“F 是忠臣但 E 则是叛徒．”

B：“A 是忠臣．”

C：“F 是忠臣但 B 是叛徒．”

D：“C 是忠臣但 B 是叛徒．”

E：“D 是叛徒．”

F：“A 是忠臣．”

每位叛徒都知道哪些人是叛徒，但他们都告诉国王错误的信息，指控忠臣为叛徒且把叛徒说成忠臣．每位忠臣都将他所知道的据实以报，故忠臣指认叛徒的信息是可靠的，但他宣称的忠臣的信息可能是错的．请问这六位臣子中总共有多少位叛徒？

(A) 1　　　　　(B) 2　　　　　(C) 3　　　　　(D) 4　　　　　(E) 5

24. 以边长为 1 cm 的正方形之四个顶点为圆心，作四个半径为 1 的圆．请问这四个圆内部共同相交部分的面积为多少平方厘米？

(A) $2\sqrt{3}-\pi$　　　　　　(B) $\pi-\sqrt{2}$　　　　　　(C) $1+\dfrac{\pi}{3}-\sqrt{3}$

(D) $\pi-2\sqrt{2}$　　　　　　(E) $\dfrac{\pi-3-\sqrt{3}}{2}$

25. 令 $f(x)=\dfrac{x+6}{x}$ 且 $f_n(x)=f(f(\cdots(f(x))\cdots))$ 为 n 层 f 的合成函数．例如：

$$f_2(x)=\frac{\dfrac{x+6}{x}+6}{\dfrac{x+6}{x}}=\frac{7x+6}{x+6}、\quad f_3(x)=\frac{\dfrac{7x+6}{x+6}+6}{\dfrac{7x+6}{x+6}}=\frac{13x+42}{7x+6}.$$

已知集合 S 为方程 $f_n(x)=x$ 的所有实根的集合，请问集合 S 有多少个元素？

(A) 2　　　　　(B) $2n$　　　　　(C) 2^n　　　　　(D) 1　　　　　(E) 无限多

问题 **26—30** 的答案为 **000 ~ 999** 的整数, 请将答案填在答案卡上对应的位置. 第 **26** 题占 **6** 分, 第 **27** 题占 **7** 分, 第 **28** 题占 **8** 分, 第 **29** 题占 **9** 分, 第 **30** 题占 **10** 分.

26. 四个正整数之倒数和为 $\frac{19}{20}$, 其中有三个数之比为 $1:2:3$. 请问这四个正整数之和是什么?

27. 若一个数的数码严格递增则称此数为 "**上升数**". 例如: 189 与 3468 都是上升数, 而 142 与 466 则不是. 请问哪个三位数 n (n 介于 100 与 999 之间) 是上升数且 $6n$ 也是上升数?

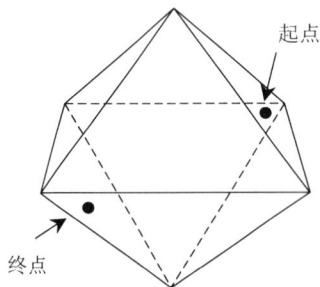

图 1-31

28. 有一个正八面体的棱长为 6 cm (图 1-31). 若从其中一个面的中心沿着此正八面体的表面到相对面的中心之最短路径长度为 d cm, 请问 d^2 之值是什么?

29. 某国欲建一条长为 1080 km 的环线铁路. 由 A、B、C 三家公司分别来营运及规划建造各车站. A 公司将建三座车站, 每站之间的距离都为 360 km、B 公司将建四座车站, 任相邻两站之间的距离都为 270km、C 公司将建五座车站, 任相邻两站之间的距离为 216 km (图 1-32).

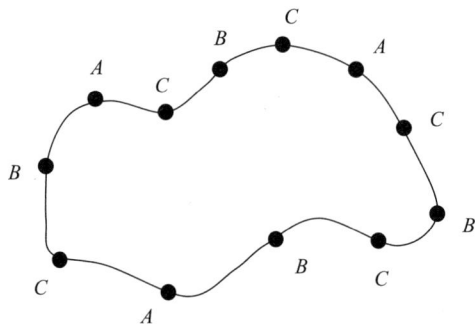

图 1-32

该国政府要求这三家公司要使所有各相邻车站之间的最长距离越小越好. 请问这个距离是多少千米?

30. 在梯形 $ABCD$ 中, $AD//BC$. 在底边 AD 上取一点 E 使得 BE 与 CE 将

该梯形切割为三个直角三角形，这三个直角三角形两两互相相似，但两两互不全等. 已知这三个三角形之边长都是整数且 AD 的长度为 2009，请问 BC 的长度是多少?

1.9　2010 年中学高级卷英文试题

Australian Mathematics Competition 2010
Senior Division Competition Paper

Questions 1 to 10，3 marks each

1. The value of $2010 - 20.10$ is

(A) 1990.09　　(B) 1990.9　　(C) 1989.09　　(D) 1989.9　　(E) 1998.9

2. If $m = 3$ and $n = -\dfrac{3}{5}$, then $\dfrac{m}{n}$ equals

(A) -5　　(B) 5　　(C) $-\dfrac{9}{5}$　　(D) $-\dfrac{5}{3}$　　(E) 15

3. The midpoint of PQ is $M(-4, 6)$. The point Q has coordinates $(10, 12)$. The point P is

(A) $(-18, 0)$　　　　(B) $(-18, 18)$　　　　(C) $(-10, 0)$

(D) $(3, 9)$　　　　(E) $(3, 18)$

4. The number 63 is 87.5% of which number?

(A) 45　　(B) 70　　(C) 72　　(D) 74　　(E) 75

5. What percentage of the largest square is covered by the shaded square?

(A) 6.25 %　　(B) 10 %　　(C) 12.5 %

(D) 16 %　　(E) 25%

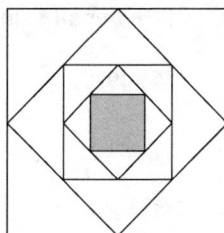

6. Seven scores 8, 10, 24, 28, 23, 9 and x, have the property that the mean and median are both x. The value of x is

(A) 15　　(B) 17　　(C) 19　　(D) 21　　(E) 23

7. The radius of circle P is $\dfrac{2}{3}$ of the radius of circle Q and the radius of circle Q is $\dfrac{3}{4}$ of the radius of circle R.

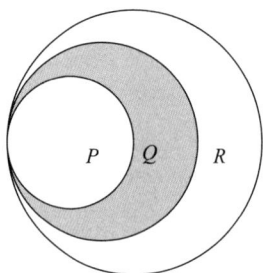

What fraction of the area of the largest circle R is the shaded area?

(A) $\dfrac{1}{3}$ (B) $\dfrac{5}{9}$ (C) $\dfrac{1}{4}$

(D) $\dfrac{3}{16}$ (E) $\dfrac{5}{16}$

8. A coin is tossed five times. What is the probability that the result will not be five tails in a row?

(A) $\dfrac{15}{16}$ (B) $\dfrac{27}{32}$ (C) $\dfrac{4}{5}$ (D) $\dfrac{9}{10}$ (E) $\dfrac{31}{32}$

9. A rectangle is divided into x rows of y identical squares. Half of them are shaded to form the border with uniform width of 1 square as shown.

The sum of x and y could be

(A) 17   (B) 20   (C) 18

(D) 19   (E) 16

10. When the numbers x^3, x^2, x, $-x$ and $\sqrt{x}$ are arranged in order from the largest to the smallest for any value of x where $0 < x < 1$, the middle number is

(A) x^3 (B) x^2 (C) x (D) $-x$ (E) $\sqrt{x}$

Questions 11 to 20, 4 marks each

11. For all values of x, the expression $\dfrac{7^{3x} + 7^{2x}}{7^{2x} + 7^x}$ is equal to

(A) 49   (B) 7^{2x} (C) 7   (D) 7^x (E) 1

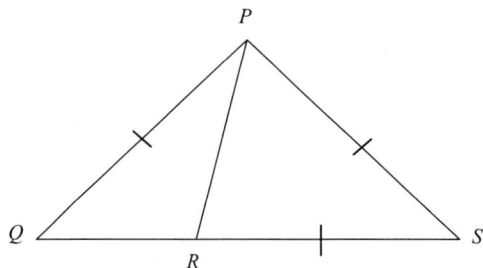

12. PQS is a triangle with R lying on QS, with $PQ = PS = SR$ and $\angle QRP = \angle QPS$. The size of $\angle PSR$, in degrees, is

(A) 30   (B) 36

(C) 45   (D) 60

(E) 70

13. If $\dfrac{3a + 4b}{2a - 2b} = 5$, then

$\dfrac{a^2 + 2b^2}{ab}$ equals

(A) 1   (B) 2   (C) 3   (D) 4   (E) 5

14. The value of $(123456785) \times (123456782) - (123456783) \times (123456784)$ is

(A) -2 (B) -1 (C) 0

(D) 1   (E) none of these

15. The length of each side of a triangle like the one below is a different prime number and its perimeter is also a prime number.

What is the smallest possible perimeter of such a triangle?

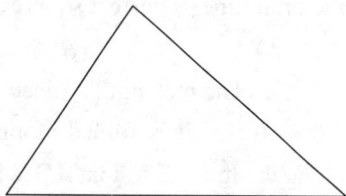

(A) 11   (B) 17   (C) 19   (D) 23   (E) 29

16. The 5-digit number $\overline{a986b}$, where a is the first digit and b is the units digit, is divisible by 72. What is the value of $a + b$?

(A) 9   (B) 10   (C) 12

(D) 13   (E) 15

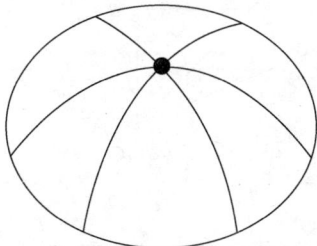

17. A cap consists of six pieces, all the same size and shape.

If each piece can be either gold or brown, how many different caps can be made?

(A) 12   (B) 14   (C) 16   (D) 18   (E) 20

18. For all positive integers n, $\text{Snap}(n) = 2n$ if n is even and $\text{Snap}(n) = 3n$ if n is odd. If p is a prime number greater than 2, what is the value of $\text{Snap}(\text{Snap}(p-1) - p)$?

(A) $p-2$ (B) $2p-2$ (C) $2(p-2)$

(D) $3p-2$ (E) $3(p-2)$

19. A circle is inscribed in a quadrant of a larger circle. The ratio of the area of the inner circle to that of the quadrant is

(A) $2 : 3$ (B) $4 : 5$

(C) $3 : (2+\sqrt{3})$ (D) $\sqrt{2} : \sqrt{3}$

(E) $4 : (3+2\sqrt{2})$

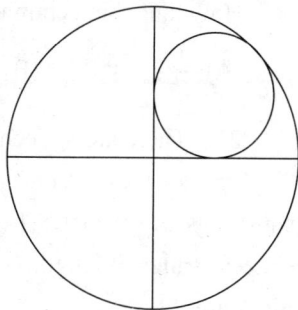

20．The operation $\otimes$ means $a \otimes b = a + b^2$. If $a > 0$ and $(a \otimes a) \otimes a = a \otimes (a \otimes a)$, then a equals

(A) 1　　　　(B) $\sqrt{2}$　　　(C) $\sqrt{2} - 1$　　　(D) $\sqrt{2} + 1$　　(E) 2

Questions 21 to 25，5 marks each

21．The super factorial number $1! \times 2! \times 3! \times \cdots \times 12!$ can be written as a factorial times a perfect square, that is, in the form $m! \times n^2$. What is the value of m?

(A) 4　　　　(B) 6　　　　(C) 8　　　　(D) 10　　　　(E) 12

22．The rectangular piece of paper pictured has length $AB = 24$ cm　and width $AD = 10$ cm. It is folded along the diagonal AC and then triangle ACD is folded along the line AE so that AD is aligned with AC.

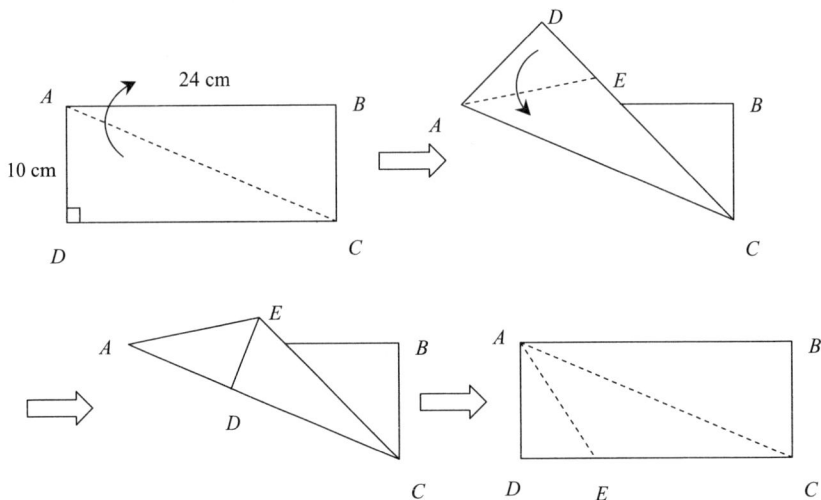

How long，in centimetres，is DE?

(A) $\dfrac{13}{2}$　　　(B) $\dfrac{10}{\sqrt{3}}$　　　(C) $\dfrac{20}{3}$　　　　(D) 8　　　　(E) 12

23．There are sixteen different ways of writing four-digit strings using 1s and 0s. Three of these strings are 1010，0100 and 1001. These three can be found as substrings of 101001. There is a string of nineteen 1s and 0s which contains all sixteen strings of length 4 exactly once. If this string starts with 1111，the last four digits are

(A) 1110   (B) 0000   (C) 0110   (D) 1010   (E) 0111

24. What is the smallest n such that no matter how n points are placed inside or on the surface of a cube of side length 16 units, there are at least two of these points which are closer than 14 units to each other?

(A) 8   (B) 9   (C) 11   (D) 12   (E) 13

25. Loki stands at the centre of a forest which has trees with trunks of identical radii at every integer coordinate point except the origin, where he is standing. From where he is, he cannot see beyond the second tree in any direction. That is, he cannot see any tree with either coordinate of magnitude greater than 2. What is the smallest possible radius of the tree trunks?

(A) $\dfrac{1}{2}$ (B) $\dfrac{1}{3}$ (C) $\dfrac{1}{\sqrt{10}}$ (D) $\dfrac{1}{\sqrt{13}}$ (E) $\dfrac{1}{2(\sqrt{13}-3)}$

For questions 26 to 30, shade the answer as a whole number from 000 to 999 in the space provided on the answer sheet. Question 26 is 6 marks, question 27 is 7 marks, question 28 is 8 marks, question 29 is 9 marks and question 30 is 10 marks.

26. If $m+n=11$ and $m^2+n^2=99$, what is the value of m^3+n^3?

27. A 3-digit number is subtracted from a 4-digit number and the result is a 3-digit number.

$$\square\square\square\square - \square\square\square = \square\square\square$$

The 10 digits are all different.

What is the smallest possible result?

28. In the triangle PQR, $PQ = PR = 40$ cm and S is a point on QR such that $PS = 25$ cm. The extension of PS meets the circle through PQR at T.

What is the length, in centimetres, of PT?

29. A polynomial f is given. All we know about it is that all its coefficients are non-negative integers, $f(1) = 6$ and $f(7) = 3438$. What is the value of $f(3)$?

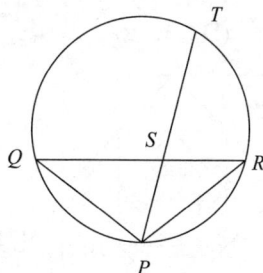

30. There are many towns on the island of Tetra, all connected by roads. Each town has three roads leading to three other different

towns: one red road, one yellow road and one blue road, where no two roads meet other than at towns. If you start from any town and travel along red and yellow roads alternately (RYRY···) you will get back to your starting town after having travelled over six different roads. In fact RYRYRY will always get you back to where you started. In the same way, going along yellow and blue roads alternately will always get you back to the starting point after travelling along six different roads (YBYBYB). On the other hand, going along red and blue roads alternately will always get you back to the starting point after travelling along four different roads (RBRB). How many towns are there on Tetra?

1.10　2010年中学高级卷中文试题

2010 年澳大利亚数学能力检测中学高级卷

1—10题，每题 3 分

1. 算式 2010 − 20.10 等于

(A) 1990.09 　　　　　(B) 1990.9 　　　　　(C) 1989.09

(D) 1989.9 　　　　　(E) 1998.9

2. 若 $m = 3$ 且 $n = -\frac{3}{5}$，则 $\frac{m}{n}$ 等于

(A) −5 　　　(B) 5 　　　(C) $-\frac{9}{5}$ 　　　(D) $-\frac{5}{3}$ 　　　(E) 15

3. 线段 PQ 的中点是 $M(-4，6)$. 已知点 Q 的坐标是 $(10，12)$，请问点 P 的坐标是什么?

(A) (−18，0) 　　　　(B) (−18，18) 　　　　(C) (−10，0)

(D) (3，9) 　　　　(E) (3，18)

4. 请问 63 等于下列哪一个数的 87.5%?

(A) 45 　　　(B) 70 　　　(C) 72

(D) 74 　　　(E) 75

5. 请问图 1-33 中阴影部分的正方形面积占整个大正方形面积的百分比为何?

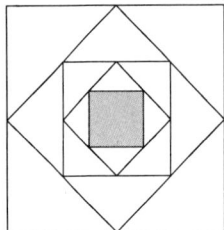

图 1-33

(A) 6.25 % 　　　(B) 10 % 　　　(C) 12.5 %

(D) 16 % 　　　(E) 25%

6. 有七个正整数 8、10、24、28、23、9、x，它们的中位数与平均数都是 x. 请问 x 之值是什么？

(A) 15　　　(B) 17　　　(C) 19

(D) 21　　　(E) 23

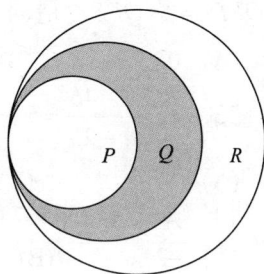

7. 圆 P 之半径等于圆 Q 之半径的 $\frac{2}{3}$，而圆 Q 之半径等于圆 R 之半径的 $\frac{3}{4}$. 请问图 1-34 中涂上阴影部分的面积占圆 R 面积的几分之几？

图 1-34

(A) $\frac{1}{3}$　　(B) $\frac{5}{9}$　　(C) $\frac{1}{4}$　　(D) $\frac{3}{16}$　　(E) $\frac{5}{16}$

8. 连续投掷一枚硬币五次，请问没有连续出现五次反面的概率是多少？

(A) $\frac{15}{16}$　　(B) $\frac{27}{32}$　　(C) $\frac{4}{5}$　　(D) $\frac{9}{10}$　　(E) $\frac{31}{32}$

图 1-35

9. 将一个矩形分割为 x 列 y 行个全等的小正方形. 它的外围涂上阴影部分都是占 1 个正方形的宽度，且其面积占整个矩形面积的一半 (图 1-35). 请问 x 与 y 之和可能是多少？

(A) 17　　　(B) 20　　　(C) 18

(D) 19　　　(E) 16

10. 将五个数 x^3、x^2、x、$-x$、$\sqrt{x}$ 依照从小到大的顺序排列，其中 x 之值满足 $0 < x < 1$，请问位居中间的数是下列哪一个？

(A) x^3　　(B) x^2　　(C) x　　(D) $-x$　　(E) $\sqrt{x}$

11—20题，每题 4 分

11. 对于所有的 x 值，算式 $\dfrac{7^{3x} + 7^{2x}}{7^{2x} + 7^x}$ 等于

(A) 49　　　(B) 7^{2x}

(C) 7　　　(D) 7^x

(E) 1

12. 图 1-36 中，点 R 在 $\triangle PQS$ 的 QS 边上，已知 $PQ = PS = SR$ 且

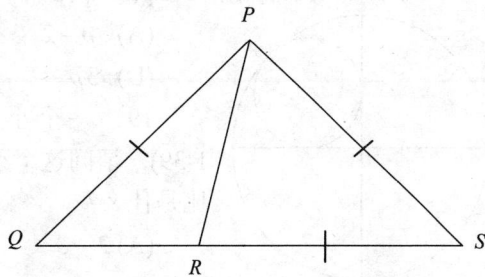

图 1-36

$\angle QRP = \angle QPS$. 请问 $\angle PSR$ 等于多少度?

(A) 30   (B) 36   (C) 45   (D) 60   (E) 70

13. 若 $\dfrac{3a+4b}{2a-2b}=5$, 则 $\dfrac{a^2+2b^2}{ab}$ 等于

(A) 1   (B) 2   (C) 3   (D) 4   (E) 5

14. 算式 $(123456785) \times (123456782) - (123456783) \times (123456784)$ 等于

(A) −2   (B) −1   (C) 0   (D) 1   (E) 以上皆非

15. 类似图 1-37 的三角形之每条边长都是互不相同的质数, 且它的周长也是个质数.

请问符合上述条件的三角形中最小的周长是什么?

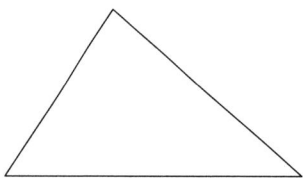

图 1-37

(A) 11   (B) 17   (C) 19

(D) 23   (E) 29

16. 有一个五位数 $\overline{a986b}$ 可被 72 整除, 其中 a 是万位数数码、b 是个位数数码. 请问 $a+b$ 之值是什么?

(A) 9   (B) 10   (C) 12   (D) 13   (E) 15

17. 一顶帽子由 6 片相同尺寸相同形状的组件组成 (图 1-38).

若每片组件的表面可上涂金色或棕色, 请问共可做出多少种不同的帽子?

(A) 12   (B) 14   (C) 16

(D) 18   (E) 20

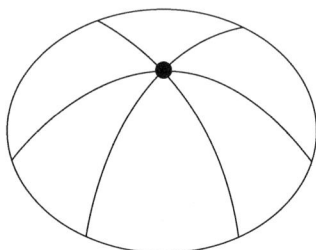

图 1-38

18. 对于所有正整数 n, 若 n 为偶数, 则定义 $\text{Snap}(n)=2n$; 若 n 为奇数, 则定义 $\text{Snap}(n)=3n$. 若 p 为大于 2 的质数, 请问 $\text{Snap}(\text{Snap}(p-1)-p)$ 之值是什么?

(A) $p-2$ (B) $2p-2$ (C) $2(p-2)$

(D) $3p-2$ (E) $3(p-2)$

19. 一个小圆内切于一个四分之一大圆 (图 1-39). 请问这个小圆的面积与四分之一大圆的面积之比是什么?

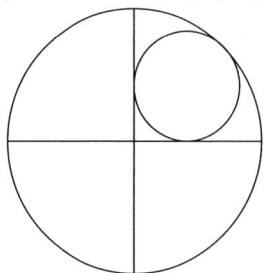

图 1-39

(A) $2:3$ (B) $4:5$

(C) $3:(2+\sqrt{3})$ (D) $\sqrt{2}:\sqrt{3}$

(E) $4 : (3 + 2\sqrt{2})$

20. 定义运算 $\otimes$ 为 $a \otimes b = a + b^2$. 已知 $a > 0$ 且 $(a \otimes a) \otimes a = a \otimes (a \otimes a)$，则 a 等于

(A) 1　　　　(B) $\sqrt{2}$　　　　(C) $\sqrt{2} - 1$　　　　(D) $\sqrt{2} + 1$　　　　(E) 2

21—25 题，每题 5 分

21. 一个**超级阶乘** $1! \times 2! \times 3! \times \cdots \times 12!$ 可以表示成一个阶乘与一个完全平方数的乘积，即 $m! \times n^2$. 请问 m 之值是什么?

(A) 4　　　　(B) 6　　　　(C) 8　　　　(D) 10　　　　(E) 12

22. 图 1-40 所示矩形纸张的长 $AB = 24$ cm、宽 $AD = 10$ cm. 将它沿着对角线 AC 翻折，然后将 $\triangle ACD$ 沿着直线 AE 翻折使得 AD 与 AC 重合，然后将纸张展开.

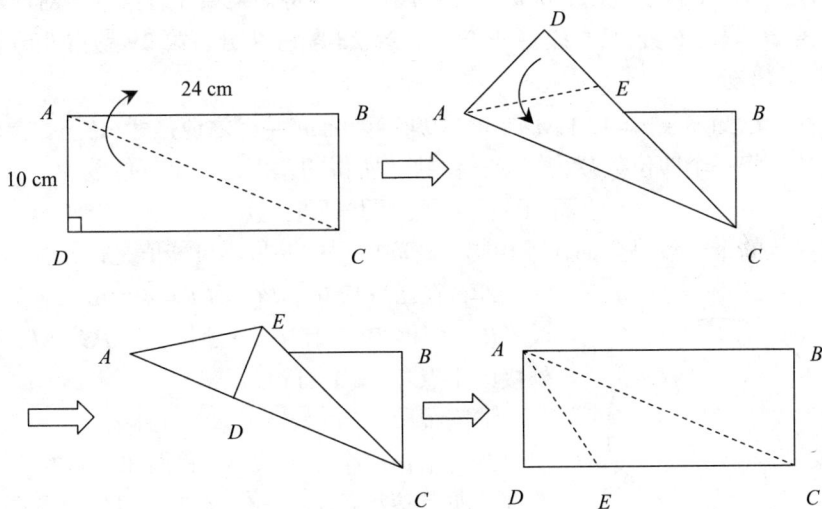

图 1-40

请问线段 DE 的长度为多少厘米?

(A) $\dfrac{13}{2}$　　　　(B) $\dfrac{10}{\sqrt{3}}$　　　　(C) $\dfrac{20}{3}$　　　　(D) 8　　　　(E) 12

23. 使用数码 1 和 0 可以写出 16 种不同的四位数串，其中三个数串为 1010、0100、1001，这三个数串都可视为是 101001 的子数串. 有一个十九位数 1 和 0 的数串，它包含有长度为 4 的 16 个子数串各恰一个. 已知这个数串开头的

四个数码为 1111，请问它的最后四个数码是什么？

(A) 1110　　(B) 0000　　(C) 0110　　(D) 1010　　(E) 0111

24. 将 n 个点任意放置在一个边长为 16 单位长的正立方体内部或表面上，使得无论怎么放至少都有其中两个点的距离小于 14 单位长. 请问最小的 n 值是什么？

(A) 8　　　　(B) 9　　　　(C) 11　　　　(D) 12　　　　(E) 13

25. 小罗站在森林的正中央，以他所站的点作为原点，其他坐标上的每个整数点上都有一棵树干半径都相等的树. 从他所站的位置，他无法看到任何方向第二排以后的树，此即，他无法看到任何两个分量都大于 2 的坐标上的树. 请问这些树的树干半径最小是多少？

(A) $\dfrac{1}{2}$　　(B) $\dfrac{1}{3}$　　(C) $\dfrac{1}{\sqrt{10}}$　　(D) $\dfrac{1}{\sqrt{13}}$　　(E) $\dfrac{1}{2(\sqrt{13}-3)}$

问题 26—30 的答案为 000 ~ 999 的整数，请将答案填在答案卡上对应的位置. 第 26 题占 6 分，第 27 题占 7 分，第 28 题占 8 分，第 29 题占 9 分，第 30 题占 10 分.

26. 已知 $m+n=11$ 且 $m^2+n^2=99$. 请问 m^3+n^3 之值是什么？

27. 将一个四位数减去一个三位数，所得的差也是一个三位数.

$$\square\square\square\square - \square\square\square = \square\square\square$$

且这些数的十个数码全都互不相同. 请问所得的差最小可能值是什么？

28. 在 $\triangle PQR$ 中，$PQ = PR = 40$ cm，点 S 在线段 QR 上使得 $PS = 25$ cm. 延长线段 PS 交 PQR 的外接圆于点 T（图 1-41）.

请问线段 PT 的长度是多少厘米？

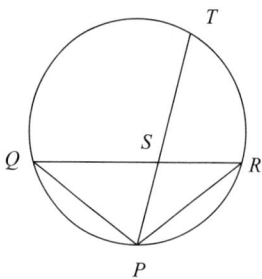
图 1-41

29. 给定一个多项式 f. 我们知道它的所有系数都是非负整数且 $f(1) = 6$、$f(7) = 3438$. 请问 $f(3)$ 之值是什么？

30. 在梦幻岛上有许多小镇，小镇间有一些道路相连. 每一个小镇都有三条道路：一条红线、一条黄线、一条蓝线与其他三个不同的小镇相连，任两条路除了在端点以外没有其他的交点. 如果您从任何一个小镇开始依照红线、黄线的道路交错（RYRY…）行驶，则您只要行驶超过六个不同的道路就将能回到原来出发的小镇. 也就是说依照 RYRYRY 的方式行驶就一定会回到原来出发的小镇. 同样地，如果依照黄线、蓝线的道路交错行驶六个不同的路段 (YBYBYB) 也能回到原来出发的小镇. 另一方面, 依照红线、蓝线的道路交错行驶四个不同的路段 (RBRB) 也能够回到原来出发的小镇. 请问梦幻岛上至少共有多少个小镇?

1.11　2011年中学高级卷英文试题

Australian Mathematics Competition 2011
Senior Division Competition Paper

Questions 1 to 10，3 marks each

1. The expression $3x(x-4)-2(5-3x)$ equals

(A) $3x^2-3x-14$　　　　(B) $3x^2-6x-10$　　　　(C) $3x^2-18x+10$

(D) $3x^2-18x-10$　　　　(E) $9x^2-22x$

2. A coach notices that 2 out of 5 players in his club are studying at university. If there are 12 university students in his club，how many players are there in total?

(A) 20　　　　(B) 24　　　　(C) 30　　　　(D) 36　　　　(E) 60

3. The value of $14 \div 0.4$ is

(A) 3.5　　　　(B) 35　　　　(C) 5.6　　　　(D) 350　　　　(E) 0.14

4. In the diagram，$ABCD$ is a square. What is the value of x?

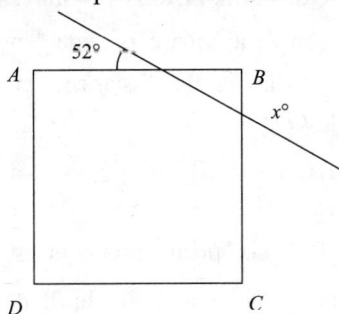

(A) 142　　　　(B) 128　　　　(C) 48　　　　(D) 104　　　　(E) 52

5. Which of the following is the largest?

(A) 210　　　　(B) 2^{10}　　　　(C) 10^2　　　　(D) 20^1　　　　(E) 21^0

6. If m and n are positive whole numbers and $mn=100$，then $m+n$ cannot be equal to

(A) 25　　　　(B) 29　　　　(C) 50　　　　(D) 52　　　　(E) 101

7. $PQRS$ is a square. T is a point on RS such that $QT = 2RT$. The value of x is

(A) 100   (B) 110   (C) 120   (D) 150   (E) 160

8. In my neighbourhood，90% of the properties are houses and 10% are shops. Today，10% of the houses are for sale and 30% of the shops are for sale. What percentage of the properties for sale are houses?

(A) 9 %   (B) 80 %   (C) $33\frac{1}{3}$ %

(D) 75 %   (E) 25 %

9. The value of $\dfrac{\frac{1}{2}+\frac{1}{4}+\frac{1}{8}}{2+4+8}$ is

(A) 16   (B) 4   (C) 1   (D) $\dfrac{1}{4}$ (E) $\dfrac{1}{16}$

10. Anne's morning exercise consists of walking a distance of 1 km at a rate of 5 km/h，jogging a distance of 3 km at 10 km/h and fast walking for a distance of 2 km at 6 km/h. How long does it take her to complete her morning exercise?

(A) 30 min   (B) 35 min   (C) 40 min   (D) 45 min   (E) 50 min

Questions 11 to 20，4 marks each

11. The diagram shows a square of side length 12 units divided into six triangles of equal area. What is the distance，in units，of T from the side PQ?

(A) 4   (B) 3   (C) 2

(D) 1   (E) $\sqrt{5}$

12. Each of the first six prime numbers is written on a separate card. The cards are shuffled and two cards are selected. The probability that the sum of the numbers selected is prime is

(A) $\dfrac{1}{5}$ (B) $\dfrac{1}{4}$ (C) $\dfrac{1}{3}$ (D) $\dfrac{1}{2}$ (E) $\dfrac{1}{6}$

13. Two tourists are walking 12 km apart along a flat track at a constant speed of 4 km/h. When each tourist reaches the slope of a mountain，she begins to climb with a constant speed of 3 km/h.

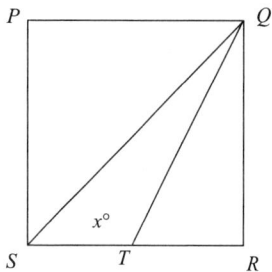

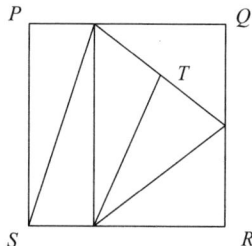

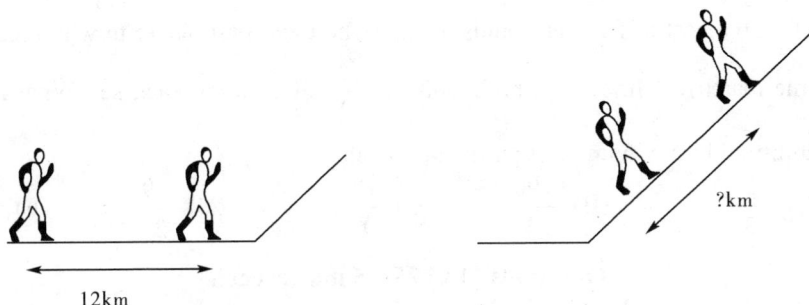

What is the distance, in kilometres, between the two tourists during the climb?

(A) 16　　　　(B) 12　　　　(C) 10　　　　(D) 9　　　　(E) 8

14. Lines parallel to the sides of a rectangle 56 cm by 98 cm and joining its opposite edges are drawn so that they cut this rectangle into squares. The smallest number of such lines is

(A) 3　　　　(B) 9　　　　(C) 11　　　　(D) 20　　　　(E) 75

15. What is the sum of the digits of the positive integer n for which $n^2 + 2011$ is the square of an integer?

(A) 6　　　　(B) 7　　　　(C) 8　　　　(D) 9　　　　(E) 10

16. Of the staff in an office, 15 rode a pushbike to work on Monday, 12 rode on Tuesday and 9 rode on Wednesday. If 22 staff rode a pushbike to work at least once during these three days, what is the maximum number of staff who could have ridden a pushbike to work on all three days?

(A) 4　　　　(B) 5　　　　(C) 6　　　　(D) 7　　　　(E) 8

17. How many integer values of n make $n^2 - 6n + 8$ a positive prime number?

(A) 1　　　　(B) 2　　　　(C) 3　　　　(D) 4

(E) an infinite number

18. If $x^2 - 9x + 5 = 0$, then $x^4 - 18x^3 + 81x^2 + 42$ equals

(A) 5　　　　(B) 25　　　　(C) 42

(D) 67　　　　(E) 81

19. The centre of a sphere of radius 1 is one of the vertices of a cube of side 1.

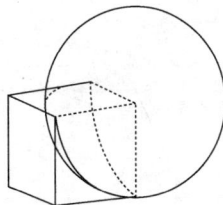

What is the volume of the combined solid?

(A) $\dfrac{7\pi}{6} + 1$　(B) $\dfrac{7\pi}{6} + \dfrac{5}{6}$　(C) $\dfrac{7\pi}{6} + \dfrac{4}{3}$　(D) $\dfrac{7\pi}{8} + 1$　(E) $\pi + 1$

20. In a best of five sets tennis match (where the first player to win three sets wins the match), Chris has a probability of $\dfrac{2}{3}$ of winning each set. What is the probability of him winning this particular match?

(A) $\dfrac{2}{3}$ (B) $\dfrac{190}{243}$ (C) $\dfrac{8}{9}$ (D) $\dfrac{19}{27}$ (E) $\dfrac{64}{81}$

Questions 21 to 25，5 marks each

21. How many 3-digit numbers can be written as the sum of three (not necessarily different) 2-digit numbers?

(A) 194 (B) 198 (C) 204 (D) 287 (E) 296

22. A rectangular sheet of paper is folded along a single line so that one corner lies on top of another. In the resulting figure, 60% of the area is two sheets thick and 40% is one sheet thick. What is the ratio of the length of the longer side of the rectangle to the length of the shorter side?

(A) 3 : 2 (B) 5 : 3 (C) $\sqrt{2}$: 1 (D) 2 : 1 (E) $\sqrt{3}$: 2

23. An irrational spider lives at one corner of a closed box which is a cube of edge 1 metre. The spider is not prepared to travel more than $\sqrt{2}$ metres from its home (measured by the shortest route across the surface of the box). Which of the following is closest to the proportion (measured as a percentage) of the surface of the box that the spider never visits?

(A) 20% (B) 25% (C) 30% (D) 35% (E) 50%

24. Functions f, g and h are defined by

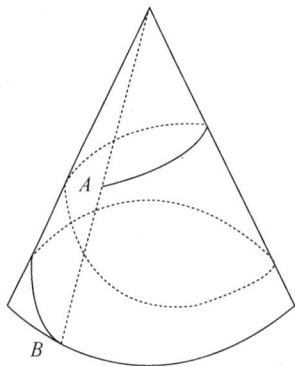

$$f(x) = x + 2 ,$$
$$g(0) = f(1) ,$$
$$g(x) = f(g(x-1)) , \quad \text{for } x \geqslant 1 ,$$
$$h(0) = g(1) ,$$
$$h(x) = g(h(x-1)) , \quad \text{for } x \geqslant 1 .$$

Find $h(4)$.

(A) 61 (B) 117 (C) 123
(D) 125 (E) 313

25. A cone has base diameter 1 unit and slant height 3 units. From a point A halfway up the side of

the cone, a string is passed twice around it to come to a point B on the circumference of the base, directly below A. The string is then pulled until taut.

How far is it from A to B along this taut string?

(A) $\dfrac{3}{8}(\sqrt{29}+\sqrt{53})$ 　　　(B) $\dfrac{3\sqrt{7}}{2}$ 　　　(C) $\dfrac{3\sqrt{3}}{2}$

(D) $\dfrac{9}{4}$ 　　　(E) $\dfrac{3\sqrt{108}}{8}$

For questions 26 to 30, shade the answer as a whole number from 000 to 999 in the space provided on the answer sheet.Question 26 is 6 marks, question 27 is 7 marks, question 28 is 8 marks, question 29 is 9 marks and question 30 is 10 marks.

26. Paul is one year older than his wife and they have two children whose ages are also one year apart. Paul notices that on his birthday in 2011, the product of his age and his wife's age plus the sum of his children's ages is 2011. What would have been the result if he had done this calculation thirteen years before?

27. The diagram shows the net of a cube. On each face there is an integer: 1, w, 2011, x, y and z.

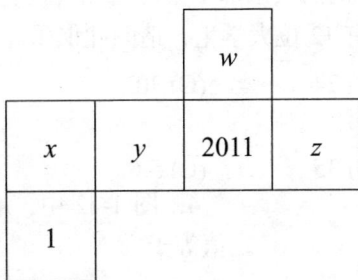

If each of the numbers w, x, y and z equals the average of the numbers written on the four faces of the cube adjacent to it, find the value of x.

28. Two beetles sit at the vertices A and H of a cube $ABCDEFGH$ with edge length $40\sqrt{110}$ units. The beetles start moving simultaneously along AC and HF with the speed of the first beetle twice that of the other one.

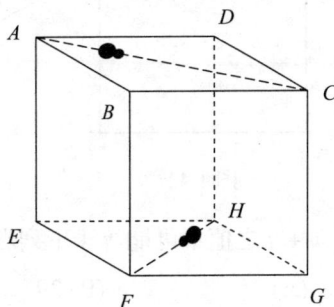

What will be the shortest distance between the beetles?

29. A family of six has six Christmas crackers to pull. Each person will pull two crackers，each with a different person. In how many different ways can this be done?

30. A 40×40 white square is divided into 1×1 squares by lines parallel to its sides. Some of these 1×1 squares are coloured red so that each of the 1×1 squares，regardless of whether it is coloured red or not，shares a side with at most one red square (not counting itself). What is the largest possible number of red squares?

1.12　2011年中学高级卷中文试题

2011 年澳大利亚数学能力检测中学高级卷

1—10题，每题3分

1. 表达式 $3x(x-4)-2(5-3x)$ 等于

(A) $3x^2-3x-14$ 　　(B) $3x^2-6x-10$ 　　(C) $3x^2-18x+10$

(D) $3x^2-18x-10$ 　　(E) $9x^2-22x$

2. 有位教练发现在他的俱乐部中平均每 5 位会员就有 2 位现就读于大学. 若他的俱乐部中共有 12 位大学生，请问此俱乐部共有多少位会员？

(A) 20 　　(B) 24 　　(C) 30 　　(D) 36 　　(E) 60

3. 算式 $14 \div 0.4$ 等于

(A) 3.5 　　(B) 35 　　(C) 5.6 　　(D) 350 　　(E) 0.14

4. 图 1-42 中，$ABCD$ 是个正方形. 则 x 之值等于

(A) 142 　　(B) 128 　　(C) 48

(D) 104 　　(E) 52

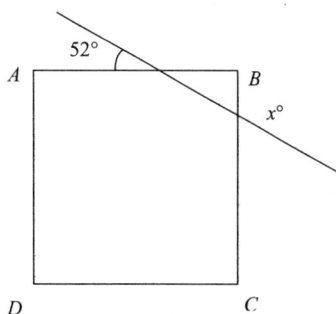

图 1-42

5. 请问下列哪一项之值最大？

(A) 210 　　(B) 2^{10}

(C) 10^2 　　(D) 20^1

(E) 21^0

6. 已知 m、n 为正整数且 $mn=100$，请问 $m+n$ 之值不可能等于下列哪一个数？

(A) 25 　　(B) 29 　　(C) 50 　　(D) 52 　　(E) 101

7. 如图 1-43 所示，在正方形 *PQRS* 中，若点 *T* 在 *RS* 上使得 $QT = 2RT$，则 *x* 之值等于

(A) 100　　　　(B) 110　　　　(C) 120

(D) 150　　　　(E) 160

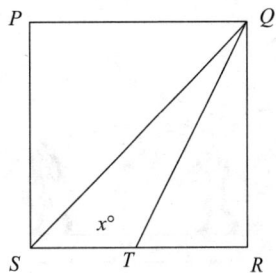

图 1-43

8. 在我家附近，90%的房屋用途为住宅、10%的房屋用途为商店，而这些住宅中的 10%待售、这些商店中的 30%待售. 在待售的房屋中，请问用途为住宅的房屋所占的百分比是什么？

(A) 9 %　　(B) 80 %　　(C) $33\frac{1}{3}$ %　　(D) 75 %　　(E) 25%

9. 算式 $\dfrac{\frac{1}{2}+\frac{1}{4}+\frac{1}{8}}{2+4+8}$ 等于

(A) 16　　　(B) 4　　　(C) 1　　　(D) $\dfrac{1}{4}$　　　(E) $\dfrac{1}{16}$

10. 小安的晨间运动包括以 5 km/h 的速度行走 1 km；以 10 km/h 的速度慢跑 3 km；再以 6 km/h 的速度快走 2 km. 请问她完成她的晨间运动需费时多久？

(A) 30 分钟　　(B) 35 分钟　　(C) 40 分钟　　(D) 45 分钟　　(E) 50 分钟

11—20题，每题 4 分

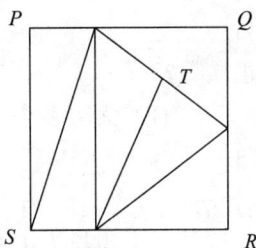

图 1-44

11. 图 1-44 中，正方形 *PQRS* 之边长为 12 单位，它被分割为等面积的六个三角形.

请问点 *T* 到边 *PQ* 的距离为多少单位？

(A) 4　　　　(B) 3　　　　(C) 2

(D) 1　　　　(E) $\sqrt{5}$

12. 将首六个质数分别写在一张卡片上. 将这些卡片打乱然后再从中选取两张.请问这两张卡片上的数之和是质数的概率是什么？

(A) $\dfrac{1}{5}$　　(B) $\dfrac{1}{4}$　　(C) $\dfrac{1}{3}$　　(D) $\dfrac{1}{2}$　　(E) $\dfrac{1}{6}$

13. 两位游客沿着一条平坦的路径各自以 4 km/h 的速度行走，他们之间的距离为 12 km. 当每位游客遇到登山的斜坡路时，他们都各自以 3 km/h 的速度爬坡 (图 1-45).

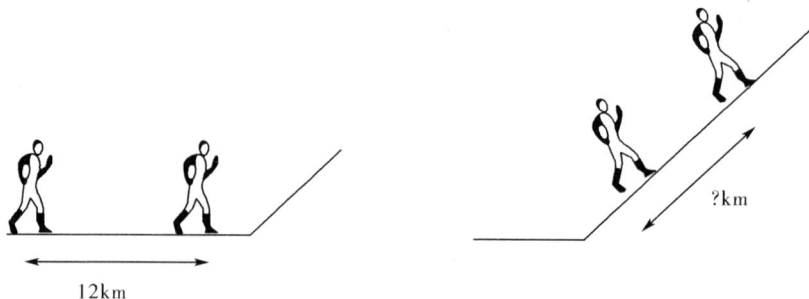

图 1-45

当这两位游客都在爬坡时,请问他们之间的距离为多少千米?

(A) 16   (B) 12   (C) 10   (D) 9   (E) 8

14. 在 56 cm × 98 cm 的矩形内部画出一些与矩形的边平行的直线,使得这些直线连接矩形的两条对边且将矩形分割成许多正方形. 请问至少要画多少条这样的直线?

(A) 3   (B) 9   (C) 11   (D) 20   (E) 75

15. 请问使得 $n^2 + 2011$ 成为一个完全平方数的正整数 n 之数码和等于多少?

(A) 6   (B) 7   (C) 8   (D) 9   (E) 10

16. 某公司的职员中,在星期一有 15 位职员骑车上班、在星期二有 12 位职员骑车上班、在星期三有 9 位职员骑车上班. 若在这三天中共有 22 位职员至少有一天骑车上班,请问此公司至多有多少位职员在这三天都骑车上班?

(A) 4   (B) 5   (C) 6   (D) 7   (E) 8

17. 请问共有多少个整数 n 使得 $n^2 - 6n + 8$ 之值为正质数?

(A) 1   (B) 2   (C) 3   (D) 4   (E) 无穷多个

18. 已知 $x^2 - 9x + 5 = 0$,则 $x^4 - 18x^3 + 81x^2 + 42$ 等于

(A) 5   (B) 25   (C) 42   (D) 67   (E) 81

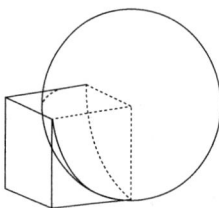

图 1-46

19. 已知半径为 1 的球之球心正好是一个边长为 1 的正立方体之一顶点 (图 1-46). 请问这两个立体合并在一起所占的体积是什么?

(A) $\dfrac{7\pi}{6} + 1$ (B) $\dfrac{7\pi}{6} + \dfrac{5}{6}$ (C) $\dfrac{7\pi}{6} + \dfrac{4}{3}$

(D) $\dfrac{7\pi}{8} + 1$ (E) $\pi + 1$

20. 在一场赛五盘的网球决赛中 (先赢得三盘者胜),小捷每盘获胜的概率为 $\frac{2}{3}$. 请问小捷赢得此场比赛的概率是什么?

(A) $\frac{2}{3}$ (B) $\frac{190}{243}$ (C) $\frac{8}{9}$ (D) $\frac{19}{27}$ (E) $\frac{64}{81}$

21—25题,每题 5 分

21. 请问有多少个三位数可以被写成为三个两位数 (不必相异) 的和?

(A) 194 (B) 198 (C) 204 (D) 287 (E) 296

22. 将一张矩形的纸张沿一条直线折叠,使得矩形的一个顶点落在另一个顶点之上. 已知折成的图形中,60% 的面积有两层纸,40% 的面积只有一层纸. 请问原来矩形纸张的长边与短边之比是什么?

(A) $3:2$ (B) $5:3$ (C) $\sqrt{2}:1$ (D) $2:1$ (E) $\sqrt{3}:2$

23. 有一只怪脾气的蜘蛛,住在一个边长为 1 m 的封闭正立方体盒子内部的某个顶点上. 这只蜘蛛不打算离家超过 $\sqrt{2}$ m (依在盒子表面的最短路径计量). 在此盒子表面中,请问这只蜘蛛从未造访区域的面积所占的比例 (以百分比计) 最接近什么?

(A) 20 % (B) 25 % (C) 30 % (D) 35 % (E) 50 %

24. 函数 f、g、h 之定义为

$f(x) = x + 2$,

$g(0) = f(1)$,

$g(x) = f(g(x-1))$, $x \geqslant 1$,

$h(0) = g(1)$,

$h(x) = g(h(x-1))$, $x \geqslant 1$.

请问 $h(4)$ 之值是什么?

(A) 61 (B) 117 (C) 123

(D) 125 (E) 313

25. 有一个圆锥体的底之直径为 1 单位,斜高为 3 单位. 点 A 位于圆锥侧边的中点,有一条细线缠绕此圆锥两圈最后到达点 A 正下方的边界上的 B 点,接着将此细线拉紧 (图 1-47).

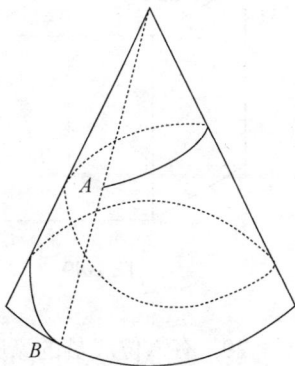

请问从点 A 沿着这条拉紧的细线到点 B 之长度为多少单位?

(A) $\frac{3}{8}(\sqrt{29}+\sqrt{53})$ (B) $\frac{3\sqrt{7}}{2}$ (C) $\frac{3\sqrt{3}}{2}$

(D) $\frac{9}{4}$ (E) $\frac{3\sqrt{108}}{8}$

问题 26—30 的答案为 000~999 的整数,请将答案填在答案卡上对应的位置. 第 26 题占 6 分, 第 27 题占 7 分, 第 28 题占 8 分, 第 29 题占 9 分, 第 30 题占 10 分.

26. 包先生比他的太太大一岁,他们有两个小孩,其年龄也相差一岁. 包先生发现当他在 2011 年生日的当天,他的年龄与他太太的年龄之乘积加上他们两个小孩的年龄所得之值正好等于 2011. 若在 13 年前,他也做过相同的计算,请问所得的值是什么?

27. 图 1-48 为一正立方体的展开图,分别在其每个表面上写上一个整数:1、w、2011、x、y、z.

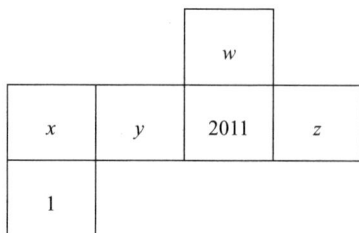

图 1-48

已知其中四个数 w、x、y、z 都分别等于与它相邻的四个表面上的四个数的平均值,请问 x 之值是什么?

28. 两只小虫分别位于正立方体 $ABCDEFGH$ 的顶点 A 与顶点 H 上,正立方体的边长为 $40\sqrt{110}$. 这两只小虫同时出发沿着 AC 与 HF 爬行,已知第一只小虫的爬行速度是另一只小虫的爬行速度之两倍 (图 1-49).

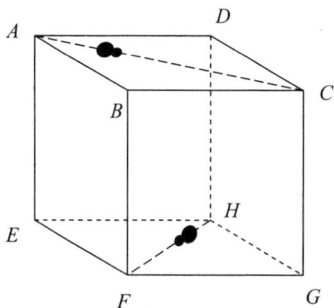

图 1-49

请问这两只小虫的最短距离是多少?

29. 有六位成员的家庭要拉六个圣诞爆竹. 每个人都将拉两个爆竹,且每次都与一位不同的人一起拉. 请问共有多少种拉这些爆竹的不同方法?

30．将一个 40×40 的白色正方形用一些平行于它的边的直线划分为 1×1 的小正方形．把其中某些 1×1 的小正方形涂上红色，使得与每一个 1×1 正方形（无论是否被涂上红色）共有一条边的正方形中至多有一个正方形是红色的．请问这个大正方形中至多能有多少个小正方形被涂上红色？

1.13　2012年中学高级卷英文试题

Australian Mathematics Competition 2012
Senior Division Competition Paper

Questions 1 to 10，3 marks each

1．The expression $2012 - 2.012$ equals

(A) 2010.012 　　　(B) 2010.998 　　　(C) 2009.998

(D) 2012.012 　　　(E) 2009.988

2．By what number must 6 be divided by to obtain $\dfrac{1}{3}$ as a result?

(A) 18 　　(B) $\dfrac{1}{2}$ 　　(C) $\dfrac{1}{18}$ 　　(D) 2 　　(E) 9

3．In the diagram，the size in degrees of three angles are given. Find the value of x.

(A) 90 　　(B) 95 　　(C) 100

(D) 110 　　(E) 120

4．The straight line joining the points $(0，2)$ and $(2，8)$ also passes through

(A) $(4，14)$ 　　　(B) $(3，14)$

(C) $(3，10)$ 　　　(D) $(4，10)$

(E) $(2，0)$

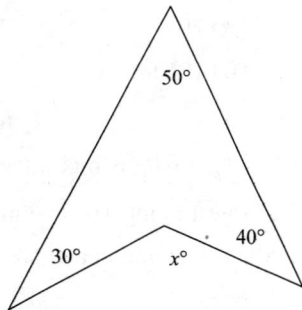

5．What is the number that is halfway between $\dfrac{a}{b}$ and $\dfrac{c}{b}$?

(A) 1 　　(B) $\dfrac{a-c}{b}$ 　　(C) $\dfrac{a+c}{b}$ 　　(D) $\dfrac{a-c}{2b}$ 　　(E) $\dfrac{a+c}{2b}$

6．If $3^{16} \times 27^{10} = 9^{x}$，then x equals

(A) 18 　　(B) 21 　　(C) 23 　　(D) 26 　　(E) 27

7. If $\dfrac{p}{p-2q}=3$, then $\dfrac{p}{q}$ equals

(A) 3　　　　　(B) $\dfrac{1}{3}$　　　(C) $\dfrac{2}{3}$　　　(D) 2　　　　(E) -3

8. Two perfume bottles are similar in shape but one has twice the height of the other. Together they contain 270 ml of perfume. How much perfume, in millilitres, is in the smaller bottle?

(A) 27　　　　(B) 30　　　　(C) 50　　　　(D) 54　　　　(E) 90

9. If x and y are positive integers, how many integers are greater than xy but less than $x(y+1)$?

(A) 1　　　　(B) $x-2$　　　(C) $y-1$　　　(D) x　　　(E) $x-1$

10. The architecture of Federation Square in Melbourne is based on frames as

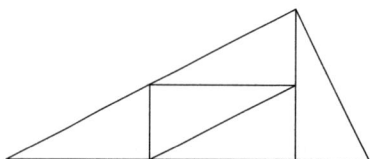

shown in which a large triangle is subdivided into 5 identical triangles, each similar to the large triangle.

If the shortest side of one of the smallest triangles is 1 m, how many metres of framing are required to construct the whole shape?

(A) 20　　　　　　　　(B) $8+4\sqrt{5}$　　　　　　　(C) $10+4\sqrt{5}$

(D) $12+4\sqrt{5}$　　　　(E) $15+5\sqrt{5}$

Questions 11 to 20, 4 marks each

11. Five distinct integers are arranged in order, with the smallest being 5 and the largest being 16. The mean of the five integers is prime and is also equal to the median. The number of possibilities for the second largest number is

(A) 0　　　　　(B) 1　　　　　(C) 2　　　　　(D) 3　　　　　(E) 4

12. The average of $3^{\frac{3}{2}}$, $3^{\frac{5}{2}}$ and $3^{\frac{7}{2}}$ is

(A) $9\sqrt{3}$　　(B) $10\sqrt{3}$　　(C) $11\sqrt{3}$

(D) $12\sqrt{3}$　　(E) $13\sqrt{3}$

13. Triangle PQR is right-angled at R. The circle with centre P and radius PR cuts PQ at S and the circle with centre Q and radius QS

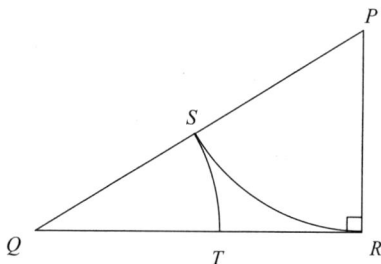

cuts QR at T.

If T bisects QR, then the ratio $QS : SP$ equals

(A) 7 : 12　　(B) 5 : 12　　(C) 5 : 8　　(D) 3 : 4　　(E) 2 : 3

14. In a three-game series of basketball with just two teams, Wollongong and Townsville, the probability that Wollongong will win each game is twice the probability that Townsville will win. What is the probability that Townsville will win the series?

(A) $\dfrac{1}{3}$　　(B) $\dfrac{2}{9}$　　(C) $\dfrac{5}{27}$　　(D) $\dfrac{7}{27}$　　(E) $\dfrac{5}{18}$

15. The square shown has side 20 cm. A 'V' is shaded as shown.

The area shaded, in square centimetres, is

(A) 136　　(B) 150　　(C) 164

(D) 188　　(E) 200

16. If the number $10^{2012} - 2012$ is written out in full, the sum of its digits is

(A) 18100　　　　(B) 18104

(C) 18108　　　　(D) 18112　　　　(E) 18116

17. The side lengths of a right-angled triangle are in geometric progression and the shortest side has length 2. What is the length of the hypotenuse?

(A) $1+\sqrt{5}$　　(B) $\sqrt{10}$　　(C) $3\sqrt{2}-1$　　(D) $\sqrt{11}$　　(E) $2\sqrt{3}$

18. Jess marks four of eight identical cards with an X and the other four with a Y. She shuffles them and puts them face down in a row and challenges Mike to guess the letter on each card. Mike decides to choose $XYXYXYXY$. What is the probability of Mike correctly guessing all eight cards?

(A) $\dfrac{4}{8}$　　(B) $\dfrac{1}{70}$　　(C) $\dfrac{1}{85}$　　(D) $\dfrac{1}{90}$　　(E) $\dfrac{1}{256}$

19. The diagonal of a rectangular tile with integer sides is one-third of the length of the diagonal of a row of tiles identical to the original one. If the perimeter of the single tile is 24 cm, how many tiles are in the row?

(A) 3　　　(B) 6　　　(C) 9　　　(D) 12　　　(E) 15

20. In the $\triangle PQR$, $\angle R = 2\angle P$, $PR = 5$ and $QR = 4$. The length of PQ is

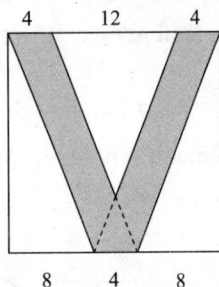

(A) $2\sqrt{10}$ (B) 6   (C) 7   (D) $2\sqrt{7}$ (E) $5\sqrt{2}$

Questions 21 to 25, 5 marks each

21. Let $p(x)$ be a polynomial such that

$$p(x) = (x-2)^{2012}(x+2012) + (x-2)^{2011}(x+2011) + \cdots + (x-2)(x+1).$$

The sum of the coefficients of $p(x)$ is

(A) 1006   (B) 2012   (C) 2027090   (D) 0   (E) 1

22. Twelve points are marked on the circumference of a circle. All possible straight lines that join any two of these points are drawn. We will call a pair of such lines free if the two lines in the pair do not intersect and have no common endpoints. The total number of free pairs is

(A) 132   (B) 210   (C) 495   (D) 990   (E) 1485

23. If x and y are positive integers which satisfy $x^2 - 8x - 1001y^2 = 0$, what is the smallest possible value of $x + y$?

(A) 73   (B) 100   (C) 102   (D) 114   (E) 136

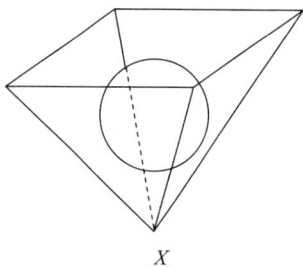

24. A spherical ball of radius 1 rests inside a holder in the shape of an inverted pyramid. The pyramid has a horizontal square top and its other faces are equilateral triangles. It is large enough to enclose the ball.

How far is the centre of the ball above the apex X of the pyramid?

(A) $\sqrt{2}$ (B) $\dfrac{3}{2}$ (C) $3-\sqrt{2}$ (D) $\sqrt{3}$ (E) 2

25. In 'base -2' notation, digits are 0 and 1 only and the places go up in powers of -2. For example, 110110 stands for

$$1\times(-2)^5 + 1\times(-2)^4 + 0\times(-2)^3 + 1\times(-2)^2 + 1\times(-2) + 0\times1 = -14.$$

If the decimal number 2000 is written in base -2 notation, how many non-zero digits does it contain?

(A) 3   (B) 4   (C) 5   (D) 6   (E) 7

For questions 26 to 30, shade the answer as a whole number from 000 to 999 in the space provided on the answer sheet. Question 26 is 6 marks, question

27 is 7 marks, question 28 is 8 marks, question 29 is 9 marks and question 30 is 10 marks.

26. A courier company has motorbikes that can travel 300 km on a full tank of fuel. Two couriers, Anna and Brian, set off from the depot together to deliver a letter to Connor's house. They can transfer fuel between the bikes at any time but do not return to the depot to get more fuel. While only one bike is required to deliver the letter, both must return to the depot. What is the greatest distance, in kilometres, that Connor's house could be from the depot?

27. Twenty-eight points are equally spaced around the circumference of a circle. What is the total number of triangles whose three vertices are from those twenty-eight points and the size of one of the angles is twice the size of another?

28. In the grid shown, we need to fill in the squares with numbers so that the number in every square, except for the corner ones, is the average of its neighbours. The edge squares have three neighbours, the others four.

+1000				−1000
	x			
−1000				+1000

What is the value of the number in the square marked x?

29. Terry has invented a new way to extend lists of numbers. To Terryfy a list such as [1, 8] he creates two lists [2, 9] and [3, 10] where each term is one more than the corresponding term in the previous list, and then joins the three lists together to give [1, 8, 2, 9, 3, 10]. If he starts with a list containing one number [0] and repeatedly Terryfies it he creates the list

[0, 1, 2, 1, 2, 3, 2, 3, 4, 1, 2, 3, 2, 3, 4, 3, 4, 5, 2, 3, 4, ⋯].

What is the 2012th number in this Terryfic list?

30. If $\sin x \cos x + \sin y \cos y + \sin x \sin y + \cos x \cos y = 1$ and $\cos(x - y)$ is

the smallest possible，what is the value of $2x-y$，expressed in degrees，that is closest to 360°?

1.14 2012年中学高级卷中文试题

2012年澳大利亚数学能力检测中学高级卷

1—10题，每题3分

1. 算式 $2012-2.012$ 等于

(A) 2010.012   (B) 2010.998   (C) 2009.998

(D) 2012.012   (E) 2009.988

2. 请问将6除以下列哪一个数所得的结果等于 $\dfrac{1}{3}$?

(A) 18   (B) $\dfrac{1}{2}$ (C) $\dfrac{1}{18}$ (D) 2   (E) 9

3. 在图 1-50 中，已标示其中三个角的度数，则 x 之值等于

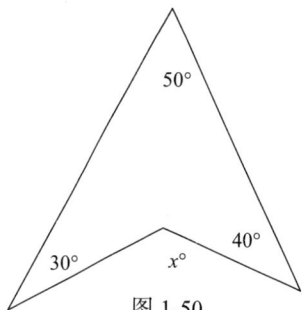

图 1-50

(A) 90   (B) 95   (C) 100

(D) 110   (E) 120

4. 一条连接点 $(0,2)$ 与点 $(2,8)$ 的直线，请问这条直线同时也通过下列哪一个点？

(A) $(4,14)$ (B) $(3,14)$

(C) $(3,10)$ (D) $(4,10)$

(E) $(2,0)$

5. 请问在 $\dfrac{a}{b}$ 与 $\dfrac{c}{b}$ 正中间的数是什么？

(A) 1   (B) $\dfrac{a-c}{b}$ (C) $\dfrac{a+c}{b}$ (D) $\dfrac{a-c}{2b}$ (E) $\dfrac{a+c}{2b}$

6. 已知 $3^{16}\times27^{10}=9^{x}$ ，则 x 之值等于

(A) 18   (B) 21   (C) 23   (D) 26   (E) 27

7. 已知 $\dfrac{p}{p-2q}=3$ ，则 $\dfrac{p}{q}$ 之值等于

(A) 3   (B) $\dfrac{1}{3}$ (C) $\dfrac{2}{3}$ (D) 2   (E) -3

8. 两瓶香水罐的外形与内部都完全相似，但其中一罐的高度是另一罐的

两倍. 这两瓶香水罐的总容量为 270 ml. 请问小瓶香水罐的容量为多少 ml?

(A) 27　　　　(B) 30　　　　(C) 50　　　　(D) 54　　　　(E) 90

9. 已知 x、y 为正整数，请问有多少个整数大于 xy 但小于 $x(y+1)$?

(A) 1　　　(B) $x-2$　　　(C) $y-1$　　　(D) x　　　(E) $x-1$

10. 在墨尔本联邦广场的建筑主要骨架为将一个大三角形分割为 5 个全等的小三角形，且它们都与大三角形相似 (图 1-51).

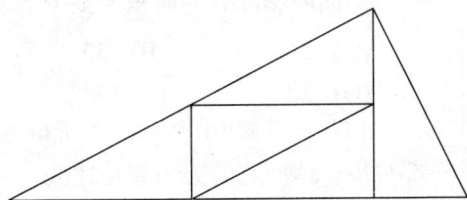

图 1-51

若小三角形的最短边之边长为 1m，请问建造整个形状共需多少 m 的骨架?

(A) 20

(B) $8+4\sqrt{5}$

(C) $10+4\sqrt{5}$

(D) $12+4\sqrt{5}$

(E) $15+5\sqrt{5}$

11—20 题，每题 4 分

11. 将五个相异的正整数依大小排列，最小的数是 5、最大的数是 16. 这五个数的平均数是个质数，正好等于它们的中位数. 请问这五个数中第二大的数有多少种可能值?

(A) 0　　　(B) 1　　　(C) 2　　　(D) 3　　　(E) 4

12. 请问三个数 $3^{\frac{3}{2}}$、$3^{\frac{5}{2}}$、$3^{\frac{7}{2}}$ 的平均值是什么?

(A) $9\sqrt{3}$　(B) $10\sqrt{3}$　(C) $11\sqrt{3}$　(D) $12\sqrt{3}$　(E) $13\sqrt{3}$

13. 图 1-52 的直角三角形 PQR 中，角 R 为直角. 以点 P 为圆心、PR 为半径的圆交 PQ 于点 S，以点 Q 为圆心、QS 为半径的圆交 QR 于点 T.

已知点 T 平分 QR，请问 $QS:SP$ 是什么?

(A) 7 : 12

(B) 5 : 12

(C) 5 : 8

(D) 3 : 4

(E) 2 : 3

14. 勇士篮球队与老鹰篮球队进行三赛两

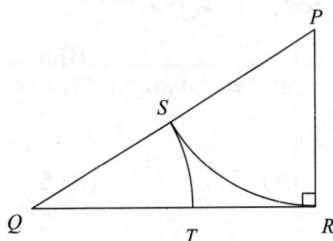

图 1-52

胜的友谊赛. 每场比赛勇士队获胜的概率为老鹰队获胜的概率之两倍. 请问老鹰队赢得此项友谊赛的概率是什么?

(A) $\dfrac{1}{3}$ (B) $\dfrac{2}{9}$ (C) $\dfrac{5}{27}$ (D) $\dfrac{7}{27}$ (E) $\dfrac{5}{18}$

15. 图 1-53 的正方形之边长为 20 cm,在其中有一个"V"形阴影,如图所示.

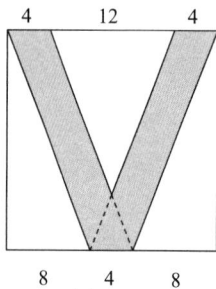

图 1-53

请问阴影部分的面积为多少平方厘米?

(A) 136   (B) 150   (C) 164

(D) 188   (E) 200

16. 将算式 $10^{2012} - 2012$ 所得的结果之所有数码全部写出,请问它的数码和是什么?

(A) 18100   (B) 18104

(C) 18108   (D) 18112

(E) 18116

17. 已知一个直角三角形的三边长构成一个等比数列且它的最短边之长度为 2. 请问这个直角三角形的斜边之长度是什么?

(A) $1 + \sqrt{5}$ (B) $\sqrt{10}$ (C) $3\sqrt{2} - 1$ (D) $\sqrt{11}$ (E) $2\sqrt{3}$

18. 小婕在八张完全相同的卡片中取出四张卡片,在其上各标记一个 X,在另外四张卡片上各标记一个 Y. 她将这些卡片洗乱并以面朝下排成一列,要求小马来猜卡片上的字母. 小马决定猜 $XYXYXYXY$. 请问小马猜中所有八张卡片的概率是什么?

(A) $\dfrac{4}{8}$ (B) $\dfrac{1}{70}$ (C) $\dfrac{1}{85}$ (D) $\dfrac{1}{90}$ (E) $\dfrac{1}{256}$

19. 一片边长为正整数的矩形瓷砖,它的对角线长等于一长列相同的瓷砖所构成的矩形之对角线长的三分之一. 已知每片瓷砖的周长为 24 cm,请问这一长列瓷砖共有多少片?

(A) 3   (B) 6   (C) 9   (D) 12   (E) 15

20. 在 $\triangle PQR$ 中,已知 $\angle R = 2\angle P$、$PR = 5$、$QR = 4$,请问 PQ 之长是什么?

(A) $2\sqrt{10}$ (B) 6   (C) 7   (D) $2\sqrt{7}$ (E) $5\sqrt{2}$

21—25题,每题 5 分

21. 令 $p(x)$ 为一多项式使得

$$p(x) = (x-2)^{2012}(x+2012) + (x-2)^{2011}(x+2011) + \cdots + (x-2)(x+1).$$

请问 $p(x)$ 的各项系数之总和是什么？

(A) 1006　　　　(B) 2012　　　　(C) 2027090　　　　(D) 0　　　　(E) 1

22. 在一个圆周上标记十二个点，将连接任意两点的所有弦都画出．如果有一对弦互不相交且没有共同的端点，我们称它们为一组"不相干"的弦对．请问在此圆上共有多少组"不相干"的弦对？

(A) 132　　　　(B) 210　　　　(C) 495　　　　(D) 990　　　　(E) 1485

23. 若 x、y 为正整数且满足 $x^2 - 8x - 1001y^2 = 0$，请问 $x+y$ 的最小值是什么？

(A) 73　　　　(B) 100　　　　(C) 102　　　　(D) 114　　　　(E) 136

24. 一个半径为 1 的球体停留在一个倒立的四角锥状容器内．这个倒立的四角锥的顶部是一个在水平上的正方形且它的每个侧面都是正三角形．它的大小足以将这个球整个包含在内部 (图 1-54)．

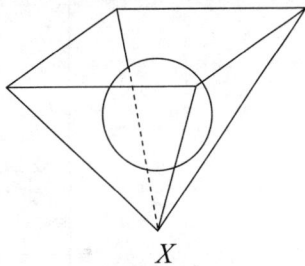

请问这个球的球心与四角锥的顶点 X 之距离为多少？

(A) $\sqrt{2}$　　　(B) $\dfrac{3}{2}$　　　(C) $3 - \sqrt{2}$

(D) $\sqrt{3}$　　　(E) 2

图 1-54

25. 在 "-2" 进位制中，它的数码只有 0 和 1，它的各个位数代表 -2 的幂次．例如，110110 表示：

$$1 \times (-2)^5 + 1 \times (-2)^4 + 0 \times (-2)^3 + 1 \times (-2)^2 + 1 \times (-2) + 0 \times 1 = -14.$$

若将十进制里的数 2000 表示成 "-2" 进位制，请问其中共有多少个数码不是 0？

(A) 3　　　　(B) 4　　　　(C) 5　　　　(D) 6　　　　(E) 7

问题 26—30 的答案为 000 ~ 999 的整数，请将答案填在答案卡上对应的位置．第 26 题占 6 分，第 27 题占 7 分，第 28 题占 8 分，第 29 题占 9 分，第 30 题占 10 分．

26. 某家快递公司的每辆摩托车加满油后都可行驶 300 km．有 A、B 两位员工从货仓一起出发送货到 C 的家．途中的任何时刻只允许他们停下来从 A 的摩托车油箱抽一些油注入 B 的摩托车油箱中．途中 A 可在某地休息等候，但不可回公司加油，而 B 则继续送货，最后再一起与 A 同时回到货仓．请问 C

的家最远可距离货仓多远?

27. 在一个圆周上有二十八个间距都相等的点. 在这二十八个点中挑选三个点构成一个三角形使得它的一个内角是另一个内角的两倍, 请问这样在不同位置的三角形总共有多少个?

28. 在下列方格表中, 我们打算在每个小方格内都填入一个数 (角落已填入数), 使得除四个角落的数以外, 其他每个小方格内的数都等于与此小方格相邻的所有小方格内的数之平均值. 方格表边缘上的小方格各有三个相邻的小方格, 而其他的则有四个相邻的小方格 (图 1-55).

+1000				−1000
		x		
−1000				+1000

图 1-55

请问在标记 x 的小方格内的数是什么?

29. 泰勒发明一种方法来扩展一组数. 例如, 将一组数[1, 8]**泰勒化**, 则可造出两组数[2, 9]与[3, 10], 它们的每一项都由前组数的每一项各加 1 而得, 再将这三组数依序合并在一起而得另一组数[1, 8, 2, 9, 3, 10]. 若他由只有一个数[0]的这组数开始, 不断地将它**泰勒化**, 则可得一组数:

[0, 1, 2, 1, 2, 3, 2, 3, 4, 1, 2, 3, 2, 3, 4, 3, 4, 5, 2, 3, 4, …].

请问这组数中的第 2012 个数是什么?

30. 已知 $\sin x \cos x + \sin y \cos y + \sin x \sin y + \cos x \cos y = 1$ 且 $\cos(x - y)$ 的可能值为最小, 请问 $2x - y$ 的度数最接近 $360°$ 的值是什么?

1.15　2013 年中学高级卷英文试题

Australian Mathematics Competition 2013
Senior Division Competition Paper

Questions 1 to 10，3 marks each

1. The expression $\dfrac{0.6}{12}$ is equal to

(A) 5　　　　(B) 0.5　　　　(C) 0.05　　　　(D) 0.005　　　　(E) 0.0005

2. Which of the following is a right-angled triangle?

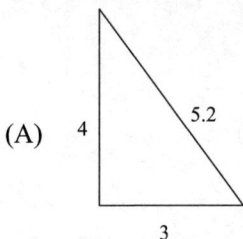

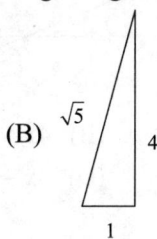

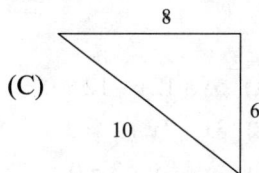

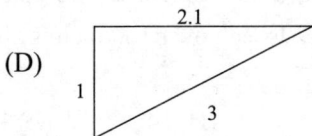

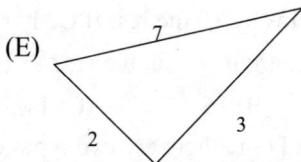

3. The yield from a farm increased by 20% this season to 114 tonnes. Last season the number of tonnes yielded was

(A) 90　　　　(B) 91　　　　(C) 93　　　　(D) 94　　　　(E) 95

4. The cube root of 201320132013 is closest to

(A) 600　　　　(B) 5000　　　　(C) 6000　　　　(D) 50000　　　　(E) 60000

5. If $p = 4b + 26$ and b is a positive integer，then p could not be divisible by

(A) 2　　　　(B) 4　　　　(C) 5　　　　(D) 6　　　　(E) 7

6. The first five terms of a sequence are shown.

$$1, 2, 1, -1, -2, \cdots.$$

After the second term，each term can be obtained by subtracting from the previous term the term before that. What is the sum of the first 42 terms of this sequence?

(A) 0   (B) 4   (C) 12   (D) 24   (E) 30

7. A line on a number plane passes through the vertical axis at 1 and the horizontal axis between 2 and 3, as shown. Which of the following equations could be the equation of this line?

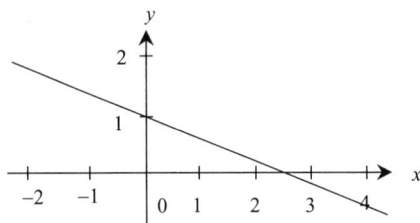

(A) $5x + 12y - 12 = 0$ (B) $4x + y + 1 = 0$

(C) $3x - 7y + 7 = 0$ (D) $3x - 2y + 2 = 0$

(E) $2x + 3y - 3 = 0$

8. When Cody races Chris over 100 metres, Cody wins by 5 metres (that is, when Cody finishes, Chris still has 5 metres to run). When Chris races Joseph over 100 metres, Chris wins by 10 metres. If Cody races Joseph over 100 metres, what will Cody's winning margin be, in metres?

(A) 15.5   (B) 15   (C) 14.5   (D) 14   (E) 13.5

9. On a ranch in Peru, there are two types of animals, llamas and alpacas. The ranch also has a number of managers. The ratio of llamas to alpacas is 2 : 3 and the ratio of alpacas to managers is 8 : 1. The ratio of animals to managers is

(A) 16 : 3   (B) 13 : 1   (C) 12 : 1   (D) 40 : 3   (E) 20 : 3

10. Starting with the number 0 on my calculator, I do a calculation in five steps. At each step, I either add 1 or multiply by 2. What is the smallest number that cannot be the final result?

(A) 11   (B) 10   (C) 9   (D) 8   (E) 7

Questions 11 to 20, 4 marks each

11. A box contains three bags. One bag contains one white pebble and three black pebbles. Another bag also contains one white pebble and three black pebbles. The remaining bag contains one white pebble and four black pebbles. You reach

into the box and randomly pull out a bag, then reach into the bag and randomly pull out a pebble. What is the probability that this pebble is white?

(A) $\dfrac{7}{30}$　　(B) $\dfrac{3}{13}$　　(C) $\dfrac{1}{9}$　　(D) $\dfrac{1}{4}$　　(E) $\dfrac{11}{36}$

12. A region on a number plane is enclosed by the x-axis, the y-axis, the line $x = 2$ and the graph of the function $y = f(x)$ where

$$f(x) = \begin{cases} 1, & \text{for } 0 \leqslant x \leqslant 1, \\ 1 + \sqrt{1 - (x-2)^2}, & \text{for } 1 < x \leqslant 2. \end{cases}$$

The area of this region, in square units, is

(A) $\dfrac{5}{2}$　　(B) $1 + \dfrac{\pi}{4}$　　(C) $1 + \dfrac{\pi}{2}$　　(D) $2 + \pi$　　(E) $2 + \dfrac{\pi}{4}$

13. Three squares, with side lengths 3 cm, 5 cm and 8 cm, are arranged in a row as shown.

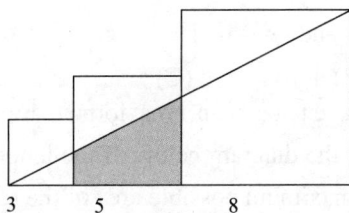

The area, in square centimetres, of the shaded trapezium is

(A) 12　　(B) $\dfrac{73}{6}$　　(C) $\dfrac{55}{4}$　　(D) 14　　(E) $\dfrac{25}{2}$

14. A square of perimeter 20 cm is inscribed in a square of perimeter 28 cm. What is the greatest distance between a vertex of the inner square and a vertex of the outer square, in centimetres?

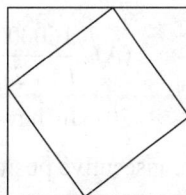

(A) $\sqrt{58}$　　(B) $\dfrac{7\sqrt{5}}{2}$　　(C) 8

(D) $\sqrt{65}$　　(E) $5\sqrt{3}$

15. Six different two-digit numbers are formed using three different non-zero digits. The sum of five of those six numbers equals 100. What is the sixth number?

(A) 23　　(B) 32　　(C) 45　　(D) 54　　(E) 67

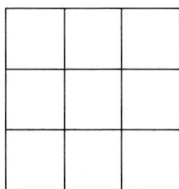

16. Three darts are thrown at the 3×3 grid, each landing in a different small square. After each throw, each of the remaining small squares is equally likely to be hit.

What is the probability that the squares in which they land form a horizontal, vertical or diagonal row?

(A) $\dfrac{1}{63}$ (B) $\dfrac{2}{21}$ (C) $\dfrac{1}{9}$ (D) $\dfrac{1}{42}$ (E) $\dfrac{8}{81}$

17. What is the largest possible volume of a box with rectangular faces of integer dimensions where the long diagonal $XY = 9$?

(A) 32 (B) 81 (C) 90

(D) 108 (E) 112

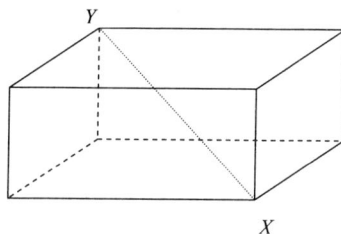

18. The number of different ordered pairs (x, y) which satisfy the equation

$$2x^2 - 2xy + y^2 = 169,$$

where x and y are integers and $x \geq 0$ is

(A) 2 (B) 4 (C) 5 (D) 7 (E) 8

19. A running track encloses an area formed by a rectangle joined to two semicircles, as shown in the diagram below. If the length of the track must be 400 metres, then what is the maximum possible area of the rectangle, in square metres?

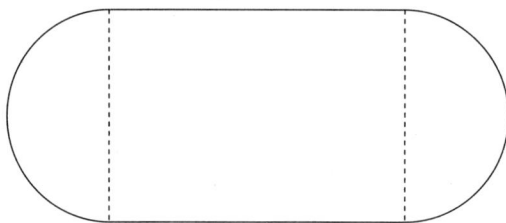

(A) $\dfrac{160000}{(\pi + 2)^2}$ (B) $\dfrac{20000}{\pi}$ (C) $\dfrac{30000}{\pi}$ (D) 10000 (E) $\dfrac{40000}{\pi}$

20. In how many ways can 2013 be expressed as the sum of two or more consecutive positive integers?

(A) 5 (B) 6 (C) 7 (D) 8 (E) 9

Questions 21 to 25, 5 marks each

21. If $x^2 = x + 3$ then x^5 equals

(A) $7x+12$　　　　(B) $12x+7$　　　　(C) $17x+17$

(D) $19x+21$　　　　(E) $21x+19$

22. The rectangle $PQRS$ shown has $PQ=4$, $PS=12$ and centre C. The two shaded circles have radius 1 and touch PS at U and V where $PU=1$ and $PV=4$. The line CW divides the unshaded area in half. The length of PW is

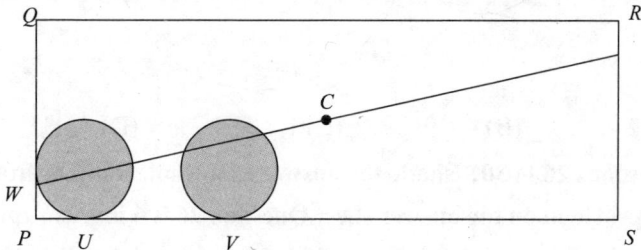

(A) $\dfrac{2}{7}$　　(B) $\dfrac{2}{5}$　　(C) $\dfrac{1}{4}$　　(D) $\dfrac{1}{3}$　　(E) $\dfrac{1}{2}$

23. Three non-zero real numbers x, y, z can be found such that

$$\sqrt{x+y}+\sqrt{y+z}=\sqrt{z+x}.$$

$\dfrac{1}{x}+\dfrac{1}{y}+\dfrac{1}{z}$ must be equal to

(A) 0　　　　(B) 1　　　　(C) −1　　　　(D) xyz　　　　(E) $x+y+z$

24. A two-digit number is written on the blackboard and five students make the following statements about the number.

Amy: The number is prime.

Ben: The number can be expressed as the sum of two perfect squares.

Con: At least one of the digits in the number is a 7.

Dan: The number obtained by reversing the digits is odd and composite.

Eve: The number differs from a prime number by 2.

If only one of the students is wrong, who is it?

(A) Amy　　(B) Ben　　(C) Con　　(D) Dan　　(E) Eve

25. Two spheres, one of radius 1 and the other of radius 2, touch externally at P. A plane through P cuts the volume of the shape formed by these two spheres in the ratio 1:2. In what ratio does this plane cut the volume of the smaller sphere?

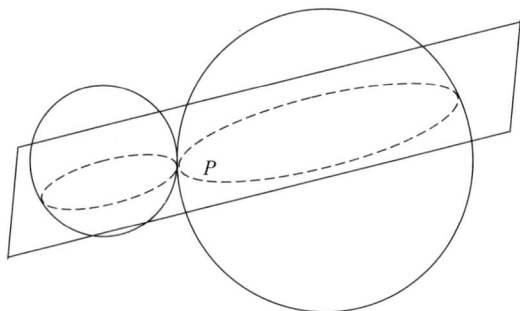

(A) 1 : 2　　　(B) 4 : 9　　　(C) 1 : 3　　　(D) 4 : 11　　　(E) 2 : 5

For questions 26 to 30, shade the answer as a whole number from 000 to 999 in the space provided on the answer sheet. Question 26 is 6 marks, question 27 is 7 marks, question 28 is 8 marks, question 29 is 9 marks and question 30 is 10 marks.

26. A hockey game between two teams is 'relatively close' if the number of goals scored by the two teams never differ by more than two. In how many ways can the first 12 goals of a game be scored if the game is 'relatively close'?

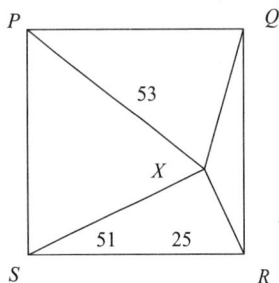

27. The point X is inside the square $PQRS$. X is 25 m from R, 51 m from S and 53 m from P. The distance of X from each side of the square is an integer number of metres. What is the area, in square metres, of $\triangle PQX$?

28. All the digits of the positive integer N are either 0 or 1. The remainder after dividing N by 37 is 18. What is the smallest number of times that the digit 1 can appear in N?

29. The points X, Y and Z are on the sides of $\triangle PQR$ as shown, such that $QZ : ZY : YR = 1 : 2 : 3$ and $PX : XR = 4 : 5$.

If $QS = 11$ cm, find the length of ST, in centimetres.

30. An acute-angled triangle lies in the plane such that the coordinates of its vertices

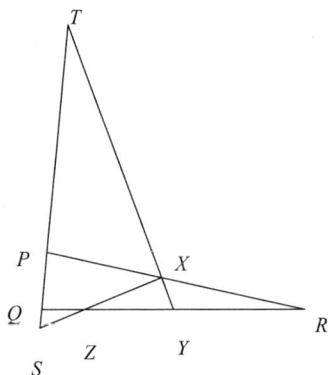

are all different integers and no sides are parallel to the coordinate axes. If the triangle has area 348 and one side of length 29, what is the product of the lengths of the other two sides?

1.16　2013年中学高级卷中文试题

2013 年澳大利亚数学能力检测中学高级卷

1—10题，每题3分

1. 算式 $\dfrac{0.6}{12}$ 等于

(A) 5　　　　　(B) 0.5　　　　　(C) 0.05　　　　　(D) 0.005　　　　(E) 0.0005

2. 请问以下哪一项的图形是直角三角形?

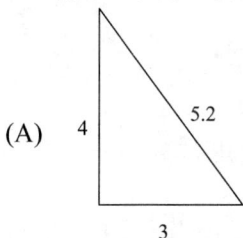

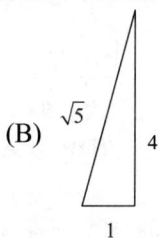

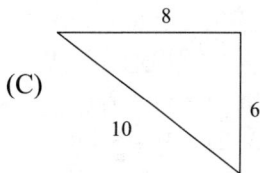

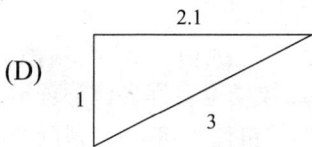

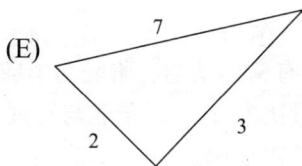

(A) 三角形边长为 4、5.2、3

(B) 三角形边长为 $\sqrt{5}$、4、1

(C) 三角形边长为 8、10、6

(D) 三角形边长为 2.1、1、3

(E) 三角形边长为 7、2、3

3. 一块农地本季的产量增加 20% 而达到 114 吨. 请问上一季的产量是多少吨?

(A) 90　　　　　(B) 91　　　　　(C) 93　　　　　(D) 94　　　　　(E) 95

4. 请问 201320132013 的立方根接近于下列哪一个数?

(A) 600　　　　(B) 5000　　　　(C) 6000　　　　(D) 50000　　　　(E) 60000

5. 已知 $p = 4b + 26$ 且 b 为正整数，请问 p 不可能被下列哪一个数整除?

(A) 2　　　　　(B) 4　　　　　(C) 5　　　　　(D) 6　　　　　(E) 7

6. 一个数列的前五项依序为

$$1 、 2 、 1 、 -1 、 -2 、 \cdots.$$

已知从第二项之后，每一项都是由前面一项减去再前面一项而得到的．请问这个数列的前 42 项之总和是多少？

(A) 0　　　　　(B) 4　　　　　(C) 12　　　　　(D) 24　　　　　(E) 30

7. 在坐标平面上，有一条直线与 y 轴交于 1、与 x 轴交于 2 和 3 之间，如图 1-56 所示．请问下列哪一项可能是这条直线的方程？

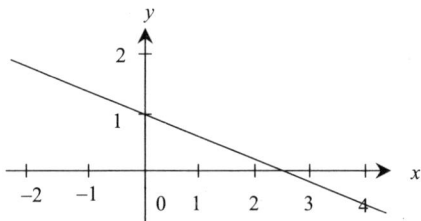

图 1-56

(A) $5x + 12y - 12 = 0$　　　　　(B) $4x + y + 1 = 0$

(C) $3x - 7y + 7 = 0$　　　　　(D) $3x - 2y + 2 = 0$

(E) $2x + 3y - 3 = 0$

8. 小孔与小克进行 100 m 的赛跑，小孔赢了 5 m (即当小孔抵达终点时，小克距离终点还有 5 m)；小克与小杰进行 100 m 的赛跑，小克赢了 10 m．请问若是小孔与小杰进行 100 m 的赛跑，小孔应会赢多少米？

(A) 15.5　　　　　(B) 15　　　　　(C) 14.5　　　　　(D) 14　　　　　(E) 13.5

9. 在牧场里共有两种动物，骆驼与羊驼，而牧场也有许多位管理员．已知骆驼与羊驼的数量比为 2：3，羊驼与管理员的数量比为 8：1，请问所有的动物与管理员的数量比是什么？

(A) 16：3　　(B) 13：1　　(C) 12：1　　(D) 40：3　　(E) 20：3

10. 从计算器上显示的数为 0 开始，我进行五个步骤的计算，每一个步骤都是加 1 或是乘以 2．请问不可能是计算结果之最小的数是什么？

(A) 11　　　　　(B) 10　　　　　(C) 9　　　　　(D) 8　　　　　(E) 7

11—20题，每题 4 分

11. 在一个箱子中共有三个袋子．一个袋子内有一颗白石子及三颗黑石子，另一个袋子内也是有一颗白石子及三颗黑石子，而第三个袋子内则有一颗白石子及四颗黑石子．现从箱子中任选一个袋子后，再从袋子里任取一颗石子，请问取出白石子的概率是多少?

(A) $\dfrac{7}{30}$　　　(B) $\dfrac{3}{13}$　　　(C) $\dfrac{1}{9}$　　　(D) $\dfrac{1}{4}$　　　(E) $\dfrac{11}{36}$

12. 在坐标平面上,有一个由 x 轴、y 轴、直线 $x=2$ 与方程 $y=f(x)$ 所围成的区域,其中

$$f(x)=\begin{cases} 1, & \text{当 } 0\leqslant x\leqslant 1,\\ 1+\sqrt{1-(x-2)^2}, & \text{当 } 1\leqslant x\leqslant 2. \end{cases}$$

请问此区域的面积为多少平方单位?

(A) $\dfrac{5}{2}$　　(B) $1+\dfrac{\pi}{4}$　　(C) $1+\dfrac{\pi}{2}$　　(D) $2+\pi$　　(E) $2+\dfrac{\pi}{4}$

13. 将三个边长分别为 3 cm、5 cm 及 8 cm 的正方形如图 1-57 所示的方式排列

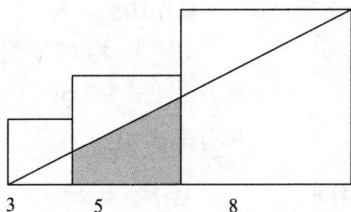

图 1-57

请问阴影部分的梯形面积为多少平方厘米?

(A) 12　　(B) $\dfrac{73}{6}$　　(C) $\dfrac{55}{4}$　　(D) 14　　(E) $\dfrac{25}{2}$

14. 一个周长为 20 cm 的正方形内接于一个周长为 28 cm 的正方形 (图 1-58). 请问一个内部正方形的顶点与一个外部正方形的顶点之最大距离是多少厘米?

(A) $\sqrt{58}$　　(B) $\dfrac{7\sqrt{5}}{2}$　　(C) 8

(D) $\sqrt{65}$　　(E) $5\sqrt{3}$

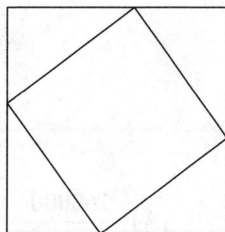

图 1-58

15. 用三个非零且互不同的数码可以组成六个不同的两位数. 已知这六个数中的五个数之和为 100,请问第六个数是什么?

(A) 23　　(B) 32　　(C) 45　　(D) 54　　(E) 67

16. 掷三支飞镖进入一个 3×3 的方格靶内，每支飞镖都射入不同的小方格内 (图 1-59). 经过每次投掷后，飞镖射入剩余的小方格之概率都相等.

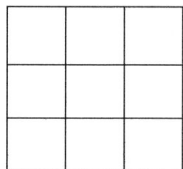

请问最后三支飞镖所在的方格形成水平线、铅垂线或对角线的概率是什么?

图 1-59

(A) $\dfrac{1}{63}$　　(B) $\dfrac{2}{21}$　　(C) $\dfrac{1}{9}$　　(D) $\dfrac{1}{42}$　　(E) $\dfrac{8}{81}$

17. 一个箱子的每个面都是矩形且边长都是整数, 若它的主对角线 $XY = 9$, 请问这个箱子的体积最大可能值是什么 (图 1-60) ?

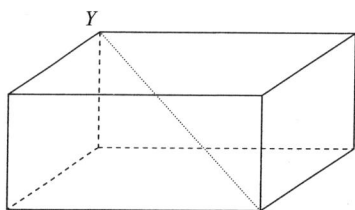

图 1-60

(A) 32　　(B) 81　　(C) 90

(D) 108　　(E) 112

18. 已知 x、y 都是整数且 $x \geqslant 0$, 请问满足方程 $2x^2 - 2xy + y^2 = 169$ 的不同数对 (x, y) 共有多少组?

(A) 2　　(B) 4　　(C) 5　　(D) 7　　(E) 8

19. 一个跑道所围成的区域是由一个矩形连接二个半圆所形成, 如图 1-61 所示. 若跑道全长必须恰好为 $400\,\mathrm{m}$, 请问此矩形的最大面积为多少平方米?

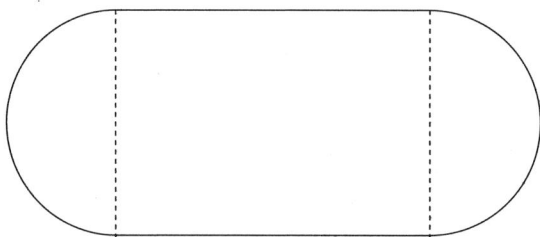

图 1-61

(A) $\dfrac{160000}{(\pi + 2)^2}$　　(B) $\dfrac{20000}{\pi}$　　(C) $\dfrac{30000}{\pi}$　　(D) 10000　　(E) $\dfrac{40000}{\pi}$

20. 请问将 2013 写成两个或两个以上的连续正整数之和的方式共有多少种?

(A) 5　　(B) 6　　(C) 7　　(D) 8　　(E) 9

21—25题，每题5分

21. 若 $x^2 = x+3$，则 x^5 等于

(A) $7x+12$ (B) $12x+7$ (C) $17x+17$

(D) $19x+21$ (E) $21x+19$

22. 图 1-62 矩形 $PQRS$ 的中心为点 C，已知 $PQ = 4$、$PS = 12$. 两个涂上阴影且半径都是 1 的圆分别与 PS 相切于点 U 与点 V，其中 $PU = 1$、$PV = 4$. 若直线 CW 将非阴影区域切为面积相等的两块区域，请问 PW 的长度是什么?

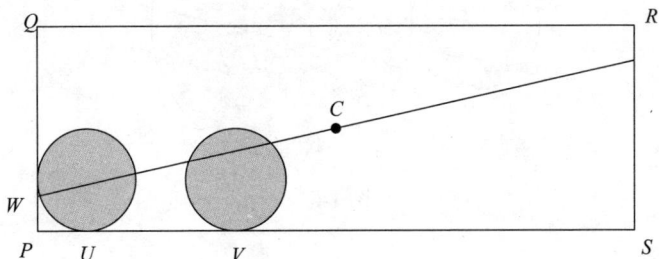

图 1-62

(A) $\dfrac{2}{7}$ (B) $\dfrac{2}{5}$ (C) $\dfrac{1}{4}$ (D) $\dfrac{1}{3}$ (E) $\dfrac{1}{2}$

23. 若三个非零的实数 x、y、z 满足

$$\sqrt{x+y} + \sqrt{y+z} = \sqrt{z+x}.$$

则 $\dfrac{1}{x} + \dfrac{1}{y} + \dfrac{1}{z}$ 之值一定等于

(A) 0 (B) 1 (C) -1 (D) xyz (E) $x+y+z$

24. 黑板上写了一个两位数，对于这个数有五位学生分别做了以下叙述:

A: 此数是质数.

B: 此数可以写成两个完全平方数之和.

C: 此数至少有一个数码是 7.

D: 将此数的数码顺序颠倒后所得的数是奇数且是个合数.

E: 此数与某个质数之差为 2.

若恰有一位学生是错的，请问是哪一位?

(A) A (B) B (C) C (D) D (E) E

25. 半径分别为 1 与 2 的两个球互相外切于点 P. 一个经过点 P 的平面将这两个球所围成的区域分割为体积比为 1：2 (图 1-63 中无阴影部分：阴影部分) 的两块. 请问此平面将小球分割成两块的体积比 (图中阴影部分：无阴影部分) 是什么?

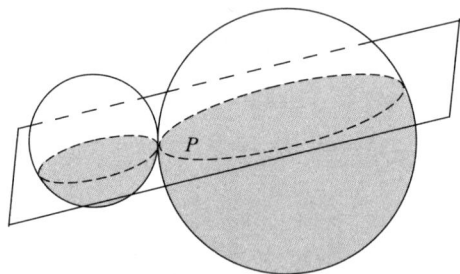

图 1-63

(A) 1：2 (B) 4：9 (C) 1：3 (D) 4：11 (E) 2：5

问题 **26—30** 的答案为 **000~999** 的整数, 请将答案填在答案卡上对应的位置. 第 **26** 题占 **6** 分, 第 **27** 题占 **7** 分, 第 **28** 题占 **8** 分, 第 **29** 题占 **9** 分, 第 **30** 题占 **10** 分.

26. 在一场曲棍球比赛中, 如果在比赛中两支交手球队的进球数之差从未超过 2, 则称这两支球队 "实力相当". 若两支球队共进 12 球且两支球队一直处于 "实力相当" 的情况, 请问整个球赛共有多少种不同可能的赛况?

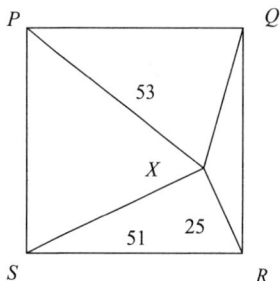

27. 点 X 为在正方形 $PQRS$ 内部的一点, 使得点 X 与点 R 的距离为 25 m、与点 S 的距离为 51 m、与点 P 的距离为 53 m, 如图 1-64 所示. 若点 X 与各条边之距离都是整数, 请问 $\triangle PQX$ 的面积为多少平方米?

28. 正整数 N 的数码都是 0 或 1, 将 N 除以 37 时所得的余数为 18. 请问 N 的所有数码中, 最少有多少个 1?

图 1-64

29. 如图 1-65 所示，点 X、Y 及 Z 位于 $\triangle PQR$ 的边上使得

$QZ : ZY : YR = 1 : 2 : 3$ 且 $PX : XR = 4 : 5$.

若 $QS = 11$ cm，请问 ST 的长度是多少厘米？

30. 在坐标平面上，一个锐角三角形的三个顶点的坐标都是不同的整数且没有任何一条边与坐标轴平行. 若此三角形的面积为 348 且其中一条边的边长为 29，请问另两条边的边长之乘积是多少？

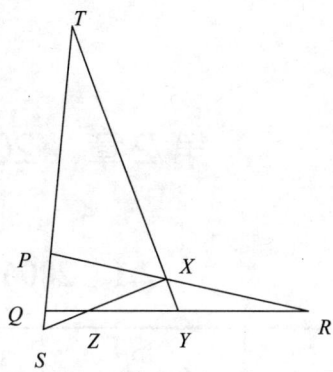

图 1-65

第2章 2006—2013年试题简答

2.1 2006年中学高级卷试题简答

1.	(D)	11.	(E)	21.	(A)
2.	(D)	12.	(E)	22.	(E)
3.	(C)	13.	(E)	23.	(B)
4.	(E)	14.	(C)	24.	(D)
5.	(D)	15.	(C)	25.	(C)
6.	(D)	16.	(A)	26.	035
7.	(A)	17.	(E)	27.	050
8.	(B)	18.	(B)	28.	018
9.	(E)	19.	(A)	29.	972
10.	(D)	20.	(D)	30.	029

2.2 2007年中学高级卷试题简答

1.	(D)	11.	(A)	21.	(B)
2.	(B)	12.	(E)	22.	(D)
3.	(C)	13.	(A)	23.	(A)
4.	(C)	14.	(A)	24.	(C)
5.	(C)	15.	(D)	25.	(A)
6.	(E)	16.	(B)	26.	041
7.	(C)	17.	(D)	27.	861
8.	(E)	18.	(B)	28.	011
9.	(D)	19.	(D)	29.	898
10.	(D)	20.	(A)	30.	083

2.3   2008 年中学高级卷试题简答

1.	(E)	11.	(B)	21.	(E)
2.	(E)	12.	(D)	22.	(B)
3.	(D)	13.	(D)	23.	(B)
4.	(D)	14.	(C)	24.	(D)
5.	(A)	15.	(A)	25.	(C)
6.	(B)	16.	(D)	26.	014
7.	(C)	17.	(C)	27.	089
8.	(B)	18.	(D)	28.	028
9.	(E)	19.	(A)	29.	047
10.	(B)	20.	(D)	30.	013

2.4   2009 年中学高级卷试题简答

1.	(E)	11.	(B)	21.	(D)
2.	(E)	12.	(D)	22.	(D)
3.	(D)	13.	(D)	23.	(D)
4.	(D)	14.	(C)	24.	(C)
5.	(A)	15.	(A)	25.	(A)
6.	(B)	16.	(B)	26.	042
7.	(B)	17.	(D)	27.	578
8.	(B)	18.	(D)	28.	084
9.	(E)	19.	(B)	29.	174
10.	(A)	20.	(E)	30.	441

2.5　2010年中学高级卷试题简答

1.	(D)	11.	(D)	21.	(B)
2.	(A)	12.	(B)	22.	(C)
3.	(A)	13.	(C)	23.	(E)
4.	(C)	14.	(A)	24.	(B)
5.	(A)	15.	(D)	25.	(C)
6.	(B)	16.	(D)	26.	968
7.	(E)	17.	(B)	27.	246
8.	(E)	18.	(E)	28.	064
9.	(A)	19.	(E)	29.	166
10.	(B)	20.	(C)	30.	024

2.6　2011年中学高级卷试题简答

1.	(B)	11.	(B)	21.	(B)
2.	(C)	12.	(A)	22.	(C)
3.	(B)	13.	(D)	23.	(C)
4.	(A)	14.	(B)	24.	(D)
5.	(B)	15.	(A)	25.	(B)
6.	(C)	16.	(D)	26.	997
7.	(C)	17.	(B)	27.	805
8.	(D)	18.	(D)	28.	440
9.	(E)	19.	(A)	29.	070
10.	(E)	20.	(E)	30.	420

2.7   2012 年中学高级卷试题简答

1.	(E)	11.	(D)	21.	(A)
2.	(A)	12.	(E)	22.	(D)
3.	(E)	13.	(E)	23.	(C)
4.	(A)	14.	(D)	24.	(D)
5.	(E)	15.	(B)	25.	(C)
6.	(C)	16.	(B)	26.	225
7.	(A)	17.	(A)	27.	420
8.	(B)	18.	(B)	28.	200
9.	(E)	19.	(C)	29.	009
10.	(C)	20.	(B)	30.	315

2.8   2013 年中学高级卷试题简答

1.	(C)	11.	(A)	21.	(D)
2.	(C)	12.	(E)	22.	(A)
3.	(E)	13.	(C)	23.	(A)
4.	(C)	14.	(D)	24.	(D)
5.	(B)	15.	(B)	25.	(E)
6.	(A)	16.	(B)	26.	972
7.	(A)	17.	(A)	27.	728
8.	(C)	18.	(D)	28.	005
9.	(D)	19.	(B)	29.	176
10.	(A)	20.	(C)	30.	870

第3章 2006—2013年试题解析与评注

3.1 2006年中学高级卷试题解析与评注

1. (同中学初级卷第4题)

$$\frac{6 \times 25}{3 \times 5 \times 2} = \frac{6 \times 25}{6 \times 5} = \frac{25}{5} = 5.$$

答: (D)

2. (同中学中级卷第3题)

可知

$$a = 2b - 5,$$
$$2b = a + 5,$$
$$b = \frac{a + 5}{2}.$$

答: (D)

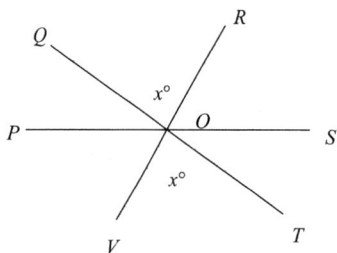
图 3-1

3. (同中学初级卷第 15 题、中级卷第 8 题)

因 $\angle POR + \angle QOS = \angle POS + \angle QOR$，又因 $\angle TOV$ 与 $\angle QOR$ 为对顶角相等，故可得知 $120° + 145° = 180° + \angle QOR$，即求得 $\angle QOR = \angle TOV = 85°$。

答: (C)

4. $\dfrac{7}{x^2} = 7x^{-2}$.

答: (E)

5. 由这条直线斜率为 -1 且经过 $(5, 2)$ 可推知此直线方程为 $y - 2 = -1(x - 5)$，即 $y + x - 7 = 0$，因此当 $x = 0$ 时，$y = 7$，故此直线在 y 轴上的截距为 7.

评注 过 $(5, 2)$ 往 y 轴作垂直线交 y 轴于点 B，如图 3-2 所示，此时可判断出 $BO = 2$. 再由此直线斜率为 -1 可判断出 $AB = 5$，因此这条直线在 y 的截

距等于 $AO=AB+BO=5+2=7$.

答: (D)

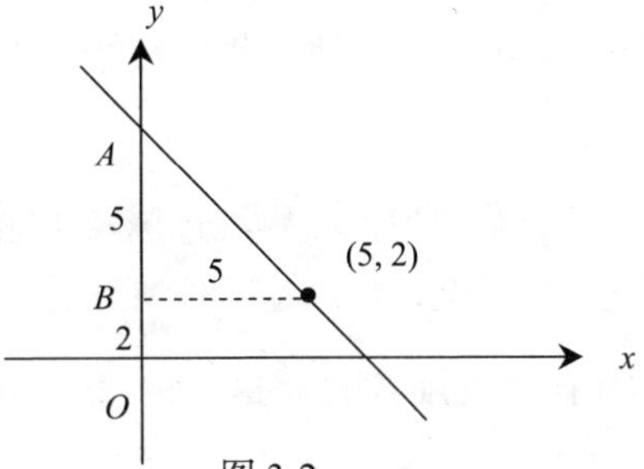

6. (同中学中级卷第 9 题)

因第 x 页与第 y 页都阅读完毕,故共阅读了 $y-x+1$ 页.

答: (D)

图 3-2

7. **解**　如图 3-3 所示,令长方体的长、宽、高依序分别为 l cm、w cm 及 h cm.

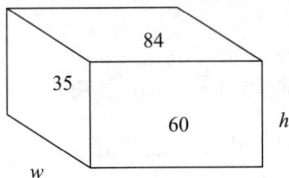

图 3-3

可知 $l \times w=84$、$l \times h=60$、$w \times h=35$. 可发现仅 $12 \times 7=84$、$12 \times 5=60$、$7 \times 5=35$ 可满足这三个式子,因此长、宽、高依序为 12 cm、7 cm 及 5 cm,故其体积为 $12 \times 7 \times 5=420$ (cm^3).

评注　如图 3-3 所示,令长方体的长、宽、高依序分别为 l cm、w cm 及 h cm. 由题设知 $wh=35$、$lh=60$、$lw=84$,将之相乘得 $l^2 w^2 h^2 = 35 \times 60 \times 84 = 2^4 \times 3^2 \times 5^2 \times 7^2$,即 $lhw = 420$,故此纸盒的体积为 $420 \mathrm{cm}^3$.

答: (A)

8. $x = 3^n + 3^n + 3^n = 3 \times 3^n = 3^{n+1}$,故 $x^2 = (3^{n+1})^2 = 3^{2n+2}$.

答: (B)

9. (同中学中级卷第 14 题)

如图 3-4 所示,可知阴影部分的面积为 $\frac{1}{4} \times 8 \times 10 = 20$,而矩形 $PQRS$ 的面积为 $(10+4) \times (8+3) = 14 \times 11$. 故所求为 $\frac{20}{14 \times 11} = \frac{10}{7 \times 11} = \frac{10}{77}$.

答: (E)

10. (同中学中级卷第 15 题)

因这列火车通过一个信号灯耗时四分之一分钟且从进入这座 600 m 长的隧道开始到完全离开为止耗时四分之三分钟,故可判断出火车头从进入这座 600 m 长的隧道开始到出隧道为止耗 $\frac{3}{4} - \frac{1}{4} = \frac{1}{2}$ 分钟,即此列火车每 $\frac{1}{2}$ 分钟行

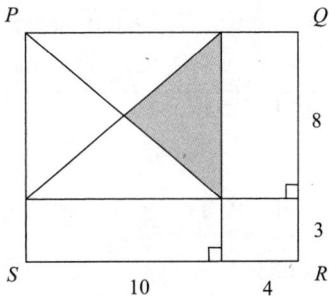

图 3-4

驶 600 m=0.6 km，所以此列火车的时速为 $0.6 \times \left(60 \div \dfrac{1}{2}\right) = 72$ （km/h）.

答：(D)

11．最终取出 2 颗红色球及 1 颗白色球的顺序一共有红红白、红白红、白红红这三种情况，且因这三种情况是互相独立的，因此取出的球中有 2 颗红色球及 1 颗白色球的概率是将这三种情况的概率相加．因 P（红红白）$= \dfrac{8}{20} \times \dfrac{7}{19} \times \dfrac{3}{18}$、$P$（红白红）$= \dfrac{8}{20} \times \dfrac{3}{19} \times \dfrac{7}{18}$、$P$（白红红）$= \dfrac{3}{20} \times \dfrac{8}{19} \times \dfrac{7}{18}$，故所求的概率为 $3 \times \dfrac{3}{20} \times \dfrac{8}{19} \times \dfrac{7}{18} = \dfrac{7}{5 \times 19} = \dfrac{7}{95}$.

评注　此箱子内共有 8+3+9=20 颗球，从中任意取出 3 颗的方法共 $C_{20}^{3} = \dfrac{20 \times 19 \times 18}{3 \times 2 \times 1}$ 种，而从红色球中取出 2 颗与从白色球中取出 1 颗的方法共 $C_8^2 \times C_3^1 = \dfrac{8 \times 7}{2 \times 1} \times 3$ 种，故所求的概率为 $\dfrac{3 \times 2 \times 8 \times 7 \times 3}{20 \times 19 \times 18 \times 2} = \dfrac{7}{95}$.

答：(E)

12．$16^8 \times 5^{25} = (2^4)^8 \times 5^{25} = 2^{32} \times 5^{25} = 2^7 \times 2^{25} \times 5^{25} = 128 \times 10^{25}$，所得的乘积为 128 后连续写 25 个 0，可知此乘积为 28 位数．

答：(E)

13．若令 $x = -4 < y = -3 < 0 < z = 3$，则此时便可以得知 $x + y + z = (-4) + (-3) + 3 = -4 < 0$，故选项 (A) 不恒为真；

若令 $x = -2 < y = -1 < 0 < z = 10$，则此时便可以得知 $(x + y)^2 - z = ((-2) + (-1))^2 - 10 = -1 < 0$，故选项 (B) 不恒为真；

若令 $x = -5 < y = -1 < 0 < z = 2$，则此时便可以得知 $x + y + z^2 = (-5) + (-1) + 2^2 = -2 < 0$，故选项 (C) 不恒为真．

因 $x < y < 0 < z$，故知 $x + y < 0$，所以 $x + y - z < 0$，即选项 (D) 恒不为真而选项 (E) 恒为真．

答：(E)

14．令 $0 < A < B < 90°$ 且 $\sin \angle A = \dfrac{1}{4}$、$\sin \angle B = \dfrac{1}{3}$，则有四种情况可讨论是否成立：

若 $Q=A$、$P=B$，则可知此情况可能成立（图 3-5 (a)）；

若 $Q = 180° - A$、$P = B$，则由 $P + Q = 180° + (B - A) > 180°$ 知此情况必不会成立；

若 $Q = A$、$P = 180° - B$，则由 $P + Q = 180° + (A - B) < 180°$ 知此情况可能成立；

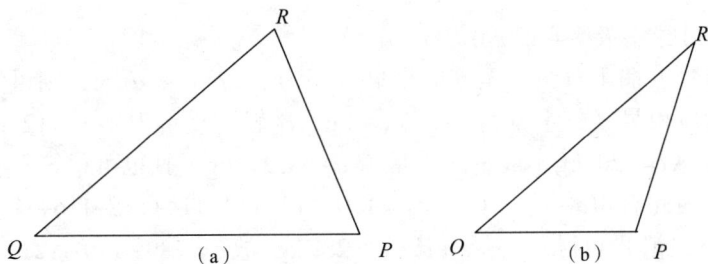

图 3-5

若 $Q = 180° - A$、$P = 180° - B$，则此时 $\triangle PQR$ 有两个钝角，矛盾，故知此情况必不会成立．因此 $\angle R$ 有两个不同的值．

答: (C)

15．(同中学初级卷第 24 题、中级卷第 17 题)

每位数码都相同的三位数有 111、222、333、…、999，故知都是 111 的倍数，而 111 的质因子有 3 与 37，因此可推得这两个两位数其中一个必为 3 的倍数而另一个必为 37 的倍数．因 37×10>333，故知 111、222、333 皆无法满足条件．接着从 444 开始质因子分解，可得

$$444 = 4 \times 111 = 12 \times 37,$$
$$555 = 5 \times 111 = 15 \times 37,$$
$$666 = 6 \times 111 = 18 \times 37,$$
$$777 = 7 \times 111 = 21 \times 37,$$
$$888 = 8 \times 111 = 24 \times 37 = 12 \times 74,$$
$$999 = 9 \times 111 = 27 \times 37.$$

故知这样的两位数共有 7 对．

答: (C)

16．(同中学中级卷第 20 题)

令现有的食盐为 x g，则知现有面粉及食盐的混合物中食盐所占的比例为 $\dfrac{x}{450}$，接着再令加入 y g 的面粉后食盐所占的比例降低为原来的 90%，即此时食盐所占的比例为 $\dfrac{x}{450} \times \dfrac{9}{10}$，故可得 $\dfrac{x}{450 + y} = \dfrac{x}{450} \times \dfrac{9}{10} = \dfrac{x}{500}$，即 $y = 50$．

评注 令原来食盐所占的比例为 z，令加入的面粉为 y g，则 $450z=0.9z(450+y)$，即 $y=50$.

答: (A)

17. (同中学中级卷第 23 题)

不妨令这五捆干草由轻至重的重量依序为 a、b、c、d、e，则可知任取两捆称重后所得最轻的重量为 $a+b=110$ kg、次轻的重量为 $a+c=112$ kg、次重的重量为 $c+e=120$ kg、最重的重量为 $d+e=121$ kg，且也可得知每一捆都称了四次，因此有 $4(a+b+c+d+e) = 110+112+113+114+115+116+117+118+120+121=1156$ kg，即可得 $a+b+c+d+e=289$ kg. 故 $c=289-110-121=58$ kg，所以 $e=120-58=62$ kg.

答: (E)

18. 可知 $ON=\sqrt{2}$ 单位且 $\triangle TON$ 的高等于 $LO=\sqrt{2}$ 单位 (图 3-6). 故可得 $\triangle TNO$ 的面积为 $\frac{1}{2} \times \sqrt{2} \times \sqrt{2}=1$ 平方单位.

评注 可判断出 $LM//OM$，因此 T 在 LM 上的位置不会影响 $\triangle TNO$ 的面积取值，故可令 T 点与 M 点重合，如图 3-7 所示. 此时可得知 $\triangle TNO$ 的面积为正方形面积的四分之一，即 1 平方单位.

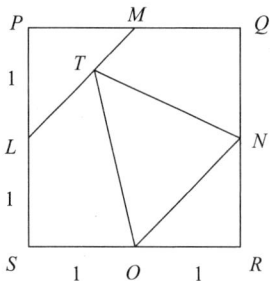

图 3-6

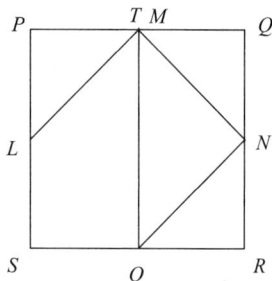

图 3-7

答: (B)

19.

$$7^{x+1} - 7^{x-1} = 336\sqrt{7},$$

$$7^{x-1}(7^2-1) = 48 \times 7 \times 7^{\frac{1}{2}},$$

$$7^{x-1} \times 48 = 48 \times 7^{\frac{3}{2}},$$

$$x - 1 = \frac{3}{2},$$

$$x = \frac{5}{2}.$$

答: (A)

20．(同中学初级卷第 23 题、中级卷第 22 题)

可知第一行的红色方格位置共有 3 个选择，而当第一行的
红色方格位置确定时，第二行的红色方格位置共有 2 个选择，
且这时候第三行的红色方格位置仅剩 1 个选择 (图 3-8)．故红色
方格的位置共有 6 种涂法．

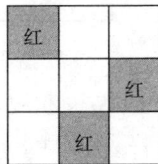

图 3-8

当涂红色方格的位置确定后，接着白色在第一行的方格有 2
个位置可选择，而当它确定后，第二行、第三行的位置也必须确定．当红色、
白色方格位置都确定后，最后蓝色方格的位置也就只剩 1 种涂法，因此共有
6×2×1=12 种涂法．

答: (D)

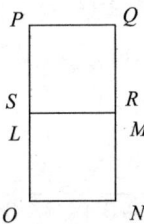

图 3-9

21．(同中学中级卷第 24 题)

如图 3-9 和图 3-10 所示，可知 P 的轨迹为四部分，
第一部分为正方形 $PQRS$ 以 R 为中心旋转 $180°$，其旋转
半径为 $\sqrt{2}$ m，故此部分 P 的轨迹长度为 $\sqrt{2}\pi$ m、第二部
分为正方形 $PQRS$ 以 Q 为中心旋转 $180°$，其旋转半径为
1 m，故此部分 P
的轨迹长度为 π m、第三部分为正方
形 $PQRS$ 以 P 为中心，故 P 没有移
动，即其轨迹长度为 0 m、第四部
分为正方形 $PQRS$ 以 S 为中心旋转
$180°$，其旋转半径为 1 m，故此部分 P
的轨迹长度为 π m，因此经过这几次的
旋转后，点 P 的轨迹的总长度为
$\sqrt{2}\pi + \pi + \pi = \pi(2 + \sqrt{2})$ m．

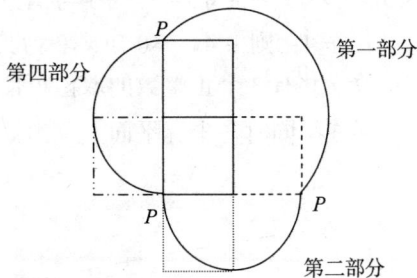

图 3-10

答: (A)

22．(同中学初级卷第 29 题、中级卷第 25 题)

因每一个点皆位于三个面的交会处，因此可得知所有的面和之和为

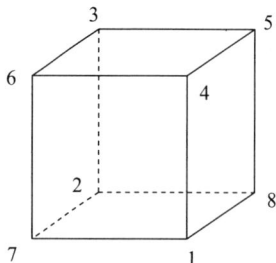

图 3-11

$3\,(1+2+3+4+5+6+7+8)=108.$

因 $108=6\times18$，故最多可有 6 个面的面和都是 18，如图 3-11 填写方式.

答: (E)

23．考虑如图 3-12 所示的四面体 $PQRS$. 可判断出 $\angle PSQ < \angle PSR + \angle QSR$，因此 $\angle PSQ < 70°$. 而同样也可以判断出

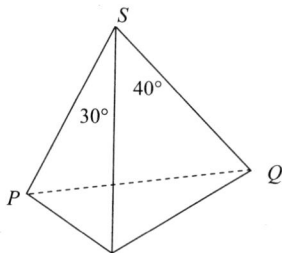

图 3-12

$\angle QSR < \angle PSR + \angle PSQ$，因此可推得 $\angle PSQ > 10°$. 故若 $\angle PSQ$ 的度数为正整数，则它有 59 个可能的值.

答: (B)

24．若 x 为一解，则有

$$a+x = a^2 - 2a\sqrt{a-x} + a - x,$$

$$2a\sqrt{a-x} = a^2 - 2x,$$

$$4a^2(a-x) = a^4 - 4a^2 x + 4x^2,$$

$$4x^2 = a^3(4-a).$$

所以可推得 $0 \leqslant a \leqslant 4$.

若 $a=1$，则由 $\sqrt{1+x}+\sqrt{1-x}>1$ 可知原式无解；

若 $a=2$，则由 $4x^2 = a^3(4-a)=16$ 知 $x=2$ 为其中一解；

若 $a=3$，则原式变为 $\sqrt{3+x}+\sqrt{3-x}=3$，接着此时便可以由 $\sqrt{3+0}+\sqrt{3-0}=2\sqrt{3}>3>\sqrt{3+3}+\sqrt{3-3}=\sqrt{6}$ 与函数的连续性判断出在 0 与 3 之间必有一解；

若 $a=4$，则 $4x^2=0$ 知 $x=0$ 为其中一解.

故 a 共有 3 个正整数的取值可使 x 有实数根.

评注　同时在坐标平面上画出 $\sqrt{a+x}$ 与 $\sqrt{a-x}$ 的图形 (图 3-13).

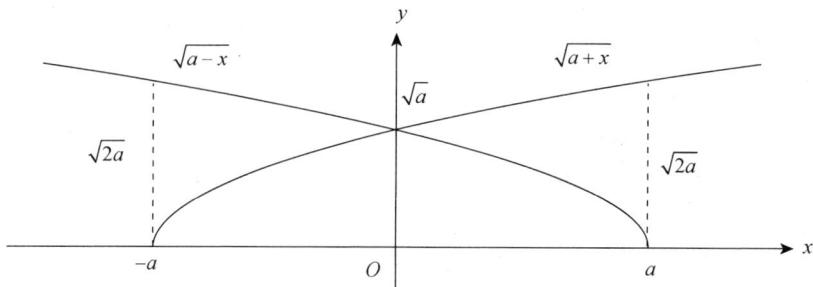

图 3-13

接着将这两个图形"相加"，在 $-a$ 与 a 之间的图形如图 3-14 所示.

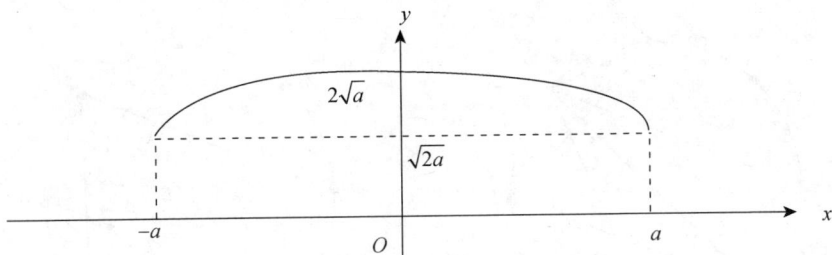

图 3-14

现在就可判断出 $\sqrt{a+x}+\sqrt{a-x}=a$ 只会在 $\sqrt{2a} \leqslant a \leqslant 2\sqrt{a}$ 时有解. 因已知 $a>0$，因此将不等式平方后可得 $2a \leqslant a^2 \leqslant 4a$，此即 $2 \leqslant a \leqslant 4$，即可得知 $a=2$、3、4 共有三个取值.

答: (D)

25. 已知在一个圆的圆周上有 8 个点，其中一个点标记为 P. 在某些点之间连上若干条弦，使得除了点 P 以外的 7 个点，每个点所连出的弦数都互不相同. 因此可分成以下两种情况:

(1) 存在一个点并没有连接任何一条弦，即除了点 P 以外的 7 个点所连出的弦数分别为 0、1、2、3、4、5 及 6，此时不妨依序令这些点为 P_0、P_1、P_2、P_3、P_4、P_5、P_6.

(2) 存在一个点与其他各点都有弦连接，即除了点 P 以外的 7 个点所连出的弦数分别为 1、2、3、4、5、6 及 7，此时不妨依序令这些点为 P_1、P_2、P_3、P_4、P_5、P_6、P_7.

情况 1　可知这些点在圆上的排列顺序并不会影响结论，因此可如图 3-15 所示安排各点位置，并将与 P_6 连接的弦画出:

接着观察 P_5. 因 P_1 已经与 P_6 之间有连接的弦，故可推知 P_1 已经与 P_5 之间没有连接的弦，因此 P_5 会与 P_0、P_1 之外的其他点都有连接的弦，如图 3-16 所示:

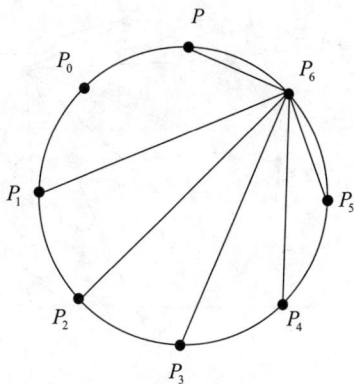

图 3-15

此时可观察出 P_0、P_1、P_2、P_5 及 P_6 上的弦数都已经达到此情况的假设，而与 P_4 连接的弦仅有 2 条，因此可推知 P_4 必分别与 P 及 P_3 之间都有连接的弦，如图 3-17 所示，此时便可得到此情况所有点之间的弦之连接情形.

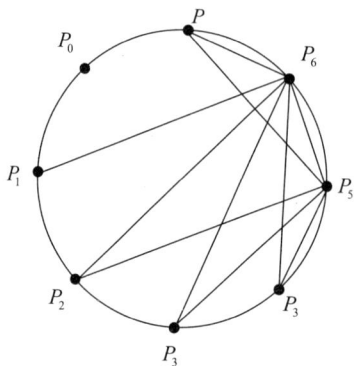

图 3-16

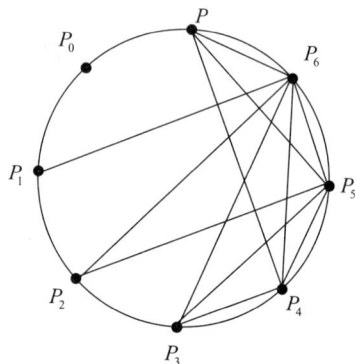

图 3-17

故此情况点 P 共连出 3 条弦.

情况 2 同样可以推知这些点在圆上的排列顺序并不会影响结论，因此可如图 3-18 所示安排各点位置，并将与 P_7 连接的弦画出图：

接着观察 P_6. 因 P_1 已经与 P_7 之间有连接的弦，故可推知 P_1 已经与 P_6 之间没有连接的弦，因此 P_6 会与 P_1、P_7 之外的其他点都有连接的弦，如图 3-19 所示.

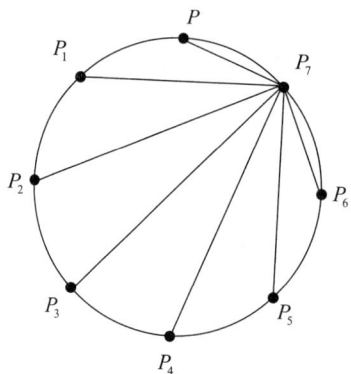

图 3-18

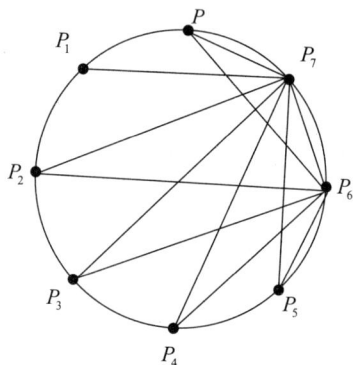

图 3-19

此时可观察出 P_1、P_2、P_6 及 P_7 上的弦数都已经达到此情况的假设，而与 P_5 连接的弦仅有两条，因此可推知 P_5 必分别与 P、P_4 及 P_3 之间都有连接的弦，如图 3-20 所示.

此时便可发现仅 P_4 尚未达到此情况的假设, 且与之连接的弦仅有 3 条, 因此可推知 P_4 必与 P 之间有连接的弦, 如图 3-21 所示, 此时便可得到此情况所有点之间的弦之连接情形.

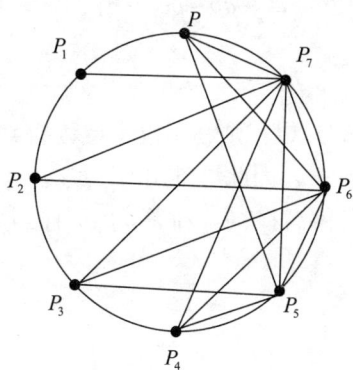

图 3-20

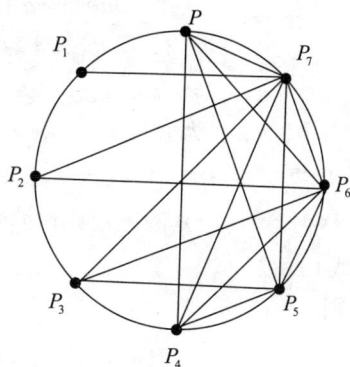

图 3-21

故此情况点 P 共连出 4 条弦.

综上所述, 可知点 P 至少要连出 3 条弦.

答: (C)

26．(同中学初级卷第 27 题、中级卷第 27 题)

两位数的数码和共有 18 种可能: 1、2、3、…、17、18, 其中只有 10 的数码和为 1、只有 99 的数码和为 18, 其余 16 个可能的数码和皆为两个或两个以上的两位数之数码和.

老师宣称无论学生怎样写这些数, 黑板上至少有三个数其数码和都相等, 故知要考虑最坏的情形, 即在数码和为 1、18 的两位数被写上, 以及其余 16 个可能的数码和都被写了两次后, 还要再多一个数, 因此至少有

$$1+1+16×2+1=35 \text{ (位)}.$$

答: 035

27．令这三个数为 a、b、c, 则有

$$a+b+c=4 , \tag{1}$$

$$a^2+b^2+c^2=10 , \tag{2}$$

$$a^3+b^3+c^3=22 . \tag{3}$$

由 (1) 与 (2) 可得知

$$2(ab+bc+ca)=(a+b+c)^2-(a^2+b^2+c^2)=6,$$
$$ab+bc+ca=3.$$

故可推出

$$a^3+b^3+c^3-3abc=(a+b+c)(a^2+b^2+c^2-ab-bc-ca),$$
$$22-3abc=4\times(10-3)=28,$$
$$abc=-2.$$

若 a、b、c 为方程 $x^3+px^2+qx+r=0$ 的三根，则利用根与系数的关系可得知 $a+b+c=-p$、$ab+bc+ca=q$ 及 $abc=-r$，因此可推出 a、b、c 为方程 $x^3-4x^2+3x+2=0$ 的三根，将此方程因式分解后得 $(x-2)(x^2-2x-1)=0$，故 $x=2$ 或 $1\pm\sqrt{2}$.

因

$$(1+\sqrt{2})^4=1+4\sqrt{2}+6\times2+4\times2\sqrt{2}+4,$$
$$(1-\sqrt{2})^4=1-4\sqrt{2}+6\times2-4\times2\sqrt{2}+4,$$
$$2^4=16.$$

所以可推知 $a^4+b^4+c^4=16+2(1+12+4)=50$.

答: 050

28. (同中学中级卷第 29 题)

题目未指出这两条对角线是否经过同一个顶点，但观察可知，每一个正多边形的顶点都会落在同一个圆的圆周上，且除了正三角形以外，对于每一条正多边形的顶点连接 (包括边或对角线) 而言，都会有另一条经过其他顶点且平行的顶点连接，如图 3-22 所示.

现考虑一对如图 3-23 所示的对角线 PT、QR，其交角为 $50°$.

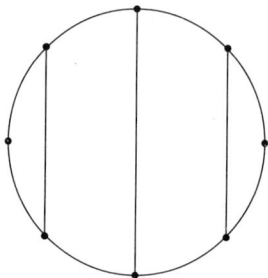

图 3-22

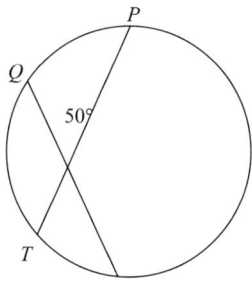

图 3-23

此时由开始的观察可知，在比 PQ 弧的长度大的 PT 弧的这一侧可以找到另一个顶点 S 使得 $QR/\!/PS$，如图 3-24 所示. 此时可得知圆心角 $\angle SOT=100°$.

因为这是一个正多边形，故知 $\angle TOR$ 的角度必同时为 $100°$ 与 $360°$ 的因子，即最大值为 $20°$，因此这个正多边形至少要有 $\dfrac{360°}{20°}=18$ 条边.

评注　对于一个正 n 边形而言，若有两条对角线的交角为 $50°$，则一定会存在两个顶点将这一个正 n 边形的周长分为 $50:130$ 的两个部分，因此可知这一个正 n 边形必存在 a 条边使得 $\dfrac{a}{n-a}=\dfrac{50}{130}$，化简后得 $13a=5n-5a$，即 $18a=5n$. 因 18 与 5 为互质的两个数，所以 n 必为 18 的倍数、a 必为 5 的倍数，由此知 n 的最小值为 18.

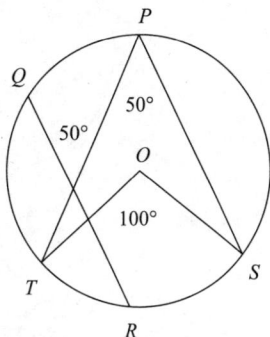

答: 018

29. (同中学中级卷第 30 题)

若令这 n 个正整数为 a_1、a_2、$\cdots$、a_n，则知 $a_1+a_2+\cdots+a_n=19$ 而所求为 $a_1a_2\cdots a_n$ 的最大值. 可知对所有的正整数 i 而言，若 $a_i\geqslant 5$，则有 $2(a_i-2)>a_i$，因此可将 a_i 换成 2 与 a_i-2 以得到较大的乘积，所以可以推得 $a_1a_2\cdots a_n$ 的最大值发生在 $a_i\leqslant 4$.

而若存在正整数 i 使得 $a_i=4=2\times 2$，则知可将 a_i 换成 2 个 2 乘积不变，所以可再推得 $a_1a_2\cdots a_n$ 的最大值发生在 $a_i\leqslant 3$.

接着可再观察得知，若存在正整数 i 使得 $a_i=1$，则可将 a_j 换成 $a_j+a_i=a_j+1$ 以得到较大的乘积，其中 $1\leqslant j\leqslant n$ 且 $a_j\neq a_i$. 因此知 $a_1a_2\cdots a_n$ 的最大值发生在全部的数为 2 或 3 时，此时再由 $2\times 2\times 2=8<9=3\times 3$ 可判断出每 3 个 2 可由 2 个 3 替换，因此 $a_1a_2\cdots a_n$ 的最大值发生时，其中至多有 2 个 2. 而经由计算可知 $19=2\times 2+3\times 5$，因此最大值为 $2^2\times 3^5=972$.

答: 972

30. 连接这三个半径分别为 $1\,\mathrm{cm}$、$2\,\mathrm{cm}$ 及 $3\,\mathrm{cm}$ 的圆的圆心，可发现此为一个三边长恰为 $3\,\mathrm{cm}$、$4\,\mathrm{cm}$、$5\,\mathrm{cm}$ 的直角三角形，故可令这三个圆的圆心坐标分别为 $(0, 0)$、$(0, 3)$ 与 $(4, 0)$，而最小圆的圆心坐标为 (x, y)、半径为 r，如图 3-25 所示.

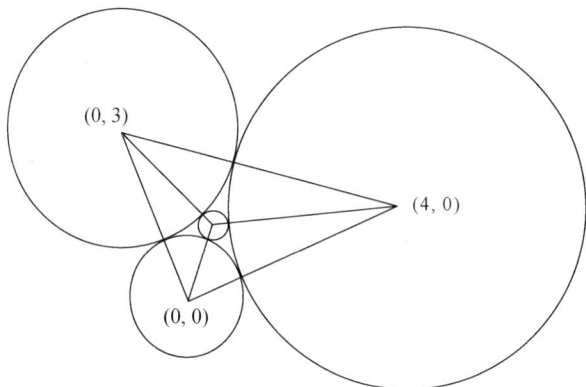

图 3-25

此时由最小圆的圆心分别与另外三个圆的圆心连接之长度可以得知

$$x^2 + y^2 = (1+r)^2 ,\tag{4}$$

$$x^2 + (3-y)^2 = (2+r)^2 ,\tag{5}$$

$$(4-x)^2 + y^2 = (3+r)^2 .\tag{6}$$

分别用 (5)、(6) 式减去 (4) 式可得

$$(3-y)^2 - y^2 = (2+r)^2 - (1+r)^2 ,$$

$$(4-x)^2 - x^2 = (3+r)^2 - (1+r)^2 .$$

化简后可得

$$3y = 3 - r,$$

$$2x = 2 - r.$$

再代回 (4) 式可得

$$\left(1 - \frac{r}{2}\right)^2 + \left(1 - \frac{r}{3}\right)^2 = (1+r)^2 .$$

$$23r^2 + 132r - 36 = 0 .$$

最后再由 $r > 0$ 可以得知 $r = -\dfrac{66 + \sqrt{5184}}{23} = \dfrac{6}{23} = \dfrac{p}{q}$. 因 p、q 互质，所以

$p + q = 6 + 23 = 29$.

答: 029

3.2　2007 年中学高级卷试题解析与评注

1. $2(5.61 - 4.5) = 2(1.11) = 2.22$.

答: (D)

2.
$$2^n + 2^n = 2^m,$$
$$2(2^n) = 2^m,$$
$$2^{n+1} = 2^m,$$
$$n+1 = m.$$

答: (B)

3. 因 PQR 为一直线，故知 $30+2x+x=180$，所以 $3x=150$，即 $x=50$.

答: (C)

4. (同中学初级卷第 10 题、中级卷第 5 题)

可知 $\frac{7}{15}$、$\frac{3}{7}$、$\frac{4}{9}$ 都小于 $\frac{1}{2}$，而 $\frac{6}{11} > \frac{1}{2}$；故知最大的分数为 $\frac{6}{11}$.

答: (C)

5. (同中学中级卷第 7 题)

知通话时间为 $6.23 \div 0.89 = 7$ (分钟)，因此小倪在上午 11: 04 结束通话.

答: (C)

6. 因点 $(2, k)$ 同时在这两条直线上，故可知
$$4+k=q \quad 及 \quad k=2-p,$$
所以 $4+(2-p)=q$，即 $p+q=6$.

答: (E)

7. (同中学初级卷第 17 题)

因 QS 和 QT 将 $\angle PQR$ 分为三等分，故可得知 $\angle PQT = \angle TQS = \angle SQR = 20°$.

再因 $\angle QTS$ 为 $\triangle QPT$ 的外角，故知 $\angle QTS = 20° + 60° = 80°$.

答: (C)

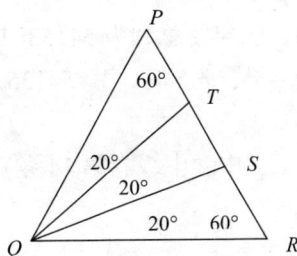

图 3-26

8. (同中学初级卷第 20 题)

可假设珍妮的年龄为质数 p，则安迪的年龄为 $p+1$ 且两人的年龄和为 $2p+1$.

若 $2p+1=27$，则 $p=13$、$p+1=14=2 \times 7$，故安迪的年龄仅有 4 个因子，矛盾，故 (A) 不合；

若 $2p+1=39$，则 $p=19$、$p+1=20=2^2 \times 5$，故安迪的年龄仅有 6 个因子，矛盾，故 (B) 不合；

若 $2p+1=75$，则 $p=37$、$p+1=38=2 \times 19$，故安迪的年龄仅有 4 个因子，矛盾，

故 (C) 不合；

若 $2p+1=87$，则 $p=43$、$p+1=44=2^2\times 11$，故安迪的年龄仅有 6 个因子，矛盾，故 (D) 不合；

若 $2p+1=107$，则 $p=53$、$p+1=54=2\times 3^3$，故安迪的年龄恰有 8 个因子，故 (E) 满足题意.

评注　安迪的年龄恰有 8 个因子，他的年龄为 p^7 或 $p^3\times q$ 的形式，其中 p、q 为质数. 当 $p=2$ 时，$2^7=128$，年龄大于 100 岁，不合理.

当 $p=2$、$q=3$ 时，$2^3\times 3=24$，则珍妮的年龄为 $24-1=23$ 岁，是质数，符合所求，两人的年龄总和为 $24+23=47$.

当 $p=2$、$q=5$ 时，$2^3\times 5=40$，则珍妮的年龄为 $40-1=39$ 岁，不是质数，不符合所求.

当 $p=2$、$q=7$ 时，$2^3\times 7=56$，则珍妮的年龄为 $56-1=55$ 岁，不是质数，不符合所求.

当 $p=2$、$q=11$ 时，$2^3\times 11=88$，则珍妮的年龄为 $88-1=87$ 岁，不是质数，不符合所求.

当 $p=2$、$q=13$ 时，$2^3\times 3=104$，则珍妮的年龄为 $104-1=103$ 岁，虽是质数但年龄大于 100 岁，不合理.

当 $p=3$、$q=2$ 时，$3^3\times 2=54$，则珍妮的年龄为 $54-1=53$ 岁，是质数，符合所求，两人的年龄总和为 $54+53=107$.

当 $p=3$、$q=5$ 时，$3^3\times 5=135$，年龄大于 100 岁，不合理.

答: (E)

9. (同中学中级卷第 14 题)

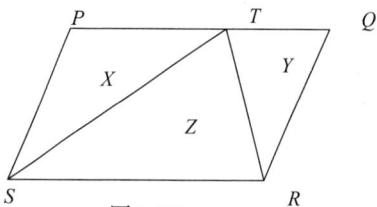

图 3-27

令 $\triangle PTS$、$\triangle TQR$、$\triangle RST$ 的面积分别为 X、Y、Z (图 3-27). 则由这三个三角形的高相等可以得知 $X:Y:Z=PT:TQ:AR=3:2:5$，所以四边形 $PTRS$ 的面积与 $PQRS$ 的面积之比为 $(3+5):(3+2+5)=8:10=4:5$.

答: (D)

10. 因这五个正整数的中位数为 5 且只有一个众数为 8，故知有两个 8，令这五个正整数由小至大依序为 x、y、5、8、8，其中 $y>x$. 此时知

$\frac{1}{5}(x+y+5+8+8)=5$，故 $x+y=4$．因 $y>x$，且只有一个众数，故可判断出 $x=1$、$y=3$．所以这五个正整数中最大的数与最小的数之差是 $8-1=7$．

答：(D)

11．可知平均每升的水应加入 $32÷8=4$ 颗药剂，而爸爸只加入 16 颗药剂，此时平均每升的水只有 $16÷8=2$ 颗药剂．因此在爸爸用掉 2 升后，所剩下的 6 升的水中，只含有 $6×2=12$ 颗药剂，因此当再加入 2 升的水后，还需再加入 $32-12=20$ 颗药剂以符合要求．

答：(A)

12．(同中学初级卷第 13 题、中级卷第 12 题)

可如下列所示依序完成此方格表．

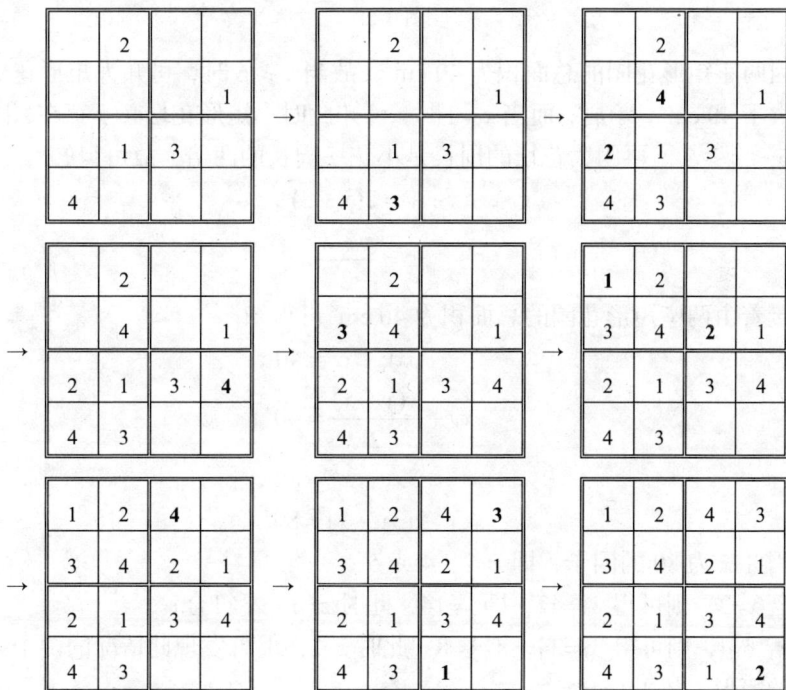

因此四个角落上的数之和为 $1+2+3+4=10$．

答：(E)

13．可知小何共写下了 11、13、17、19、31、33、37、39、71、73、77、79、91、93、97、99 等 16 个数，其中的质数为 11、13、17、19、31、37、71、

73、79 与 97，即在 16 个数中共有 10 个质数，因此所取的数是质数的概率为 $\frac{10}{16} = \frac{5}{8}$.

答：(A)

14. 不妨令这两个矩形的长宽分别为 y、x 与 x、z，其中 $y>x>z$，如图 3-28 所示.

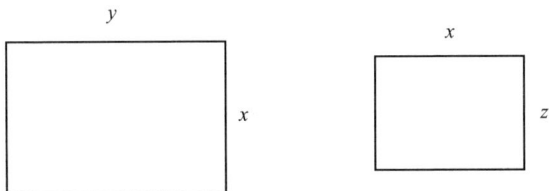

图 3-28

因两座矩形花园的总面积为 $40\ \text{cm}^2$，故当 $x \geq 6$ 时，可知大矩形花坛的面积必大于 $40\ \text{cm}^2$，矛盾；而当 $x=1$ 时，可知此时小矩形花坛必不存在. 因此可推知 $5 \geq x \geq 2$. 再因大花坛的周长是小花坛周长的两倍，故可得知

$$x + y = 2(x + z)，$$
$$z = \frac{y - x}{2}.$$

接着由两座矩形花园的总面积为 $40\ \text{cm}^2$ 可得知

$$xy + xz = 40，$$
$$xy + \frac{x(y - x)}{2} = 40，$$
$$3xy - x^2 = 80，$$
$$x(3y - x) = 80.$$

因此 x 为 80 的因子，即 $x=2$、4 或 5.

若 $x=2$，则可得 $3y=42$，即 $y=14$，此时 $z=6$，不符合；

若 $x=4$，则可得 $3y=24$，即 $y=8$，此时 $z=2$. 但可发现此情况的两个矩形为相似的矩形，故不符合；

若 $x=5$，则可得 $3y=21$，即 $y=7$，此时 $z=1$.

故可知大花坛的长边为 7 m.

评注 由两座矩形花园的总面积为 $40\ \text{cm}^2$ 可得知 $xy+xz=x(y+z)=40=2\times 20=4\times 10=5\times 8$.

若 $x=2$，则可得 $z=1$，即 $y=19$，此时大花坛的周长不等于小花坛周长的两倍，不合；

若 $x=4$，则可得 $z=1$、2 或 3，即 $y=9$、8 或 7，此时大花坛的周长为 26、24 或 22，小花坛的周长为 10、12 或 14，只有当 $x=4$、$y=8$、$z=2$ 时，大花坛的周长才会等于小花坛周长的两倍，但此情况的两个矩形相似，故不合；

若 $x=5$，则可得 $y=6$ 或 7，$z=2$ 或 1，此时大花坛的周长为 22 或 24，小花坛的周长为 14 或 12，只有当 $x=5$、$y=7$、$z=1$ 时，大花坛的周长才会等于小花坛周长的两倍，且此情况下的两个矩形不相似．故可知大花坛的长边为 7 m．

答: (A)

15．令所求的两位数为 $10x+y$，则其数码对调后的数为 $10y+z$，两数的和为 $10x+y+10y+x=11(x+y)$，其中 $1 \leqslant x+y \leqslant 18$．因 $11(x+y)$ 为完全平方数，故可以判断出 $x+y=11$，即可能的两位数为 29、38、47、56、65、74、83 与 92 共 8 个数．

答: (D)

16．将这 6 个座位依序编上 1 至 6 号，则知三人中任两个人都没有相邻而坐的座位安排方式有:

1	2	3	4	5	6
A		B		C	6
A		B			C	6
A			B		C	6
	A		B		C	6

可知共有 4 种不同的座位安排方式，而每一种座位安排方式共有 6 种安排 A、B、C 三人的位置方法，因此共有 4×6=24 种不同的入座方式．

评注 先假设三人的位置依序为 A、B、C，三人中任两个人都没有相邻而坐，可知 A 与 B、B 与 C 之间各至少有一座位，而第三个座位可放置在 A 之前、A 与 B 之间、B 与 C 之间、C 之后等 4 种方式．A、B、C 三人的顺序共有 6 种排列方式，因此共有 4×6=24 种不同的入座方式．

答: (B)

17．先考虑方程 $a^b=1$．可知此时共有三种情况: 情况 1 为 $b=0$ 且 $a \neq 0$、情况 2 为 $a=1$、情况 3 为 $a=-1$ 且 b 为偶数．

情况 1 当 $x+1=0$ 时，可知此时 $x=-1$ 且 $x^2-3x+1=5\neq 0$，故得知 $x=-1$ 为 1 个整数解；

情况 2 当 $x^2-3x+1=1$ 时，可知 $x^2-3x=0$，即 $x(x-3)=0$，故 $x=0$ 或 3，因此共得到 2 个整数解；

情况 3 当 $x^2-3x+1=-1$ 时，可知 $x^2-3x+2=0$，即 $(x-2)(x-1)=0$，故 $x=2$ 或 1．但由 $x+1$ 必须为偶数可判断出仅 $x=1$ 可为整数解而 $x=2$ 不为整数解，故仅得 1 个整数解．

所以所求方程的整数解为 $x=-1$、0、1 及 3，共 4 个．

答：(D)

18．因小艾和小蔷都以 8 km/h 的速度沿着一直线的路径慢跑，故两人之间的中点 M 也是以 8 km/h 的速度沿着同一直线的路径移动，且由于开始时小艾与 P 点的距离为 50 m，故点 M 在开始时与点 P 的距离为 56 m．当小伊与小艾、小蔷两人的距离都相等时，小伊位于点 M 上，即点 M 与点 P 重合时 (图 3-29)．故开始时小伊与 P 点的距离为 $6\times\dfrac{56}{8}=42$ (m)．

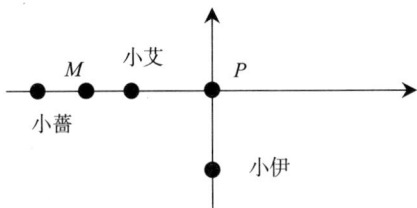

图 3-29

答：(B)

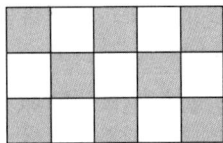

图 3-30

19．(同中学初级卷第 24 题)

将这一个 3×5 的棋盘黑白相间涂色，如图 3-30 所示，则知共有 8 个黑色格子与 7 个白色格子．

由移动方式可知，每移动一小格，棋子所在位置的颜色都会变换，因此由黑色格子比白色格子多一个可推知起点与终点都必须是黑色格子，即由白色格子出发便不可能达成题目所要求的．

而可将黑色格子依所在位置分成三类：位在角落、位在边上但不位在角落、位在内部．利用对称性可判断出这三类黑色格子都可以如图 3-31 中两图之一的方式达成题目所要求的．

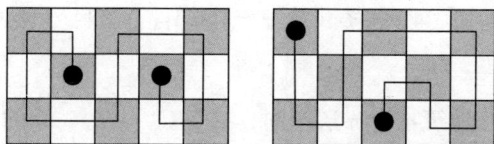

图 3-31

因此共有 8 个小方格可以是这个棋子出发的小方格.

答: (D)

20. 如图 3-32 所示，令小圆的半径为 r. 可知 $\triangle AGC$ 与 $\triangle BEC$ 都是三个内角为 90°、60°、30° 的三角形，故其三边由长至短的边长比为 $2:\sqrt{3}:1$.

因此 $GC=2$ 及 $CE=2r$. 故

$$GC = GF + FE + CE,$$
$$2 = 1 + r + 2r,$$
$$r = \frac{1}{3}.$$

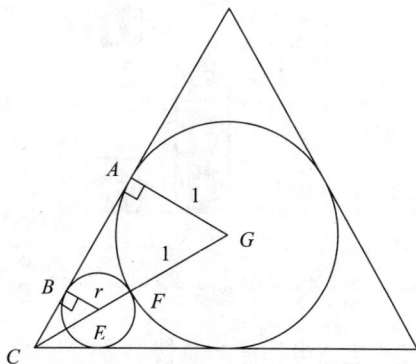

图 3-32

答: (A)

21. (同中学初级卷第 28 题、中级卷第 24 题)

解法 1　可知四部电梯共停了十二层. 若此建筑物有六个楼层，由鸽笼原理可知至少会有一层楼至多有两部电梯停留. 因停留这层楼的电梯会停另两层楼层，因此这栋楼至多只能有五层楼，与假设矛盾，故不合；若此建筑物的楼层数多于七层楼，则至少会有一层楼至多有一部电梯停留，因此至多有三层楼，与假设矛盾，故不合. 所以至多有五层楼，可用设计如下: 第一部电梯停 1、4、

5 楼, 第二部电梯停 2、4、5 楼, 第三部电梯停 3、4、5 楼, 第四部电梯停 1、2、3 楼.

解法 2　当一栋建筑物有 n 层楼时, 共有 $C_n^2 = \dfrac{n(n-1)}{2}$ 的楼层对需用电梯连接. 而可知四部电梯共停了十二层, 故知符合题意的建筑物满足 $C_n^2 \leqslant 12$. 因 $C_5^2 = 10 \leqslant 12 \leqslant C_6^2 = 15$, 故 n 的最大值为 5, 可用解法 1 的方式安排电梯停留的楼层.

答: (B)

评注　将此问题一般化, 令某栋建筑内有 m 座电梯, 每座电梯停 n 层, $f(m,n)$ 为使这栋建筑任意两个楼层之间都至少有一部电梯可同时停这两层楼的最高层数, 我们希望能确定 $f(m,n)$ 之值, 本题即指出 $f(4,3) = 5$. 先考虑 $f(m,3)$ 值.

情况 1　$f(4,3) = f(5,3) = 5$.

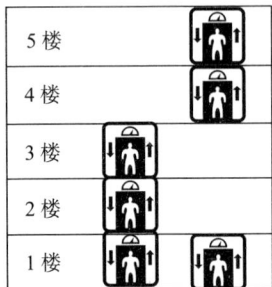

图 3-33

证明　$f(5,3) \leqslant 5$. 这些电梯停的总楼层数为 3×5=15 (图 3-33). 若每一层楼至少有三座电梯停, 则楼层数至多为五层. 若某些楼层至多有两座电梯停留, 则这层楼至多可与其他四层楼连接, 因此包含此层楼, 这栋建筑物至多只能有五层楼. 故可得知 $f(4,3) \leqslant f(5,3)$, 即 $f(4,3) = f(5,3) = 5$.

情况 2　$f(6,3) = 6$.

证明　令第一座电梯停第 1、2、6 楼、第二座电梯停第 1、3、5 楼、第三座电梯停第 1、4、5 楼、第四座电梯停第 2、3、4 楼、第五座电梯停第 2、5、6 楼、第六座电梯停第 3、4、6 楼, 由此得知 $f(6,3) \geqslant 6$.

这些电梯停的总楼层数为 3×6=18 楼次, 若每一层楼至少有三座电梯停,则楼层数至多为六层 (图 3-34). 若某些楼层至多只有二座电梯停，则这层楼至多可以与其他四层楼连接，故包含此层楼，这栋建筑物至多只能有五层楼. 由此证得 $f(6,3)=6$.

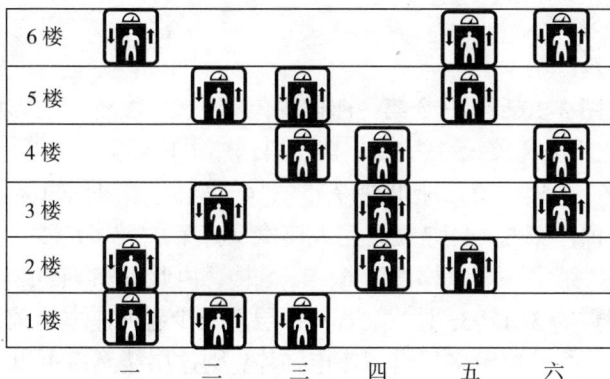

图 3-34

情况 3　$f(7,3)=f(8,3)=f(9,3)=f(10,3)=7$.

证明　令第一座电梯停第 1、2、3 楼、第二座电梯停第 1、4、5 楼、第三座电梯停第 1、6、7 楼、第四座电梯停第 2、4、6 楼、第五座电梯停第 2、5、7 楼、第六座电梯停第 3、4、7 楼、第七座电梯停第 3、5、6 楼，由此得知 $f(7,3)\geqslant 7$ (图 3-35).

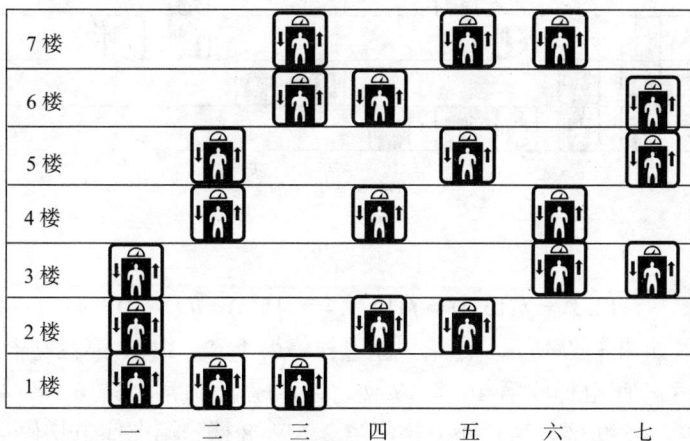

图 3-35

现证明 $f(10,3)\leqslant 7$. 这些电梯停的总楼层数为 3×10=30 楼次，若每一层楼至少有四座电梯停，则楼层数至多为七层．若某些楼层至多只有三座电梯停，则这层楼至多可与其他六层楼连接，故包含此层楼，这栋建筑物至多只能有七层楼．知 $f(7,3) \leqslant f(8,3) \leqslant f(9,3) \leqslant f(10,3)$，故可得 $f(7,3) = f(8,3) = f(9,3) = f(10,3) = 7$．

情况 4　$f(11,3) = 8$．

证明　如图 3-36 所示，令第一座电梯停第 1、2、3 楼、第二座电梯停第 1、2、8 楼、第三座电梯停第 1、3、8 楼、第四座电梯停第 1、4、5 楼、第五座电梯停第 1、6、7 楼、第六座电梯停第 2、4、6 楼、第七座电梯停第 2、5、7 楼、第八座电梯停第 3、4、7 楼、第九座电梯停第 3、5、6 楼、第十座电梯停第 4、5、8 楼、第十一座电梯停第 6、7、8 楼，由此得知 $f(11,3) \geqslant 8$．这些电梯停的总楼层数为 3×11=33 楼次，若每一层楼至少有四座电梯停，则楼层数至多为八层．若某些楼层至多只有三座电梯停，则这层楼至多可以与其他六层楼连接，故包含此层楼，这栋建筑物至多只能有七层楼．由此证得 $f(11,3) = 8$．

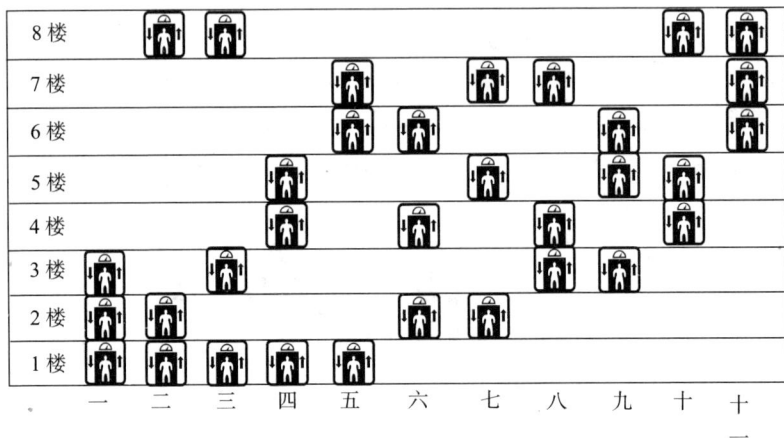

图 3-36

情况 5　$f(12,3) = f(13,3) = f(14,3) = f(15,3) = f(16,3) = 9$．

证明　如图 3-37 所示，令第一座电梯停第 1、2、3 楼、第二座电梯停第 1、4、7 楼、第三座电梯停第 1、5、9 楼、第四座电梯停第 1、6、8 楼、第五座电梯停第 2、4、9 楼、第六座电梯停第 2、5、8 楼、第七座电梯停第 2、6、7 楼、第八座电梯停第 3、4、8 楼、第九座电梯停第 3、5、7 楼、第十座电梯停第 3、6、9 楼、第十一座电梯停第 4、5、6 楼、第十二座电梯停第 7、8、9 楼，

由此得知 $f(12,3) \geqslant 9$，现在证明 $f(16,3) \leqslant 9$．这些电梯停的总楼层数为 $3 \times 16 = 48$ 楼次，若每一层楼至少有五座电梯停，则楼层数至多为九层．若某些楼层至多只有四座电梯停，则这层楼至多可与其他八层楼连接，故包含此层楼，这栋建筑物至多只能有九层楼．可知 $f(12,3) \leqslant f(13,3) \leqslant f(14,3) \leqslant f(15,3) \leqslant f(16,3)$，故可得 $f(12,3) = f(13,3) = f(14,3) = f(15,3) = f(16,3) = 9$．

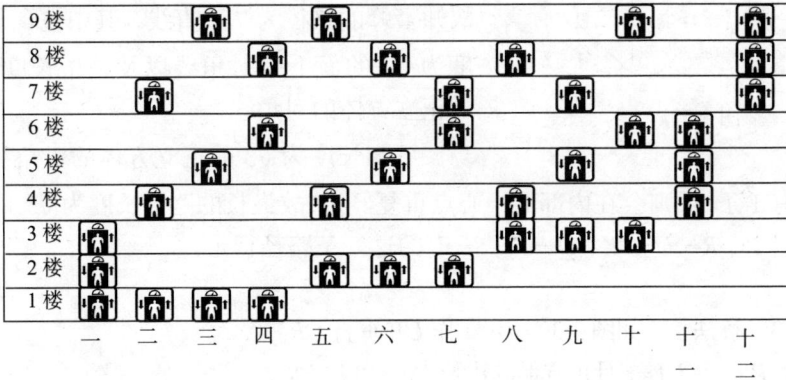

9楼												
8楼												
7楼												
6楼												
5楼												
4楼												
3楼												
2楼												
1楼												
	一	二	三	四	五	六	七	八	九	十	十一	十二

图 3-37

当 $1 \leqslant m, n \leqslant 16$ 时，目前所找到的结果总结见表 3-1．

表 3-1

m	n															
	1	2	3	4	5	6	7	8	9	10	11	12	13	14	15	16
1	**1**	2	3	4	5	6	7	8	9	10	11	12	13	14	15	16
2	1	**2**	3	4	5	6	7	8	9	10	11	12	13	14	15	16
3	1	**3**	4	6	7	9	10	12	13	15	16	18	19	21	22	24
4	1	3	5	6	8	10	11	13	15	16	18	20	21	23	25	26
5	1	3	5	7	8	10	12	14	16	18	19	21	23	25	27	28
6	1	**4**	6	8	10	12	14	16	18	20	22	24	26	28	30	32
7	1	4	**7**	8	11	14	15	18	21	22	25	28	29	32	35	36
8	1	4	7	9		14	16		21	23		30				37
9	1	4	7	10	12	14	17	20	21	24	27	30	31	34	36	40
10	1	**5**	7	10	13	16										
11	1	5	8	11	13	16	19	22								
12	1	5	**9**			18			27			36			45	
13	1	5	9	**13**			26					39				52
14	1	5	9													
15	1	**6**	9													
16	1	**6**	9													

22. (同中学中级卷第 25 题)

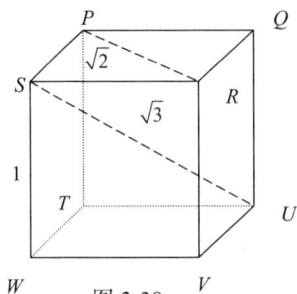

图 3-38

令此正立方体盒子为 $PQRSTUVW$，如图 3-38 所示.

因这只蜜蜂经过每个顶点一次，但没重复经过盒壁上或盒子内部空间中的任何一个点，故知蜜蜂的路径为 7 条直线，其中包含 1 条长度为 $\sqrt{2}$ 的面上的对角线以及一条长度为 $\sqrt{3}$ 的正立方体的对角线.

可知长度为 $\sqrt{3}$ 的正立方体的对角线最多只能有 1 条，否则会在内部的中心点重复经过，故最长的路径长度为 $\sqrt{3}+6\sqrt{2}$，例如以 $P \to R \to U \to W \to Q \to T \to S \to V$ 的这一条路径行走.

答: (D)

23. **解法 1**　如图 3-39 所示，作 UV 垂直 QR 并连接 PS. 令 $UV=x$ 且正方形的边长为 s. 可知 PS 平分 $\angle UST$，故 $\angle USX = \angle USV=45°$ 且 $VS = x$，所以 $QV=1-x$.

再因 $\triangle QVU$ 与 $\triangle QSP$ 为相似三角形，故由 $\dfrac{VU}{PS}=\dfrac{QV}{QS}$ 可得 $\dfrac{x}{\sqrt{3}}=\dfrac{1-x}{1}$，解方程后即可得知 $x=\dfrac{\sqrt{3}}{1+\sqrt{3}}=\dfrac{3-\sqrt{3}}{2}$，最后再观察 $\triangle VUS$ 便可得知 $s^2 = 2x^2 = 6-3\sqrt{3}$.

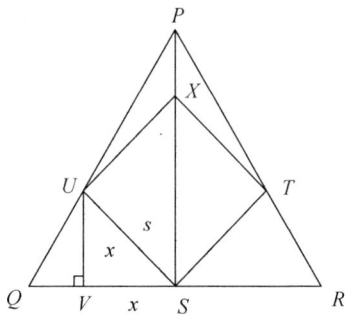

图 3-39

解法 2　如图 3-40 所示，连接 PS、UT，令其交点为 Y，且令 $UY=x$. 由对称知正方形的对角线 UT 平行于 QR，可得 $\triangle PUY$ 与 $\triangle PQS$ 为相似三角形，故由 $\dfrac{PY}{PS}=\dfrac{UY}{QS}$ 可得 $\dfrac{\sqrt{3}-x}{\sqrt{3}}=\dfrac{x}{1}$，解方程后即可得知 $x=\dfrac{\sqrt{3}}{1+\sqrt{3}}=\dfrac{3-\sqrt{3}}{2}$，再由正方形的面积等于对角线平方的一半可得知 $2x^2 = 6-3\sqrt{3}$.

解法 3　如图 3-41 所示，连接 PS.

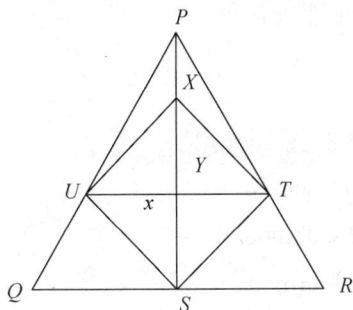

图 3-40

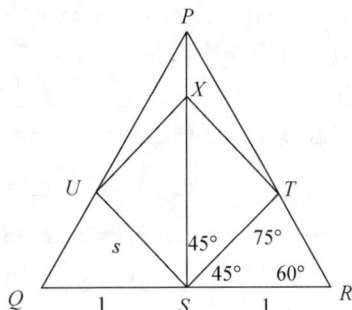

图 3-41

可知 $\angle TRS$=60° 及 $\angle TSR$=45°，故 $\angle STR$= 75°. 再由正弦定理可得

$$\frac{s}{\sin 60°} = \frac{1}{\sin 75°}.$$

因

$$\sin(A+B)$$
$$= \sin A\cos B + \cos A\sin B.$$

故知 $\sin 75° = \sin(45° + 30°) = \frac{1}{\sqrt{2}} \times \frac{1}{2} + \frac{1}{\sqrt{2}} \times \frac{\sqrt{3}}{2} = \frac{\sqrt{3}+1}{2\sqrt{2}}$. 此时便可推得 $s =$

$$\frac{\sin 60°}{\sin 75°} = \frac{\frac{\sqrt{3}}{2}}{\frac{\sqrt{3}+1}{2\sqrt{2}}} = \frac{\sqrt{6}}{\sqrt{3}+1}，\text{因此所求正方形面积为 } s^2 = \frac{6}{4+2\sqrt{3}} = \frac{3}{2+\sqrt{3}} =$$

$6 - 3\sqrt{3}$.

答: (A)

24. 由 $f(x) = ax^2 + bx + c$ 与 $f(x) \times f(-x) = f(x^2)$ 可知

$$(ax^2 + bx + c)(ax^2 - bx + c) = ax^4 + bx^2 + c.$$

比较等式两边的系数后可知 $a^2 = a$、$2ac - b^2 = b$ 与 $c^2 = c$，因此 $a = 0$ 或 1、$c = 0$ 或 1.

情况 1　若 $a = 0$，则由 $2ac - b^2 = b$ 知 $b = 0$ 或 1. 接着再由 $c = 0$ 或 1 可得到 $f(x) = 0$、$f(x) = 1$、$f(x) = -x$、$f(x) = 1 - x$ 共 4 种可能；

情况 2　若 $a = 1$、$c = 0$，则 $b = 0$ 或 1；

若 $a = 1$、$c = 1$，则 $b = -2$ 或 1. 故可得到 $f(x) = x^2$、$f(x) = x^2 - x$、

$f(x) = x^2 + x + 1$、$f(x) = x^2 - 2x + 1$ 共 4 种可能.

所以一共有 8 个满足条件的方程.

答: (C)

25. **解法 1**　观察以下各次方的系数模 3 之后的情况:

$$(\sqrt{2}+1)^1 = \sqrt{2} + 1 \equiv \sqrt{2} + 1 \,(\text{mod } 3),$$

$$(\sqrt{2}+1)^2 = 2\sqrt{2} + 3 \equiv 2\sqrt{2} + 0 \,(\text{mod } 3),$$

$$(\sqrt{2}+1)^3 = 5\sqrt{2} + 7 \equiv 2\sqrt{2} + 1 \,(\text{mod } 3),$$

$$(\sqrt{2}+1)^4 = 12\sqrt{2} + 17 \equiv 0\sqrt{2} + 2 \,(\text{mod } 3),$$

$$(\sqrt{2}+1)^5 = 29\sqrt{2} + 41 \equiv 2\sqrt{2} + 2 \,(\text{mod } 3),$$

$$(\sqrt{2}+1)^6 = 70\sqrt{2} + 99 \equiv \sqrt{2} + 0 \,(\text{mod } 3),$$

$$(\sqrt{2}+1)^7 = 169\sqrt{2} + 239 \equiv \sqrt{2} + 2 \,(\text{mod } 3),$$

$$(\sqrt{2}+1)^8 = 408\sqrt{2} + 577 \equiv 0\sqrt{2} + 1 \,(\text{mod } 3),$$

$$(\sqrt{2}+1)^9 = 595\sqrt{2} + 1393 \equiv \sqrt{2} + 1 \,(\text{mod } 3).$$

可以发现每 8 次方后所得的数便会循环重复出现. 因为 $2007 = 8 \times 250 + 7$, 故知 $(\sqrt{2}+1)^{2007}$ 与 $(\sqrt{2}+1)^7$ 的系数模 3 之后的情况相同, 即若 $(\sqrt{2}+1)^{2007} = a + b\sqrt{2}$, 则 $b \equiv 2 \,(\text{mod } 3)$, 因此 b 和 81 的最大公因子为 1.

解法 2　因为 $(\sqrt{2}+1)^{2007} = a + b\sqrt{2}$, 故接着便可以判断出 $(\sqrt{2}-1)^{2007} = b\sqrt{2} - a$. 将这两式相乘, 可得

$$(\sqrt{2}+1)^{2007}(\sqrt{2}-1)^{2007} = (a + b\sqrt{2})(b\sqrt{2} - a).$$

故可得 $1 = 2b^2 - a^2$. 若 b 可被 3 整除, 则知 $a^2 \equiv -1 \,(\text{mod } 3)$, 因正整数的平方模 3 不可能等于 2, 矛盾.

因此 b 和 81 的最大公因子为 1.

答: (A)

26. 若以 3×2 的矩形来观察, 一块 3×6 的矩形可以分别由三块 3×2 的矩形、一块 3×4 的矩形与一块 3×2 的矩形、以及一块 3×6 的矩形来组成.

(a) 对于 3×2 的矩形, 共有以下 3 种由 1×2 的矩形组成的情况:

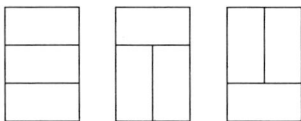

因此一块 3×6 的矩形由三块 3×2 的矩形组成时，可以得出共有 3×3×3=27 种组成方式.

(b) 对于 3×4 的矩形，由 1×2 的矩形组成 3×2 的矩形的情况可推知有 9 种由 1×2 的矩形组成 3×2 的矩形的情况，此会与上述情况重复计算，故排除不计. 除此之外，尚有以下两种情况是无法由上述情况所组成的方式：

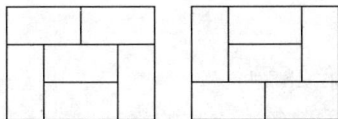

因此一块 3×6 的矩形由一块 3×4 的矩形与一块 3×2 的矩形组成时，因 3×2 的矩形可以放置在 3×4 的矩形的两侧，故可以观察出 2×3×2=12 种组成方式.

(c) 而对于 3×6 的矩形，有以下两种情况是无法分割出 3×2 的矩形的情况的组成方式：

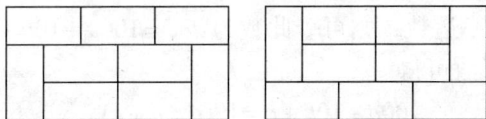

综上所述，可以得知由 1×2 的矩形组成 3×6 的矩形一共有 27+12+2=41 种不同的方法.

答：041

27. 因点 P_i 与点 P_{i+1} 之间的距离为 $\dfrac{1}{i}$，故可得图 3-42.

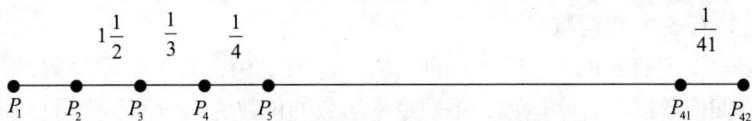

图 3-42

可知 P_1P_2 会包含在 1×41 个线段中，如 P_1P_2、P_1P_3、P_1P_4、…以此类推；

可知 P_2P_3 会包含在 2×40 个线段中，如 P_1P_3、P_2P_3、P_1P_4、P_2P_4、…以此类推；

可知 P_3P_4 会包含在 3×39 个线段中；

⋮

可知 $P_{41}P_{42}$ 会包含在 41×1 个线段中.

因此这些点中所有两个点之间的距离的总和为

$$41 \times 1 \times 1 + 40 \times 2 \times \frac{1}{2} + 39 \times 3 \times \frac{1}{3} + \cdots + 41 \times 1 \times \frac{1}{41}$$
$$= 41 + 40 + 39 + \cdots + 3 + 2 + 1$$
$$= 21 \times 41$$
$$= 861.$$

答：861

28．(同中学中级卷第 28 题)

由幸运数定义知不可能有一位数的幸运数存在；

若有两位数的幸运数，则可令此数为 $\overline{ab} = 10a + b$，其中 a、b 都是数码且 $a > 0$．故可得

$$10a + b = 19(a + b)，$$

即 $a + 2b = 0$，但因为 $a + 2b \geqslant a > 0$，故不合，因此不可能有两位数的幸运数存在；

若有三位数的幸运数，则可令此数为 $\overline{abc} = 100a + 10b + c$，其中 a、b、c 都是数码且 $a > 0$．故可得

$$100a + 10b + c = 19(a + b + c)，$$

即 $81a = 9b + 18c$，化简后可改写为 $9a = b + 2c$，再因 b、c 都是数码可得知 $b + 2c \leqslant 9 + 2 \times 9 = 27$，因此可以继续进一步推知 $a \leqslant 3$．

若 $a=1$，则有 $b + 2c = 9$，因此 $(b, c) = (1, 4)$、$(3, 3)$、$(5, 2)$、$(7, 1)$、$(9, 0)$，共有 5 个幸运数；

若 $a=2$，则有 $b + 2c = 18$，因此 $(b, c) = (0, 9)$、$(2, 8)$、$(4, 7)$、$(6, 6)$、$(8, 5)$，共有 5 个幸运数；

若 $a=3$，则有 $b + 2c = 27$，因此 $(b, c) = (9, 9)$，有 1 个幸运数．

若有四位数以上的幸运数，不妨令幸运数的位数为 $m \geqslant 4$，则可得知该幸运数的数码和至多为 $9m$，且幸运数大于 10^{m-1}，因此有 $19 \times 9m = 171m$．但因 $m \geqslant 4$，可推知 $171m \geqslant 10^{m-1}$ 无法成立，因此不可能有四位数以上的幸运数存在．

综上所述，可知共有 114、133、152、171、190、209、228、247、266、285、399 这 5+5+1=11 个幸运数．

答：011

29．(同中学中级卷第 30 题)

可知在计算器屏幕上，数码颠倒过后仍是可读的数码有 0、1、2、5、

6、8 及 9 共七个数码，因此考虑将十进制中的 2007 转换为七进制中的数．可知

$$2007 = 7 \times 286 + 5$$
$$= 7 \times (7 \times 40 + 6) + 5$$
$$= 7 \times (7 \times (7 \times 5 + 5) + 6) + 5$$
$$= 5 \times 7^3 + 5 \times 7^2 + 6 \times 7 + 5.$$

因此十进制中的 2007 转换为七进制后为 5565．因已定义 1 为题意所述之第一个数，因此考虑的数码顺序为 1、2、5、6、8、9、0，其中第五个数为 8、第六个数为 9，所以第 2007 个数 8898，即所求之答案为 898．

答：898

30．**解法 1**　将

$$x + y = 3(z + u),$$
$$x + z = 4(y + u),$$
$$x + u = 5(y + z).$$

改写为

$$x + y = 3z + 3u, \tag{1}$$
$$x - 4y = -z + 4u, \tag{2}$$
$$x - 5y = 5z - u. \tag{3}$$

计算 $(1) - (2)$、$(2) - (3)$ 可得

$$5y = 4z - u, \tag{4}$$
$$y = -6z + 5u. \tag{5}$$

故有

$$5(-6z + 5u) = 4z - u,$$
$$26u = 34z,$$
$$13u = 17z.$$

若取 u、v 的最小正整数值 $u = 17$、$z = 13$，则由 (5) 式可得 $y = -78 + 85 = 7$，再由 (1) 式可得 $x = 39 + 51 - 7 = 83$．因此 x 可能的最小值是 83．

解法 2　因

$$x + y = 3(z + u),$$
$$x + z = 4(y + u),$$
$$x + u = 5(y + z).$$

故可得

$$x + y + z + u = 4(z + u),$$
$$x + y + z + u = 5(y + u),$$
$$x + y + z + u = 6(y + z).$$

因此若取 $S = x + y + z + u$，则可得知 $4|S$、$5|S$、$6|S$.

若取 $S = 60$，则

$$x + y = 3(z + u) = \frac{3}{4}S = 45,$$
$$x + z = 4(y + u) = \frac{4}{5}S = 48,$$
$$x + u = 5(y + z) = \frac{5}{6}S = 50.$$

故知

$$x = \frac{(x + y) + (x + z) + (x + u) - (x + y + z + u)}{2} = \frac{45 + 48 + 50 - 60}{2}$$
$$= \frac{83}{2}.$$

此时 x 之值不为整数，故不合；

若取 $S = 4 \times 5 \times 6 = 120$，此时

$$x + y = 3(z + u) = \frac{3}{4}S = 90,$$
$$x + z = 4(y + u) = \frac{4}{5}S = 96,$$
$$x + u = 5(y + z) = \frac{5}{6}S = 100.$$

故知

$$x = \frac{(x + y) + (x + z) + (x + u) - (x + y + z + u)}{2}$$
$$= \frac{90 + 96 + 100 - 120}{2}$$
$$= 83.$$

因此 x 可能的最小值是 83.

答：083

3.3　2008 年中学高级卷试题解析与评注

1. 8002−2008=5994.

答: (E)

2. $\dfrac{1}{20}$ 与 $\dfrac{2}{10}$ 之差为 $\dfrac{2}{10}-\dfrac{1}{20}=\dfrac{4-1}{20}=\dfrac{3}{20}$.

答: (E)

3. 如图 3-43 所示, 利用补角与四边形的内角和可知

$x=360-80-80-70=130$.

答: (D)

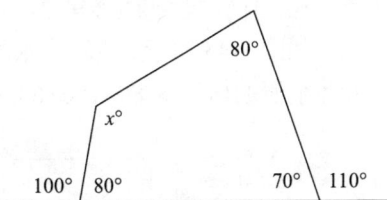

图 3-43

4. (同中学初级卷第 6 题、中级卷第 4 题)

$$\frac{200\times 8}{200\div 8}=\frac{200\times 8\times 8}{200}=8\times 8=64 .$$

答: (D)

5. 因为 $x^2-4x+3=(x-1)(x-3)$, 所以最小值会发生在 $x=2$ 时且其值为 $1\times(-1)=-1$.

评注　$x^2-4x+3=(x-2)^2-1$, 所以最小值会发生在 $x=2$ 时且其值为 −1 .

答: (A)

6. 3 元应分为 1.75 元与 1.25 元, 其比为 175∶125＝7∶5.

答: (B)

7. (同中学中级卷第 10 题)

将 1000^{2008} 的数值写下, 首位数为 1 且有 3×2008 个 0, 故共有 1+3×2008=6025 位.

答: (C)

8. 如图 3-44 所示, 令圆的半径为 r, 则正三角形的边长为 $2r$ 且由勾股定理可知高为 $r\sqrt{3}$.

故半圆的面积为 $\dfrac{\pi r^2}{2}$ 而正三角形的面积为

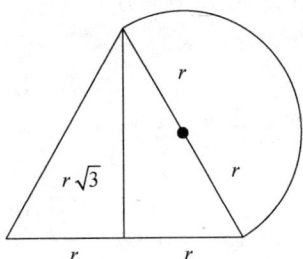

图 3-44

$\dfrac{2r\times r\sqrt{3}}{2}=\sqrt{3}r^2$, 所以面积比为 $\dfrac{\pi r^2}{2}:\sqrt{3}r^2=\pi:2\sqrt{3}$.

答: (B)

9. 因 $\cos x = 0.5$，故 $\cos^2 x = \dfrac{1}{4}$、$\sin x = \dfrac{\sqrt{3}}{2}$．而 $\tan x = \dfrac{\dfrac{\sqrt{3}}{2}}{\dfrac{1}{2}} = \sqrt{3}$，所以

$\tan x = \sqrt{3}$ 是选项中最大的值．

答: (E)

10. (同中学初级卷第 24 题、中级卷第 15 题)

如图 3-45 所示，鱼缸内水的体积为 $100 \times 200 \times 50 = 1000000$ (cm^3)，而实心长方体金属的体积为 $80 \times 100 \times 60 = 480000$ (cm^3).

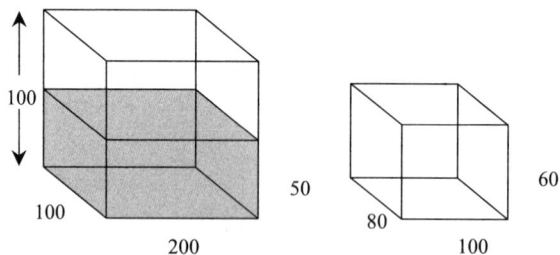

图 3-45

因此若将这个实心长方体金属全部沉入鱼缸内，其总体积为 $1480000 cm^3$．此时水深为 $\dfrac{1480000}{20000} = 74$ (cm)．使得长方体金属 $80\ cm \times 100\ cm$ 的表面贴紧鱼缸的底部时，因长方体金属的高为 $60\ cm$，故其正上方的水深为 $74 - 60 = 14$ (cm).

答: (B)

11. 因 $2^{500} = 32^{100}$、$3^{400} = 81^{100}$、$4^{300} = 64^{100}$、$5^{200} = 25^{100}$、$6^{100} = 6^{100}$，故最大值为 $81^{100} = 3^{400}$.

答: (B)

12. 因为投掷 1 次掷出点数的期望值为

$$1 \times \dfrac{1}{6} + 2 \times \dfrac{1}{6} + 3 \times \dfrac{1}{6} + 4 \times \dfrac{1}{6} + 5 \times \dfrac{1}{6} + 6 \times \dfrac{1}{6} = \dfrac{21}{6} = \dfrac{7}{2},$$

故投掷 100 次的点数总和趋近于 $100 \times \dfrac{7}{2} = 350$.

答: (D)

13. (同中学中级卷第 16 题)

一个完全平方数质因子分解后质因子之幂次必为偶数，而 $2008=2^3 \times 251$，因此乘以 2008 后会成为一个完全平方数的最小正整数是 $2 \times 251 = 502$.

答: (D)

14. 如图 3-46 所示，作辅助线 ZW，令 ZW 与 XY 的交点为 T，可知 ZW 与 XY 互相垂直. 则由对称性知 XT、WT、YT 与 ZT 的长度都等长. 因矩形的长与宽即为 XY 与 ZT，故其比为 $2 : 1$.

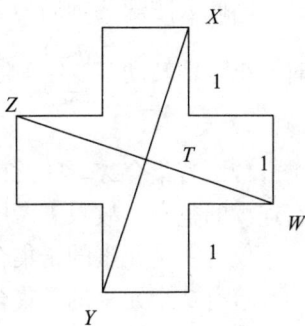

图 3-46

答: (C)

15. 因 $f(x) = ax^2 + bx + c$ ，故知

$$f(1) = a + b + c = 2 ，\tag{1}$$

$$f(2) = 4a + 2b + c = 3 ，\tag{2}$$

$$f(3) = 9a + 3b + c = 1 .\tag{3}$$

即可得

$$(2)式 - (1)式 : 3a + b = 1 ，\tag{4}$$

$$(3)式 - (2)式 : 5a + b = -2 ，\tag{5}$$

$$(5)式 - (4)式 : 2a = -3 ，\tag{6}$$

故 $a = -\dfrac{3}{2}$、$b = \dfrac{11}{2}$、$c = -2$.

答: (A)

16. 如图 3-47 所示，令小陀螺的半径为 r，则大陀螺的半径为 $r\sqrt{3}$.

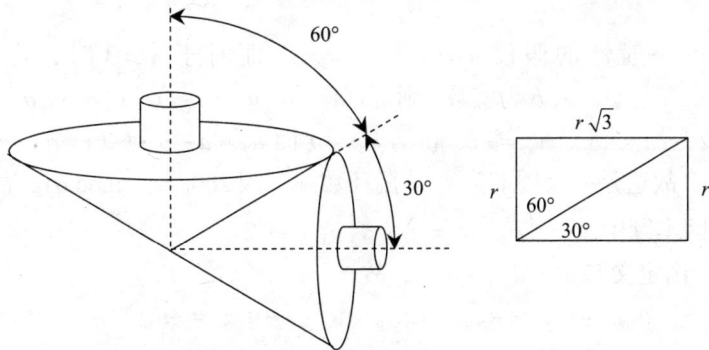

图 3-47

因此大陀螺的圆周为 $2\pi r\sqrt{3}$ 而小陀螺的圆周为 $2\pi r$. 故当大陀螺转动 1 圈时，小陀螺转动 $\dfrac{2\pi r\sqrt{3}}{2\pi r}=\sqrt{3}$ 圈.

答: (D)

17. 若集合 $X=\{1、2、3、4、5、6\}$ 的子集合中有超过 4 个元素，则必含有连续的整数，故只需考虑仅有 1、2 或 3 个元素的子集合.

仅有 1 个元素的子集合: $\{1\}$、$\{2\}$、$\{3\}$、$\{4\}$、$\{5\}$、$\{6\}$ 共 6 种；

恰有 2 个元素的子集合: $\{1,3\}$、$\{1,4\}$、$\{1,5\}$、$\{1,6\}$、$\{2,4\}$、$\{2,5\}$、$\{2,6\}$、$\{3,5\}$、$\{3,6\}$、$\{4,6\}$ 共 10 种；

恰有 3 个元素的子集合: $\{1,3,5\}$、$\{1,3,6\}$、$\{1,4,6\}$、$\{2,4,6\}$ 共 4 种；

因此共有 6+10+4=20 个子集合满足题意.

答: (C)

18. (同中学初级卷第 23 题、中级卷第 21 题)

因为集雨的水量与集雨的面积成正比，所以农舍屋顶的集雨量：谷仓屋顶的集雨量= 200：80=5：2. 因此若要收集尽可能多的雨水，两个蓄水池的剩余集水空间也要是 5：2.

此时因农舍蓄水池仍有 100–35=65 kL 的剩余集水空间、谷仓蓄水池仍有 25–13=12 kL 的剩余集水空间，两个水池共有 65+12=77 kL 的剩余集水空间，而当农舍屋顶与谷仓屋顶的总集雨量等于 77 kL 时，可使两个水池都蓄满水，收集最多的雨水. 此时谷仓屋顶的集雨量必须为 $77\times\dfrac{2}{7}=22$ kL，即其剩余集水空间必须为 22 kL，不足 22–12=10 kL，故要从谷仓蓄水池抽取 10 kL 的水至农舍蓄水池.

答: (D)

19. 可一般性的假设 $u_1=a$、$u_2=b$，而对于 $n\geqslant3$ 时，由定义知 $u_n=u_{n-1}-u_{n-2}$，其中 a、b 为实数. 则可观察出: $u_3=b-a$、$u_4=b-a-b=-a$、$u_5=-a-(b-a)=-b$、$u_6=-b-(-a)=a-b$ 而 $u_7=a-b-(-b)=a$、$u_8=a-(a-b)=b$，故这是一个周期为 6 的循环数列. 因 $2008\equiv4\ (\mathrm{mod}\ 6)$，故 $u_{2008}=u_4=-a$. 因本题中 $u_1=\sqrt{2}$、$u_2=\pi$，故 $u_4=-\sqrt{2}$.

评注 由定义知 $u_n=u_{n-1}-u_{n-2}$，故

$$u_{2008}=u_{2007}-u_{2006}=(u_{2006}-u_{2005})-u_{2006}=-u_{2005}$$
$$=-(u_{2004}-u_{2003})=-(u_{2003}-u_{2002}-u_{2003})=u_{2002}.$$

同理 $u_{2008} = u_{2002} = u_{1996} = \cdots = u_{10} = u_4$.

而 $u_{2008} = u_4 = u_3 - u_2 = (u_2 - u_1) - u_2 = -u_1 = -\sqrt{2}$.

答：(A)

20. 如图 3-48 所示，令 $QR = 1$，则 $RU = ST = \sqrt{2}$.

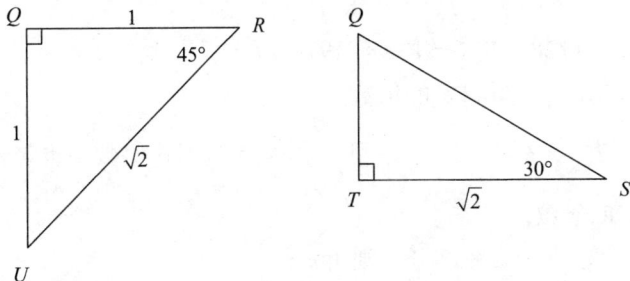

图 3-48

由直角三角形 QTS 可知 $\dfrac{QT}{\sqrt{2}} = \tan 30° = \dfrac{1}{\sqrt{3}}$. 因此 $\triangle QTS$ 的面积为

$\dfrac{1}{2} \times \sqrt{2} \times \dfrac{\sqrt{2}}{\sqrt{3}} = \dfrac{1}{\sqrt{3}}$、$\triangle QRU$ 的面积为 $\dfrac{1}{2} \times 1 \times 1 = \dfrac{1}{2}$，故所求之面积比为 $\dfrac{1}{2} : \dfrac{1}{\sqrt{3}} = \sqrt{3} : 2$.

答：(D)

21. 依题意绘出图 3-49，可知 $\angle VUW = 20°$. 令 $\alpha°$ 为该正多边形的外角，则知 $\angle QVU = 2\alpha°$ 且 $\angle VUW = 3\alpha°$. 故知 $3\alpha = 20$，即 $\alpha = \dfrac{20}{3} = \dfrac{360}{54}$. 因为多边形的外角和为 $360°$，所以这个正多边形有 54 条边.

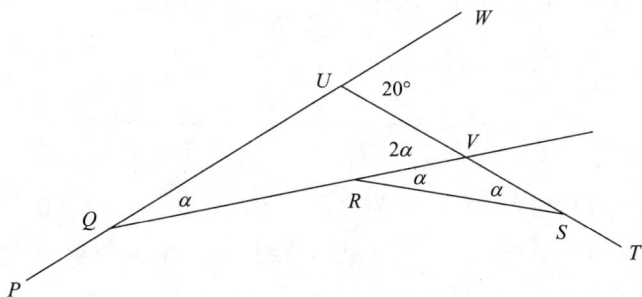

图 3-49

评注 已知将这个正多边形的边 PQ 和边 TS 延长交于点 U 且 $\angle QUS=160°$. 若将这个正多边形视为将一条边旋转 n 次后所得之图形，可知旋转 3 次共转了 $180°-160°=20°$，故这条边需旋转 $(360°\div20°)\times3=54$ 次才能回到原位，即这个正多边形有 54 个边.

答: (E)

22. 因 $12^3=1728<2008<13^3=2197$，故知仅需考虑 2^3、3^3、4^3、5^3、6^3、7^3、8^3、9^3、10^3、11^3 与 12^3 的倍数.

因 $\dfrac{2008}{8}=251$，故有 251 个数可被 2^3 整除，而这些数中也包含了 4^3、6^3、8^3、10^3 与 12^3 的倍数.

令 $\lfloor x \rfloor$ 为表示 x 的整数部分. 则可知:

有 $\left\lfloor \dfrac{2008}{27} \right\rfloor=74$ 个数可被 3^3 整除，而这些数中也包含了 6^3、9^3 与 12^3 的倍数;

有 $\left\lfloor \dfrac{2008}{125} \right\rfloor=16$ 个数可被 5^3 整除，而这些数中也包含了 10^3 的倍数;

有 $\left\lfloor \dfrac{2008}{343} \right\rfloor=5$ 个数可被 7^3 整除;

有 $\left\lfloor \dfrac{2008}{1331} \right\rfloor=1$ 个数可被 11^3 整除.

而以上的数中 6^3、10^3 与 12^3 的倍数都被算了 2 次，故必须减掉 $\left\lfloor \dfrac{2008}{216} \right\rfloor=9$ 个数 (6^3 的倍数已包含 12^3 的倍数) 及 $\left\lfloor \dfrac{2008}{1000} \right\rfloor=2$ 个数.

因此共有 251+74+16+5+1-9-2=336 个.

答: (B)

23. **解法 1** 令 $a=\overline{xyx}$、$b=\overline{uvu}$ 及 $a-b$ 都是三位数的回文数，则可知 $a-b=100(x-u)+10(y-v)+(x-u)$，其中 $x-u>0$、$y-v\geqslant0$. 故所求之数对的数量即为数对 (x, u) 的数量与数对 (y, v) 的数量相乘的积，其中 $9\geqslant x>u>0$、$9\geqslant y\geqslant v\geqslant0$. 因为 $9\geqslant x\geqslant1$、$9\geqslant u\geqslant1$ 且 $x-u>0$，故可知数对 (x, u) 的数量为 $C_9^2=36$；因 $9\geqslant y\geqslant0$、$9\geqslant v\geqslant0$ 且 $y>v$ 时，故可知数

对 (y, v) 的数量为 $C_{10}^2 = 45$；而当 $9 \geq y \geq 0$、$9 \geq v \geq 0$ 且 $y = v$ 时，数对 (y, v) 的数量为 10，因此总数为 $36 \times (45+10) = 1980$.

解法 2　令 $\overline{xyx}$、$\overline{uvu}$ 为三位数的回文数. 若 $\overline{xyx} - \overline{uvu}$ 也是三位数的回文数，则知 $9 \geq x > u \geq 1$ 且 $9 \geq y \geq v \geq 0$.

若 $x=9$，则 u 有 8 种可能；若 $x=8$，则 u 有 7 种可能；若 $x=7$，则 u 有 6 种可能；若 $x=6$，则 u 有 5 种可能；若 $x=5$，则 u 有 4 种可能；若 $x=4$，则 u 有 3 种可能；若 $x=3$，则 u 有 2 种可能；若 $x=2$，则 u 只有 1 种可能；因此 x 与 u 总共有 8+7+6+5+4+3+2+1=36 种可能配对的方式.

若 $y=9$，则 v 有 10 种可能；若 $y=8$，则 v 有 9 种可能；若 $y=7$，则 v 有 8 种可能；若 $y=6$，则 v 有 7 种可能；若 $y=5$，则 v 有 6 种可能；若 $y=4$，则 v 有 5 种可能；若 $y=3$，则 v 有 4 种可能；若 $y=2$，则 v 有 3 种可能；若 $y=1$，则 v 有 2 种可能；若 $y=0$，则 v 只有 1 种可能；因此 y 与 v 则总共有 10+9+8+7+6+5+4+3+2+1=55 种可能配对的方式.

故 x、y、u、v 共有 $36 \times 55 = 1980$ 种可能配对的方式.

解法 3　因要求 $a-b$ 也是三位数的回文数，故令 $a = \overline{xyx}$，其中 $2 \leq x \leq 9$ 及 $0 \leq y \leq 9$、$b = \overline{uvu}$，其中 $1 \leq u \leq x-1$ 以及 $0 \leq v \leq y$. 因此由 $a = \overline{xyx}$ 可决定出 $(x-1)(y-1)$ 个数对. 因对于 $2 \leq x \leq 9$ 时 y 有 55 种可能，故合计共有 $(1+2+3+4+5+6+7+8) \times 55 = 36 \times 55 = 1980$ 种可能的数对.

答: (B)

24. 图 3-50 为将大正立方体内部的所有点与线都投影在一个平面上的视图，其中 $ABCD$ 为大正立方体的一个面，X、Y、Z、W 及 V 为正八面体六个顶点的投影 (其中 V 为两个顶点的重叠投影)，PQ 则是小正立方体其中一个边的投影. 可知 P 是 $\triangle VXW$ 的重心，故知 $PV : LP = 2 : 1$. 因 $AL = LV$，故 $PV : AV = 2 : (2+1+3) = 1 : 3$，即 $PQ : AB = 1 : 3$.

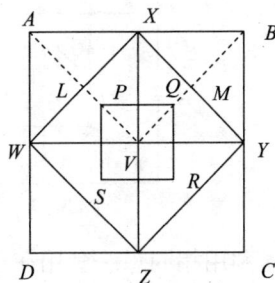
图 3-50

答: (D)

25. 如图 3-51 所示，正三角形 PQR 被分成三类不同的区域，依其位置命名为中央区、边缘区及角落区. 可知边缘区的面积大于角落区的面积，因此要让中央区与角落区中面积较小者尽可能大.

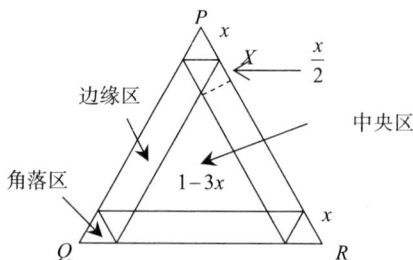

图 3-51

若取 $PX=x$，则知边缘区为边长 x 的正三角形而中央区为边长 $1-3x$ 的正三角形．因要让中央区与角落区中面积较小者尽可能大，即让这两个区域面积相等便可满足．因此有 $x=1-3x$，即 $PX=\dfrac{1}{4}$ 单位．

答: (C)

26. 假设正立方体的边长为 1．如图 3-52 和图 3-53 所示，令正方形 $ABCD$ 为正立方体的顶面，X、Y、Z 及 V 为所在之边的中点，则线段 AV、BX、DZ 及 CY 会在正立方体内部交于 1 点，并从对称性可知，该点至顶面的中心之距离为 $\dfrac{1}{4}$．

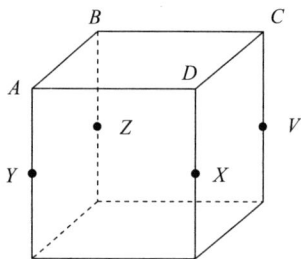

图 3-52

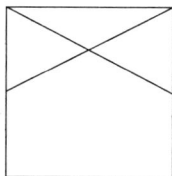

图 3-53

利用相同想法套用在正立方体其他五个面上，共可得 6 个这样的点．

如图 3-54 和图 3-55 所示，再令 P、Q 及 R 也是所在之边的中点．则线段 BP 与 DQ 也会在正立方体内部交于 1 点．如图 3-55 所示，将线段 BP 与 DQ 分别投影到正立方体的前方、上方及侧边后，可知该交点与其距离最近的正立方体顶点之距离为 $\dfrac{1}{3}$（利用每一个情况中边长比为 2：1 的相似三角形即可得知）．

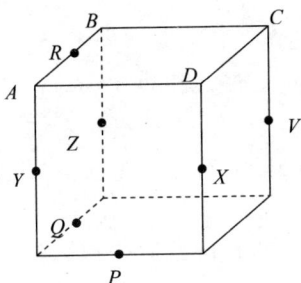

图 3-54

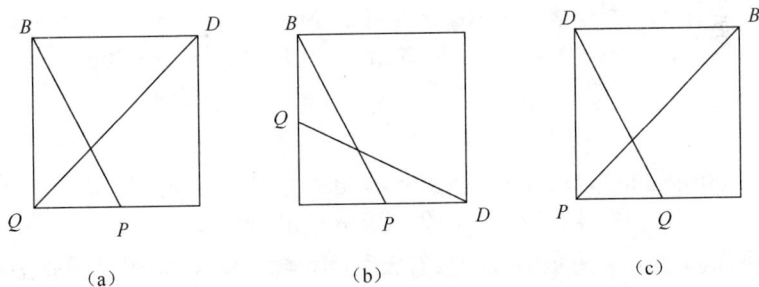

（a）　　　　　　（b）　　　　　　（c）

图 3-55

而这样的点在正立方体内部一共有 8 个．此时共找到了 6+8=14 个点．现验证不会有其他的点，我们从线段 AV 来看．在 B 点与各边中点连接的线段中，只有三条不会落在正立方体的表面上．BX 与 AV 的交点即为前述 14 个点之一．对于 BP 与 AV，若将这两条线段都投影到正立方体 ADG 这一面上，可发现 BP 与 AV 的投影只会相交在顶点上，即这两条线段在正立方体内部不会有交点．最后一条线段与 AV 也因为相同原因而没有交点．利用相同想法套用在 AV 以外的其他线段上，可知除了前述 14 个点之外不会再有其他的交点．

答：014

27．(同中学初级卷第 29 题、中级卷第 29 题)

先从给定项数时，所能找到之和的最大值观察起．

1 项时：1=1；

2 项时：2=1+1；

3 项时：4=1+2+1；

4 项时：6=1+2+2+1；

5 项时：$9=1+2+3+2+1$；

6 项时：$12=1+2+3+3+2+1$．

故发现当项数为 $2n$ 项时，最大和为 $n(n+1)$；当项数为 $2n+1$ 项时，最大和为 $(n+1)^2$．

因 $44×45=1980$ 及 $45×45=2025$，故 88 项不可能达到 2008 而 89 项之和可能为 2008．

因 88 项和的最大值为 $1980=1+2+3+\cdots+44+44+43+\cdots+3+2+1$，比 2008 少 28，故可在该式中再重复一个 28，此时项数为 89 项且和为 2008．

答：089

28. $3x^2-8y^2+3x^2y^2=2008 \Leftrightarrow 3x^2y^2+3x^2-8y^2=2008$，

$3x^2y^2+3x^2-8y^2-8=2008-8 \Leftrightarrow 3x^2(y^2+1)-8(y^2+1)=2000$

$$\Leftrightarrow (3x^2-8)(y^2+1)=2000=2^4×5^3.$$

因

$$2000=1×2000=2×1000=4×500=5×400=8×250$$
$$=10×200=16×125=20×100=25×80=40×50.$$

故可能满足 x、y 为正整数的只有 $3x^2-8=40$、$y^2+1=50$．因此 $x=4$、$y=7$ 且 $xy=28$．

答：028

29. **解法 1**　取正 $△PQR$ 的边长为 2 单位，则高为 $\sqrt{3}$ 单位且面积为 $\sqrt{3}$ 平方单位．如图 3-56 所示，作 OT 平行 QP 与 RP 交于 T 点，再作 TU 垂直 PQ 交 PQ 于 U 点，令 $OT=x$．

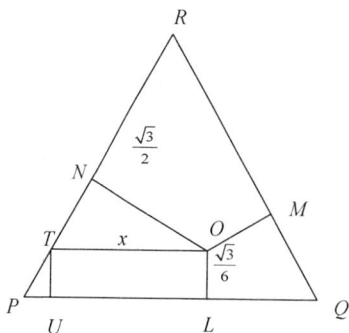

图 3-56

因正 $△PQR$ 的面积即为 $△POQ$、$△QOR$ 与 $△ROP$ 三个三角形的面积和，故 $△POQ$、$△QOR$ 以及 $△ROP$ 的高之和为正 $△PQR$ 的高，即 $\sqrt{3}$ 单位，也因此知 $OL=\dfrac{\sqrt{3}}{6}$ 单位、$ON=\dfrac{\sqrt{3}}{2}$ 单位．因 $△ONT$ 与 $△TPU$ 的内角都是 $30°$、$60°$ 与 $90°$，可知 $\dfrac{\sqrt{3}}{2} \div x=\dfrac{\sqrt{3}}{2}$，即 $x=1$，故 $△ONT$ 的面积为 $\dfrac{1}{2}×\dfrac{\sqrt{3}}{2}×\dfrac{1}{2}=\dfrac{\sqrt{3}}{8}$ 平方单位．从 $△TPU$

的内角是 30°、60° 与 90° 可知 $\dfrac{\dfrac{\sqrt{3}}{6}}{PU} = \sqrt{3}$, 因此 $PU = \dfrac{1}{6}$ 单位且 $\triangle TPU$ 的面积为

$\dfrac{1}{2} \times \dfrac{1}{6} \times \dfrac{\sqrt{3}}{6} = \dfrac{\sqrt{3}}{72}$ 平方单位. 而矩形 $OTUL$ 的面积为 $1 \times \dfrac{\sqrt{3}}{6} = \dfrac{\sqrt{3}}{6}$ 平方单位, 故

四边形 $LONP$ 的面积为 $\dfrac{\sqrt{3}}{8} + \dfrac{\sqrt{3}}{6} + \dfrac{\sqrt{3}}{72} = \dfrac{22\sqrt{3}}{72} = \dfrac{11\sqrt{3}}{36}$ 平方单位. 故

$\dfrac{\text{四边形} LONP \text{的面积}}{\triangle PQR \text{的面积}} = \dfrac{\dfrac{11\sqrt{3}}{36}}{\sqrt{3}} = \dfrac{11}{36}$, 故所求为 36+11=47.

解法 2 如图 3-57 所示, 令 Δ_1、Δ_2 及 Δ_3 分别为所在之四边形区域的面积, 各线段长度如图所标示. 则可知

$$2\Delta_1 = a + 3f,$$
$$2\Delta_2 = b + 3c,$$
$$2\Delta_3 = 2d + 3e.$$

$$\dfrac{\text{四边形} LONP \text{的面积}}{\triangle PQR \text{的面积}} = \dfrac{\Delta_1}{\Delta_1 + \Delta_2 + \Delta_3} .$$

因此需分别计算出 a、b、c、d、e、f 之值.

作 $OX /\!/ PR$ 交 PL 于 X、$OT /\!/ PQ$ 交 PN

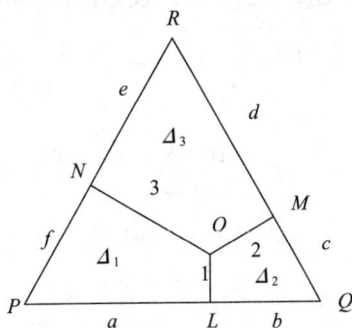

图 3-57

于 T(图 3-58). 则 $XL = \tan 30° = \dfrac{1}{\sqrt{3}}$、$\dfrac{ON}{TO} = \cos 30°$, 即 $TO = XP = \dfrac{3}{\cos 30°} = \dfrac{6}{\sqrt{3}}$,

故 $a = PL = \dfrac{1}{\sqrt{3}} + \dfrac{6}{\sqrt{3}} = \dfrac{7}{\sqrt{3}}$;

同样的想法, 知 $\dfrac{TN}{3} = \tan 30°$ 即 $TN = \dfrac{3}{\sqrt{3}}$ 、 $\dfrac{1}{XO} = \cos 30° = \dfrac{\sqrt{3}}{2}$, 即 $PT = XO = \dfrac{2}{\sqrt{3}}$, 故 $f = PN = \dfrac{3}{\sqrt{3}} + \dfrac{2}{\sqrt{3}} = \dfrac{5}{\sqrt{3}}$;

继续可推知 $b = \dfrac{5}{\sqrt{3}}$ 、 $c = \dfrac{4}{\sqrt{3}}$ 、 $d = \dfrac{8}{\sqrt{3}}$

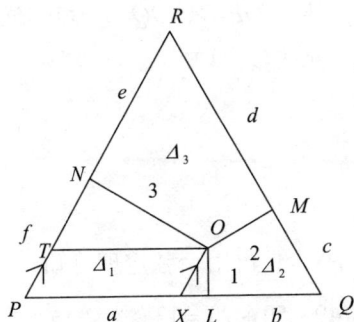

图 3-58

及 $e = \dfrac{7}{\sqrt{3}}$，故

$$\frac{\Delta_1}{\Delta_1 + \Delta_2 + \Delta_3} = \frac{a + 3f}{a + 3f + 2d + 3e + b + 2c} = \frac{\dfrac{7+15}{\sqrt{3}}}{\dfrac{7+15+16+21+5+8}{\sqrt{3}}}$$

$$= \frac{11}{36}.$$

因此所求为 36+11=47.

解法 3 如图 3-59 所示，令正 $\triangle PQR$ 的高为 h，而因正 $\triangle PQR$ 的面积即为 $\triangle POQ$、$\triangle QOR$ 以及 $\triangle ROP$ 的面积和，故正 $\triangle PQR$ 的高为 $\triangle POQ$、$\triangle QOR$ 以及 $\triangle ROP$ 的高之和，即 $h = OL + OM + ON = 6OL$，故 $OL = \dfrac{h}{6}$、$OM = \dfrac{h}{3}$、

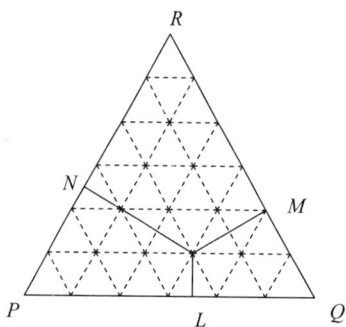

图 3-59

$ON = \dfrac{h}{2}$. 因此可用高为 OL 之小正三角形将正 $\triangle PQR$ 切割为如图之情况，O 点恰在格点上.

计算每一块区域所含有的小三角形数目，可知四边形 $OLPN$ 之面积为等于 11 个小三角形之面积，即等于正 $\triangle PQR$ 之面积的 $\dfrac{11}{36}$，因此所求为 36+11=47.

答：047

30. 考虑如图 3-60 所示的多边形 $OPQRS$，其中 $OP=7$、$OQ=a$、$OR=b$、$OS=5\sqrt{2}$ 及 $\angle POQ = \angle QOR = \angle ROS = 45°$. 则由余弦定理可知

$$PQ = \sqrt{49 + a^2 - 7\sqrt{2}a},$$
$$QR = \sqrt{a^2 + b^2 - \sqrt{2}ab},$$
$$RS = \sqrt{50 + b^2 - 10b}.$$

由三角不等式可知 $PQ+QR+RS$ 的极小值是 PS，且再由余弦定理可知

$$PS = \sqrt{OP^2 + OS^2 + \sqrt{2} \times OP \times OS} = \sqrt{49 + 50 + 70} = 13.$$

因此极小值为 13.

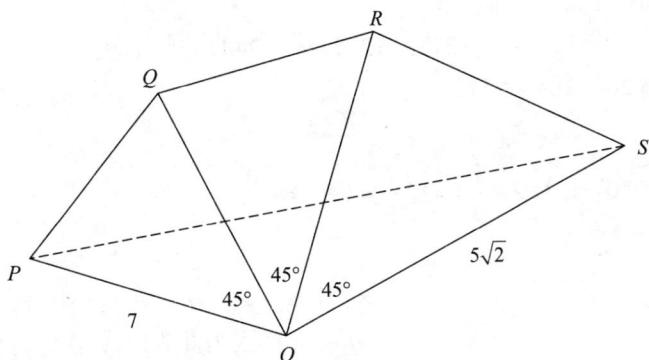

图 3-60

答: 013

3.4　2009 年中学高级卷试题解析与评注

1．$(2000+9)-(2000-9)=2000+9-2000+9=18$.

答: (E)

2．(同中学中级卷第 2 题)

解法 1　如图 3-61 所示，可知三角形的两个内角为 40° 与 58°. 因外角 x° 为两个远内角之和，故 $x=40+58=98$.

解法 2　凸多边形之外角和都是 360°，故 $x+140+122=360$，即 $x=360-140-122=98$.

答: (E)

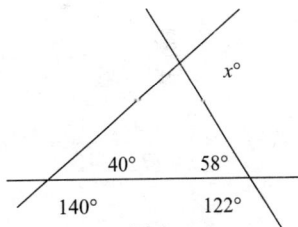

图 3-61

3．因方程 $y=kx$ 的图形通过点 $(-2，-1)$，故 $-1=-2k$，即 $k=\dfrac{1}{2}$.

答: (D)

4．$(0.6)^{-2}=\left(\dfrac{3}{5}\right)^{-2}=\left(\dfrac{5}{3}\right)^{2}=\dfrac{25}{9}$.

答: (D)

5．(同中学中级卷第 7 题)

原式 $=x-y-2y+2z+3z-3x=-2x-3y+5z$.

答: (A)

6. 可知这串珠子共值

$$1+2+\cdots+12+13+12+11+\cdots+2+1=13^2=169,$$

因此可找回 \$ 200−169 =\$ 31.

答: (B)

7. $1*(2*3)=1*\left(2+\dfrac{1}{3}\right)=1*\dfrac{7}{3}=1+\dfrac{3}{7}=\dfrac{10}{7}$.

答: (B)

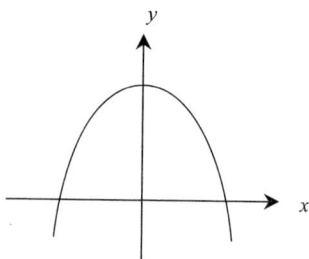

图 3-62

8. 当 $x=1$, $y=a+b+c>0$; 当 $x=-1$, $y=a-b+c>0$, 即 $-a+b-c<0$; 因为此为以 y 轴为对称轴的对称图形 (图 3-62), 故 $b=0$, 因此当 $x=0$ 时, $y=c>0$, 再因图形开口向下知 $a<0$, 故 $a+b-c<0$.

答: (B)

9. (同中学中级卷第 11 题)

搭巴士上学的学生共 $1000\times\dfrac{1}{4}=250$ 名, 而男学生有 $1000-570=430$ 名, 其中 $430-313=117$ 名搭巴士, 故有 $250-117=133$ 名女学生搭巴士上学.

答: (E)

10. 取出两顶蓝色帽子之概率为 $\dfrac{6}{9}\times\dfrac{5}{8}=\dfrac{30}{72}=\dfrac{5}{12}$、取出两顶红色帽子之概率为 $\dfrac{3}{9}\times\dfrac{2}{8}=\dfrac{6}{72}=\dfrac{1}{12}$, 因此取出两顶同色帽子之概率为 $\dfrac{5}{12}+\dfrac{1}{12}=\dfrac{1}{2}$.

答: (A)

11. 因直线通过 $(0, 0)$, 且将正方形切为面积相等之两块, 所以此直线必通过正方形的中心, 故知此方程的形式为 $y=mx$; 再由直线通过 $(0, 0)$ 与 $\left(1\dfrac{1}{2}, \dfrac{1}{2}\right)$ 可得知 $y=\dfrac{\dfrac{1}{2}-0}{1\dfrac{1}{2}-0}x=\dfrac{1}{3}x$.

答: (B)

12. 如图 3-63 所示, 五边形 $PQRST$ 为 $\dfrac{3}{4}$ 矩形面积, 故 $\triangle QRX$ 之面积为 $\dfrac{3}{8}$ 矩形

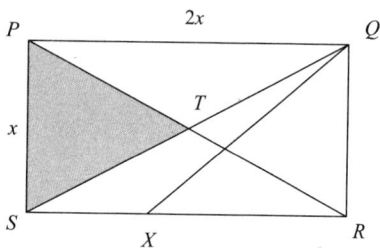

图 3-63

面积，故 $\frac{1}{2}XR \times QR = \frac{3}{8}PQ \times QR = \frac{3}{8}x \times 2x$，即 $XR = \frac{3}{2}x$.

答：(D)

13. $5^x - 5^{x-2} = 5^x - \frac{5^x}{25} = \frac{24}{25} \times 5^x = 120\sqrt{5} \Rightarrow 5^x = 125\sqrt{5} = 5^{\frac{7}{2}}$，所以可得 $x = \frac{7}{2}$，

即 $a+b=9$.

答：(D)

14. 因为 $7^2 < 50 = x^2 + y^2 < 8^2$，故 x 只能是 0、±1、±2、…、±7 或 y 只能是 0、±1、±2、…、±7. 当 x 是 0、±1、±2、…、±7 时，y 坐标可为正数或负数，故有 30 个点，当 y 是 0、±1、±2、…、±7 时，x 坐标可为正数或负数，故又有 30 个点，但其中有 (±1，±7)、(±5，±5)、(±7，±1) 共 12 个点被重复算到，故共有 30+30−12=48 个点满足此条件 (图 3-64).

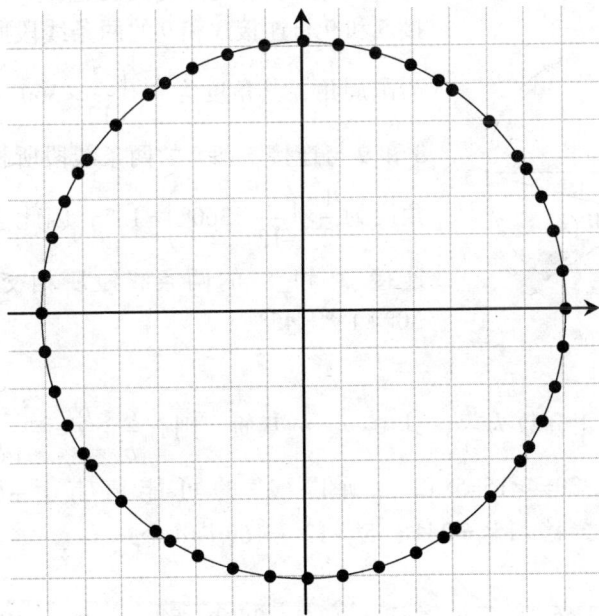

图 3-64

答：(C)

15. (同中学中级卷第 17 题)

第二个数、第四个数都比相邻的数大，故一定有一数为 5，另一数是 3 或 4.

(i) $(a_1, 3, a_3, 5, a_5)$ 或 $(b_1, 5, b_3, 3, b_5)$ 的情况，a_1、a_3、b_3、b_5 均不可为 4，即

a_5、b_1 必为 4. 而 a_1、b_5 可能为 1 或 2，此情况共有 4 个凤眉排列：(1，3，2，5，4)、(2，3，1，5，4)、(4，5，1，3，2)、(4，5，2，3，1)；

(ii) $(a_1, 4, a_3, 5, a_5)$ 或 $(b_1, 5, b_3, 4, b_5)$ 的情况此时 1、2、3 可随意排列，故共有 2×3×2×1=12 个凤眉排列；

可知共有 4+12=16 个凤眉排列.

答：(A)

16. 令 $x^2 - x = y$，则有 $y^2 - 18y + 72 = 0 \Rightarrow y = 12$ 或 6：

(i) $x^2 - x = 12 \Rightarrow x^2 - x - 12 = 0 \Rightarrow x = -3$ 或 4.

(ii) $x^2 - x = 6 \Rightarrow x^2 - x - 6 = 0 \Rightarrow x = -2$ 或 3.

因此所有正根之和为 7.

答：(B)

17. 如图 3-65 所示，可知连接 3、9 的线段为圆的直径，因此可推知连接 5 和 9 与连接 3 和 9 的两条线段所相交出的角为圆周角，其角度为 $\frac{1}{2} \times \left(\frac{2}{12} \times 360° \right) = 30°$、连接 3 和 9 与连接 3 和 8 的两条线段所相交出的角之角度为 $\frac{1}{2} \times \left(\frac{1}{12} \times 360° \right) = 15°$，因此连接 5 和 9 与连接 3 和 8 的两条线段所相交出的锐角为 $30° + 15° = 45°$.

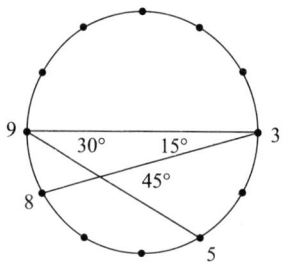

图 3-65

答：(D)

18. 令此正分数为 $\frac{a}{b}$，其中 a、b 互质，则有 $\frac{a}{b} + \frac{b}{a} = \frac{a^2 + b^2}{ab} = \frac{X}{60}$. 因 $ab = 60 = 1 \times 60 = 3 \times 20 = 4 \times 15 = 5 \times 12$，所以 X 的可能值有 $1^2 + 60^2 = 3601$、$3^2 + 20^2 = 409$、$4^2 + 15^2 = 241$、$5^2 + 12^2 = 169$ 共 4 个.

答：(D)

19. 如图 3-66 所示，$PT^2 = PQ^2 + TQ^2 - 2PQ \times TQ \times \cos 60° = 100 + 25 - 50 = 75$，因此 $PT = \sqrt{75}$.

因 $TY = TV$、$VQ = QW$，故 $PT + TY = PQ + QW$，即 $\sqrt{75} + TY = 10 + (5 - TY)$，所以可得 $TY = \frac{15 - \sqrt{75}}{2}$、$QW = \frac{\sqrt{75} - 5}{2}$、$VW = SV = SW = \sqrt{3} QW$，故 $QW =$

$$\frac{5(3-\sqrt{3})}{2}.$$

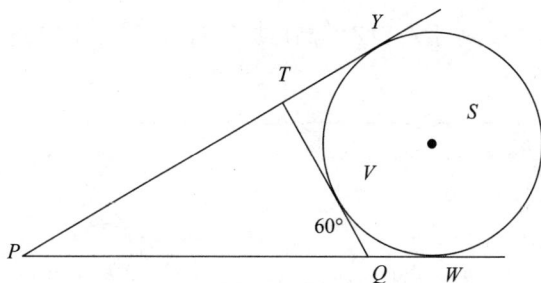

图 3-66

答: (B)

20. (同中学初级卷第 23 题、中级卷第 21 题)

如图 3-67 所示，由折叠方式可判断出，在第一次折叠后，可将八个地点依其所在之行分成四行，由上而下依序为 YK、RAW、TP、Q，接着经过第二次折叠之后，整个顺序为 YK、WAR、TP、Q，即由上而下依序为 YKWARTPQ.

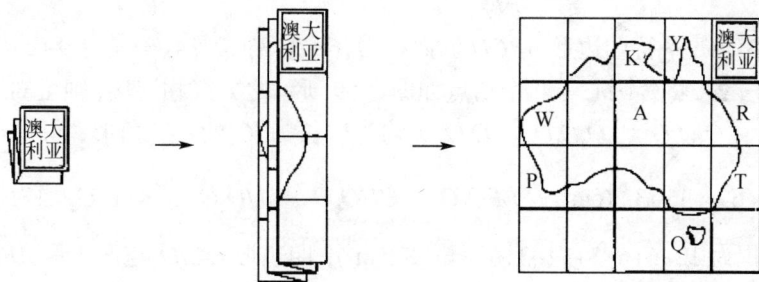

图 3-67

答: (E)

21. (同中学初级卷第 25 题、中级卷第 22 题)

四位数之回文数形如 $\overline{abba}$，其中 $a \neq 0$ 且知 $\overline{a00a} = a \times 1001 = a \times 7 \times 143$ 必可被 7 整除. 故只要 $\overline{bb0}$ 可被 7 整除即可. 因 $\overline{bb0} = b \times 110$，其中 110 不为 7 的倍数，故仅当 $b=0$ 或 7 时 $\overline{bb0}$ 可被 7 整除，故共有 9×2=18 个这样的四位数可被 7 整除.

答: (D)

22. **解法 1**　如图 3-68 所示，X、Y、Z 为其中三圆的圆心且 $\triangle XYZ$ 为正三角形. 因 $\triangle XYZ$ 的边长为 3+3=6，故知 $\triangle XYZ$ 的高为 $3\sqrt{3}$. 而此时可判断出此平行四边形 $ABCD$ 的高等于 $\triangle XYZ$ 的高再加上两个半径，即 $3\sqrt{3}+3+3=6+3\sqrt{3}$.

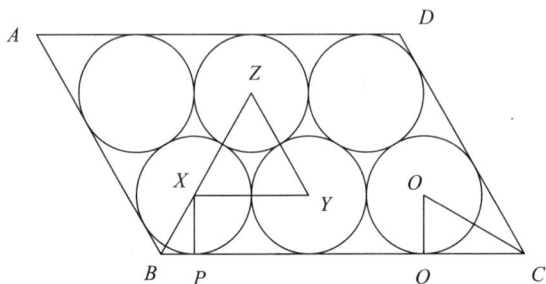

图 3-68

接着再如图 3-68 所示之方式连接 XB、OC，且分别从点 X、O 往 BC 作垂线并分别交 BC 于 P、Q 两点. 则由 $\triangle XBP$、$\triangle COQ$ 都是 $30°-60°-90°$ 的三角形且 $XP=OQ=3$ 可得知 $BP=\dfrac{3}{\sqrt{3}}=\sqrt{3}$、$CQ=3\sqrt{3}$. 所以 $BC=3\times 4+\sqrt{3}+3\sqrt{3}=12+4\sqrt{3}$，故平行四边形 $ABCD$ 的面积为 $(6+3\sqrt{3})(12+4\sqrt{3})=12(9+5\sqrt{3})$.

解法 2　将各圆心与几个切点如图 3-69 所示之方式相连接，则可知三角形 $O_1O_2O_4$、$O_2O_4O_5$、$O_2O_3O_5$、$O_3O_5O_6$ 均为边长为 6 的正三角形，其总面积为 $4\times\dfrac{\sqrt{3}}{4}\times 6^2=36\sqrt{3}$（$cm^2$）；$EFO_3O_1$、$GHO_6O_3$、$IJO_4O_6$、$KLO_1O_4$ 均为矩形，其总面积为 12×6+6×3+12×3+6×3=108（cm^2）；四边形 $HCIO_6$ 与四边形 AEO_1L 的四个内角分别为 60°、90°、120°、90°，它们全等故其面积相等. 分别用 CO_6、AO_1 将这两个四边形都分为两片，这两片可都合并为一个边长为 6 的正三角形，因此其面积总和为 $\dfrac{\sqrt{3}}{4}\times 6^2+\dfrac{\sqrt{3}}{4}\times 6^2=18\sqrt{3}$（$cm^2$）；四边形 $JBKO_4$ 与四边形 $FDGO_3$ 的四个内角分别为 90°、120°、90°、60°，它们全等故其面积相等. 分别用 BO_4、DO_3 将这两个四边形都分为两片，这两片可都合并为一个高为 3 的正三角形，因此其面积总和为 $\dfrac{2\sqrt{3}}{2}\times 3+\dfrac{2\sqrt{3}}{2}\times 3=6\sqrt{3}$（$cm^2$）. 故这个平行四边形的面积为 $36\sqrt{3}+108+18\sqrt{3}+6\sqrt{3}=108+60\sqrt{3}=12(9+5\sqrt{3})$（$cm^2$）.

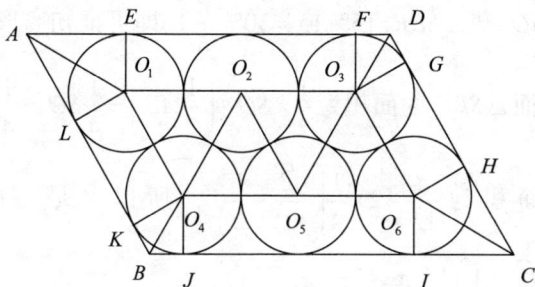

图 3-69

答: (D)

23．(同中学中级卷第 24 题)

若 A 为忠臣, 则 E 是叛徒, 故 E 所说的话为假, 即 D 是忠臣, 此时由 D 说的话可知 B 是叛徒, 再由 B 说的话得知 A 是叛徒, 与假设矛盾;

若 A 是叛徒, 则 F 是叛徒、E 是忠臣, 此时由 E 说的话知 D 是叛徒, 再由 D 说的话得知 C 是叛徒、B 是忠臣, 经检验六人的身份满足题意.

因此只有 B、E 两位是忠臣.

答: (D)

24．**解法 1** 如图 3-70 所示, a、b、c 分别表示该区域之面积. 则知 $\triangle BOC$ 的面积为 $\dfrac{\sqrt{3}}{4}$,

再由曲面 BOC 的面积知 $\dfrac{\pi}{3} - \dfrac{\sqrt{3}}{4} = a + 2b + c$.

由正方形 $ABCD$ 的面积知 $a + 4b + 4c = 1$, 四

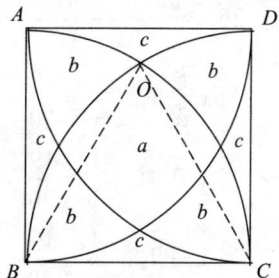

图 3-70

分之一圆 ACB 的面积知 $a + 3b + 2c = \dfrac{\pi}{4}$, 故知

$b + c = \dfrac{\sqrt{3}}{4} - \dfrac{\pi}{12}$, 因此 $a = 1 - \sqrt{3} + \dfrac{\pi}{3}$.

解法 2 如图 3-71 所示, $PQRS$ 为所求之区域且 O 为正方形的中心, 则区域 OSR 之面积即为所求区域面积的四分之一.

可知 $\triangle SBC$ 为正三角形, 故 $\angle SBC = 60°$; 再由 $\angle OBC = 45°$ 可得知 $\angle SBO = 60° - 45° = 15°$, 因此

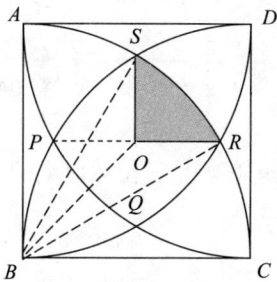

图 3-71

由 $\triangle SBO \cong \triangle RBO$ 知 $\angle SBR = 15° + 15° = 30° = \dfrac{\pi}{6}$，即可推知扇形 SBR 的面积为

$\dfrac{1}{2} \times 1^2 \times \dfrac{\pi}{6} = \dfrac{\pi}{12}$. 而 $\triangle SBO$ 的面积为 $\dfrac{1}{2} \times SO \times \left(\dfrac{1}{2}AB\right) = \dfrac{1}{4}SO = \dfrac{1}{4}\left(\dfrac{\sqrt{3}}{2} - \dfrac{1}{2}\right)$，因此

区域 OSR 的面积为 $\dfrac{\pi}{12} - 2 \times \dfrac{1}{4}\left(\dfrac{\sqrt{3}}{2} - \dfrac{1}{2}\right)$，所以区域 $PQRS$ 的面积为

$4 \times \left(\dfrac{\pi}{12} - 2 \times \dfrac{1}{4}\left(\dfrac{\sqrt{3}}{2} - \dfrac{1}{2}\right)\right) = \dfrac{\pi}{3} - \sqrt{3} + 1$.

答: (C)

25. $f_n(x) = \dfrac{f_{n-1}(x) + 6}{f_{n-1}(x)} = x$

$\Rightarrow x f_{n-1}(x) = f_{n-1}(x) + 6 \Rightarrow f_{n-1}(x) = \dfrac{6}{x-1} = x$

$\Rightarrow x^2 - x - 6 = 0 \Rightarrow (x+2)(x-3) = 0 \Rightarrow x = -2$ 或 3.

答: (A)

26. $\dfrac{1}{x} + \dfrac{1}{2x} + \dfrac{1}{3x} + \dfrac{1}{y} = \dfrac{19}{20}$.

当 $x=2$ 时，$\dfrac{1}{y} = \dfrac{19}{20} - \dfrac{1}{2} - \dfrac{1}{4} - \dfrac{1}{6} = \dfrac{1}{30}$，即 $y=30$；

当 $x=3$ 时，$\dfrac{1}{y} = \dfrac{19}{20} - \dfrac{1}{3} - \dfrac{1}{6} - \dfrac{1}{9} = \dfrac{61}{180}$，$y$ 不为整数，故不合；

当 $x=4$ 时，$\dfrac{1}{y} = \dfrac{19}{20} - \dfrac{1}{4} - \dfrac{1}{8} - \dfrac{1}{12} = \dfrac{59}{120}$，$y$ 不为整数，故不合；

当 $x \geqslant 5$ 时，$\dfrac{1}{y} \geqslant \dfrac{19}{20} - \dfrac{1}{5} - \dfrac{1}{10} - \dfrac{1}{15} = \dfrac{7}{12}$，$y \leqslant \dfrac{12}{7} < 2$，故不合；

因此所求为 $2+4+6+30=42$.

答: 042

27. (同中学初级卷第 28 题、中级卷第 27 题)

$6n$ 必为偶数，且其数码和必为 3 的倍数. 可知 $6n$ 必须是三位数以上的上升数，且它的末位数不可能为 2.

若 $6n$ 的末位数为 4，则 n 的末位数必为 4 或 9；

若 $6n$ 的末位数为 6，则 n 的末位数必为 6；

若 6n 的末位数为 8，则 n 的末位数必为 3 或 8；

当 n 的末位数为 3，则只有 123 是上升数，但 123×6=738 不是上升数.

当 n 的末位数为 4，则只有 124、134、234 是上升数，但 124×6=744、134×6=804、234×6=1404 都不是上升数.

当 n 的末位数为 6，则 n 与 6n 之值如下表，均不合题意.

n	$6n$	n	$6n$
126	756	246	1476
136	816	256	1536
146	876	346	2076
156	936	356	2136
236	1416	456	2736

当 n 的末位数为 8 时，因 6×8=48，即 6n 的个位数必有进位 4 到十位数，因此若 6n 也是上升数，6n 的十位数必须小于 8，即 6 与 n 的十位数之乘积的末位数必为 0 或 2：

(i) 若是 0，则 n 的十位数不得为 0 而必须是 5 且因 6×5=30，即 6n 的十位数必有进位 3 到百位数，而此时因 6n 的十位数是 4 可推知 6 与 n 的百位数之乘积的末位数必为 0，故 n 的百位数为 5，但 558×6=3348 不是上升数.

(ii) 若是 2，则 n 的十位数为 2 或 7，但因 128×6=768 不是上升数，所以 n 的十位数只能为 7. 而此时因 6×7=42，即 6n 的十位数必有进位 4 到百位数，而此时因 6n 的十位数是 6 可推知 6 与 n 的百位数之乘积的末位数必为 0，故 n 的百位数为 5，即 n =578. 验算 578×6=3468 为上升数.

答: 578

28．将正八面体展开如图 3-72 所示，最短路径即为两点之间的虚线.

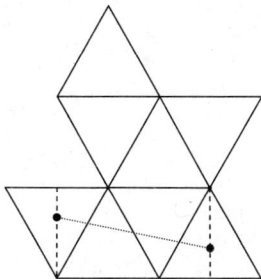

图 3-72

因此所求之值为 $d^2 = (6+3)^2 + \left(\dfrac{2}{3} \times 3\sqrt{3} - \dfrac{1}{3} \times 3\sqrt{3}\right)^2 = 84$.

答: 084

29．(同中学中级卷第 30 题)

可假设环线铁路为圆形，则两个车站间的距离与该两个车站间所夹的劣角成正比，即找两个相邻车站间的最长距离便是找两个相邻车站间的所夹的劣角中最大值．令 C 公司的五个车站为依序为 C_1、C_2、C_3、C_4、C_5，则可知 C 公司相邻的两个车站间所夹的角度为 72°；令 B 公司的四个车站依序为 B_1、B_2、B_3、B_4，则可知 B 公司相邻的两个车站间所夹的角度为 90°，且 C 公司必有一组相邻的两个车站间没有 B 公司的车站，假设这一组 C 公司相邻的两个车站为 C_1、C_5 及 B_1 位于为 C_1、C_2 间并与 C_1 车站间所夹的角度为 $x°$．此时可知 $x \leqslant 18$，否则 B_4 会位于 C_1、C_5 之间．令 A 公司的三座车站为依序为 A_1、A_2、A_3，则可知 A 公司相邻的两个车站间所夹的角度为 120°．因要找出这三家公司要使他们各相邻车站间的最小之最长距离，所以此时 C_1、C_5 间必须要有一个 A 公司的车站，令其为 A_1 车站且与 C_1 车站间所夹的角度为 $y°$．

若 $y < 24$ 且 $x + y < 30$，则如图 3-73 所示可知 A_3 车站位于 B_4 与 C_4 车站间．

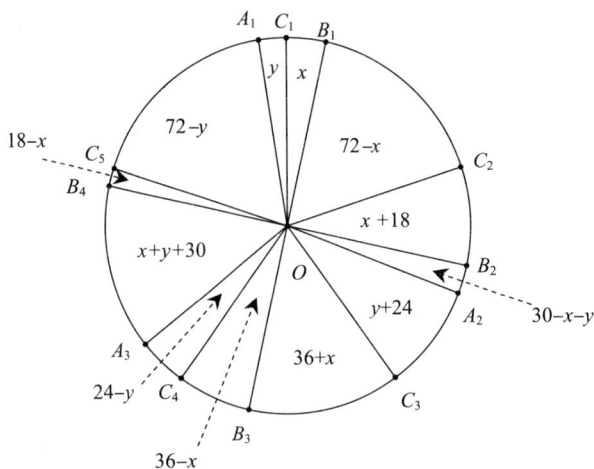

图 3-73

若 $y < 24$ 且 $x + y > 30$，则如图 3-74 所示可知 A_2 车站位于 B_2 与 C_2 车站间．

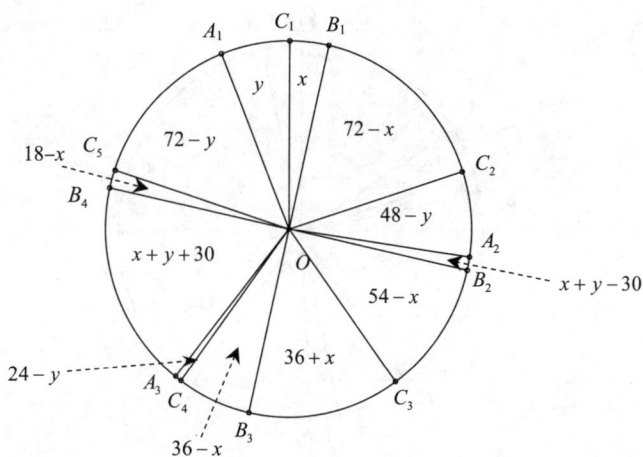

图 3-74

在这两种情况中，可知最大角为 $x+y+30$、$72-x$、$72-y$ 这三个之一. 因要找出可能发生的最大角中的最小值，故可得 $x+y+30=72-x=72-y$，因此 $x=y=14$ 且知此时的最大角为 $58°$.

若 $24 \leqslant y \leqslant 48$，则如图 3-75 所示可知 A_3 车站位于 B_3 与 C_2 车站间.

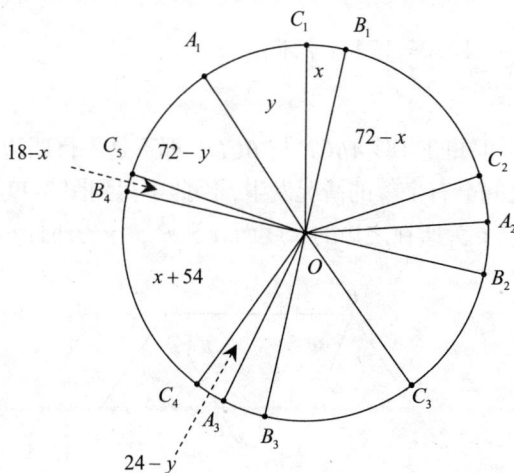

图 3-75

此时 $72-x$ 与 $x+54$ 这两个角的角度必大于 $58°$，故不为最小值.

若 $48 < y < 72$，则如图 3-76 所示可知 A_2 车站位于 B_1 与 C_2 车站间且 A_3 车站位于 B_3 与 C_3 车站间.

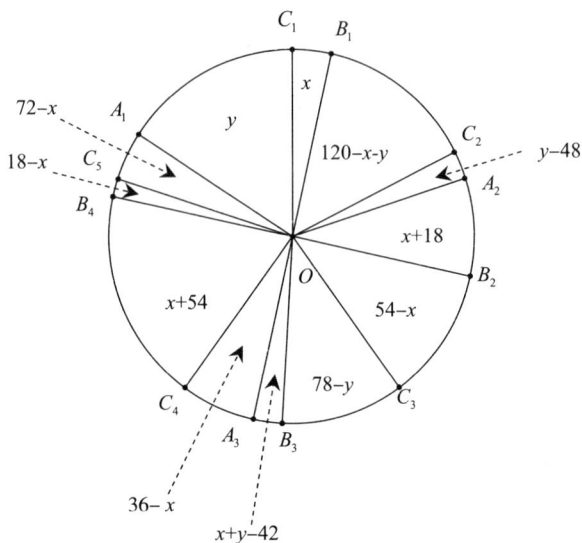

图 3-76

可知最大角为 $x+54$、$120-x-y$、y 这三个之一. 要找出可能发生的最大角中的最小值，故得 $x+54=120-x-y=y$，因此 $x=4$、$y=58$ 且知此时的最大角为 $58°$.

故所求为 $\dfrac{58°}{360°} \times 1080 = 174$ （千米）.

答: 174

30. **解法 1** 可知四边形 $ABCE$ 与 $BCDE$ 都不是平行四边形，否则 $\triangle ABE$、$\triangle BEC$、$\triangle CDE$ 之间会有全等的情况发生，因此可得到图 3-77 各角的关系，其中 a、b、c、d、e、f、g 为所在之边的长度而 α、β、γ 为所标示之角的角度:

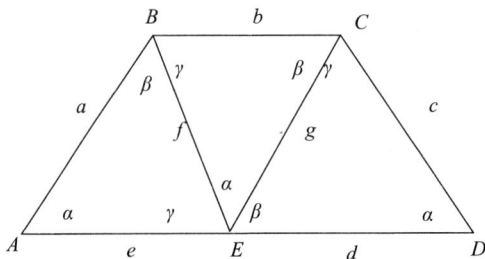

图 3-77

因三角形的边长都是整数，故由三个三角形的相似关系可得以下比例式:

$$a:e:f=g:f:b=d:c:g=p:q:r,$$

其中令 p、q、r 为一组互质的勾股数.

因为 $\dfrac{d}{e}=\dfrac{d}{g}\times\dfrac{g}{f}\times\dfrac{f}{e}=\dfrac{p}{r}\times\dfrac{p}{q}\times\dfrac{r}{q}=\dfrac{p^2}{q^2}$，所以可知

$$2009=d+e=\dfrac{p^2}{q^2}\times e+e=\dfrac{p^2+q^2}{q^2}\times e,$$

即 $2009q^2=(p^2+q^2)e$，故得 $(p^2+q^2)\mid 2009\Rightarrow(p^2+q^2)\mid 7^2\times 41$

若 p^2+q^2 不为 41，则 p^2+q^2 为 7 的倍数 $p^2+q^2\equiv 0(\bmod 7)$；又因完全平方数在模 7 的取值仅有 0、1、2、4，故可得知 $p^2\equiv q^2\equiv 0(\bmod 7)$，即 p、q 有公因子 7，与 p、q、r 为一组互质的勾股数矛盾. 因此 $p^2+q^2=41=4^2+5^2$，即 p、q、r 这一组互质的勾股数为 3、4、5，其中 $r=3$.

所以知

$$a:e:f=g:f:b=d:c:g=4:5:3,$$

或

$$a:e:f=g:f:b=d:c:g=5:4:3.$$

故

$$BC=b=\dfrac{b}{f}\times\dfrac{f}{e}\times\dfrac{e}{2009}\times 2009$$

$$=\dfrac{r}{q}\times\dfrac{r}{q}\times\dfrac{q^2}{p^2+q^2}\times 2009$$

$$=\dfrac{r^2}{p^2+q^2}\times 2009=441.$$

解法 2　可知四边形 $ABCE$ 与 $BCDE$ 都不是平行四边形，因此可得到图 3-78 各角的关系，其中 α、β、γ 为所标示之角的角度.

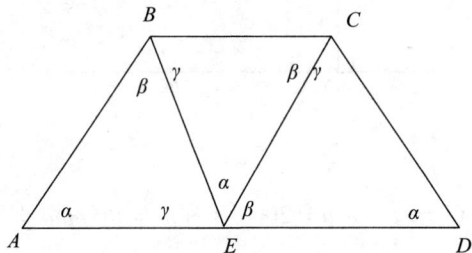

图 3-78

可知 $\alpha = 90°$ 或 $\gamma = 90°$（$\beta = 90°$ 之情况为 $\gamma = 90°$ 之情况的反射,故视为同类型).

若 $\alpha = 90°$,则为图 3-79.

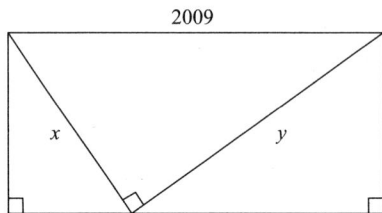

图 3-79

因此有 $x^2 + y^2 = 2009$. 但因 $x^2 + y^2 = 2009$ 无整数解,故不合;

若 $\gamma = 90°$,则为图 3-80. 其中 $\triangle AEB \sim \triangle EBC \sim \triangle DCE$.

因此由相似关系知若令 $AE = a$、$BE = b$、$AB = c$,则必存在有理数 m、n 使得 $EB = ma$、$BC = mb$、$CE = mc$ 且 $CD = na$、$CE = nb$、$DE = nc$.

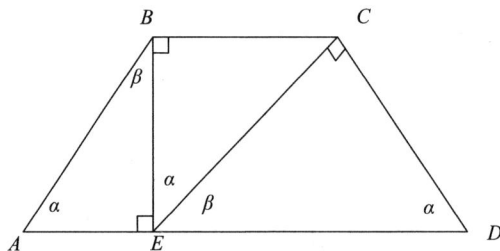

（a）

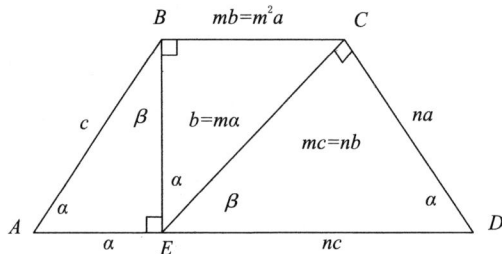

（b）

图 3-80

故知 $a + nc = 2009 \Rightarrow a + n^2 a = 2009$（因 $mc = nb = nma \Rightarrow c = na$）.

令 $n = \dfrac{p}{q}$,其中 p、q 为互质的整数,则知

$$a\left(1+\frac{p^2}{q^2}\right)=2009 \Rightarrow a(p^2+q^2)=2009q^2.$$

故知 $q^2 \mid a$ 且 $(p^2+q^2) \mid 2009 \Rightarrow (p^2+q^2) \mid 7^2 \times 41$. 由解法 1 知 $n=\dfrac{4}{5}$ 或 $\dfrac{5}{4}$. 因

$EC>BE$，故 $n=\dfrac{5}{4}$ ，故可得

$$a=\frac{2009}{1+n^2}=784,$$
$$nc=2009-a,$$
$$c=\frac{4}{5}(2009-784)=980,$$
$$b^2=c^2-a^2=(c+a)(c-a)=1764 \times 196=42^2 \times 14^2,$$
$$b=588.$$

所以 $m=\dfrac{b}{a}=\dfrac{588}{784}=\dfrac{3}{4}$ 且 $BC=mb=441$.

答: 441

3.5　2010 年中学高级卷试题解析与评注

1. (同中学初级卷第 5 题、中级卷第 3 题)

2010−20.10=1989.9.

答: (D)

2. (同中学中级卷第 4 题)

$$\frac{m}{n}=\frac{3}{\dfrac{-3}{5}}=\frac{3 \times 5}{-3}=-5.$$

答: (A)

3. 令 P 的坐标为 (x, y). 则知

$$\frac{x+10}{2}=-4 \Rightarrow x=-18 , \qquad \frac{y+12}{2}=6 \Rightarrow y=0,$$

即 P 的坐标为 $(-18, 0)$.

答: (A)

4. **解法 1**　87.5% 为 63, 故 1% 为 $\dfrac{63}{87.5}$ ，所以 100% 为 $\dfrac{100 \times 63}{87.5}=72$.

解法 2　$87.5\%=\dfrac{7}{8}$，故 63 为该数的 $\dfrac{7}{8}$，该数为 $63\times\dfrac{8}{7}=72$．

答：(C)

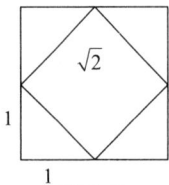

图 3-81

5.　**解法 1**　先考虑由两个正方形所构成的图形，其中内部的小正方形是依序连接外部的大正方形之各边中点而成的．若大正方形之边长为 2，则小正方形之边长为 $\sqrt{2}$（图 3-81）．

因此小正方形与大正方形的面积比为 $\left(\sqrt{2}\right)^2：2^2=2：4=$ $1：2$．而本题图形阴影部分的正方形为连续操作以上图形四次而得的，因此可知阴影部分的面积为最外部的大正方形的 $\dfrac{1}{2}\times\dfrac{1}{2}\times\dfrac{1}{2}\times\dfrac{1}{2}=\dfrac{1}{16}$，

即 6.25%（图 3-82）．

解法 2　如图 3-83 所示，可将图形分割成 64 个全等的三角形：

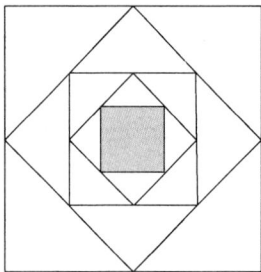

图 3-82

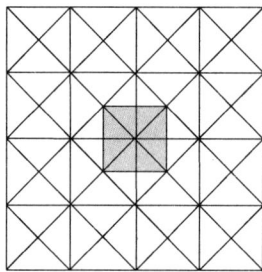

图 3-83

故知阴影部分的面积为最外部的大正方形的

$$\frac{4}{64}=\frac{1}{16}=6.25\%.$$

答：(A)

6.　因平均数为 x，故知 $\dfrac{8+10+24+28+23+9+x}{7}=$ x，即 $102+x=7x$，故 $x=17$．

答：(B)

7.　**解法 1**　如图 3-84 所示，因圆的面积比即为半径的平方比，故圆 P 与圆 Q 的面积比为 $2^2：3^2=4：9$；同理，可得知圆 Q 与圆 R 的面积比为 $3^2：4^2=9：16$，

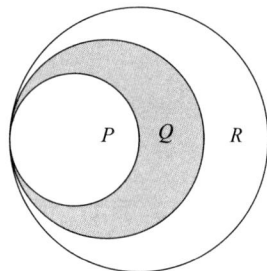

图 3-84

故三圆的面积比为 $4:9:16$.

令圆 R 的面积为 16 平方单位，则圆 Q 的面积为 9 平方单位、圆 P 的面积为 4 平方单位. 故知阴影部分的面积为 9−4=5 平方单位，即占圆 R 面积的 $\dfrac{5}{16}$.

解法 2　假设圆 R 的半径为 12 单位，则圆 R 的面积为 144π 且可知圆 Q 的半径为 9、面积为 81π 及圆 P 的半径为 6、面积为 36π. 因此阴影部分的面积为 $81\pi - 36\pi = 45\pi$，即占圆 R 面积的 $\dfrac{45\pi}{144\pi} = \dfrac{5}{16}$.

答: (E)

8. 投掷硬币一次出现反面的概率为 $\dfrac{1}{2}$，故知连续投掷五次皆出现反面的概率为 $\dfrac{1}{2} \times \dfrac{1}{2} \times \dfrac{1}{2} \times \dfrac{1}{2} \times \dfrac{1}{2} = \dfrac{1}{32}$，因此没有连续出现五次反面的概率是 $1 - \dfrac{1}{32} = \dfrac{31}{32}$.

答: (E)

9. 可知矩形的面积为 xy 平方单位且未涂上阴影部分的面积为 $(x-2)(y-2) = xy - 2x - 2y + 4$ 平方单位 (图 3-85).

因未涂上阴影部分的面积为矩形面积的一半，故可得

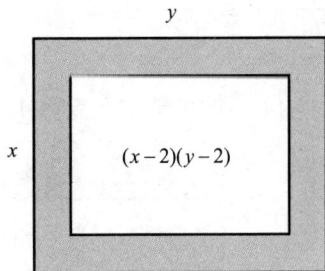

$$2xy - 4x - 4y + 8 = xy,$$
$$xy - 4x - 4y + 8 = 0,$$
$$x(y-4) - 4(y-2) = 0,$$
$$x(y-4) - 4(y-4) = 8,$$
$$(x-4)(y-4) = 8.$$

图 3-85

可令 $x \leqslant y$，则知

(i)　$x - 4 = 2 \Rightarrow x{=}6$、$y{=}8$，

(ii)　$x - 4 = 1 \Rightarrow x{=}5$、$y{=}12$.

故 $x{+}y{=}14$ 或 17. 因此选项中仅 17 符合.

答: (A)

10. 当 $0 < x < 1$ 时，$0 < x^3 < x^2 < x$ 且 $\sqrt{x} > x$ 以及 $-x$ 为负数，故知 $-x < x^3 < x^2 < x < \sqrt{x}$. 因此位居中间的数为 x^2.

答: (B)

11．同时对分母及分子作因式分解，即可知

$$\frac{7^{3x}+7^{2x}}{7^{2x}+7^{x}}=\frac{7^{2x}(7^{x}+1)}{7^{x}(7^{x}+1)}=\frac{7^{2x}}{7^{x}}=7^{x}.$$

答：(D)

12．如图 3-86 所示，令 $\angle RPS=x°$、$\angle PQS=y°$.

因 $PQ=PS$，故 $\angle PSQ=y°$；因 $PS=RS$，故 $\angle PRS=x°$；

因 $\angle PRQ$ 为 $\triangle PRS$ 的外角，故 $\angle PRQ=x°+y°$；

因 $\angle QRP=\angle QPS$，故知 $x°+y°=x°+\angle QPR$，即 $\angle QPR=y°$；

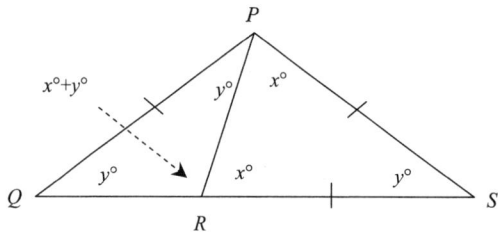

图 3-86

再因 $\angle PRS$ 为 $\triangle PRQ$ 的外角，故知 $x=2y$；

由 $\triangle PRS$ 的内角和可得 $2x+y=180$，故知 $5y=180$，即 $y=36$. 所以 $\angle PSR=36°$.

答：(B)

13．$\dfrac{3a+4b}{2a-2b}=5 \Rightarrow 3a+4b=10a-10b \Rightarrow 7a=14b \Rightarrow a=2b$，故 $\dfrac{a^2+2b^2}{ab}=$

$\dfrac{6b^2}{2b^2}=3$.

答：(C)

14．(同中学中级卷第 15 题)

令 $n=123456782$，则

$$123456785\times123456782-123456783\times123456784$$
$$=(n+3)\times n-(n+1)(n+2)$$
$$=n^2+3n-n^2-3n-2$$
$$=-2.$$

答：(A)

15．(同中学初级卷第 21 题)

质数依序为 2、3、5、7、11、13、17、…. 如图 3-87 所示，令三角形的三边长为 x、y、z，其中 $x<y<z$. 可知 $x+y>z$、$x>y-z$.

若 $x=2$，则 $x+y+z$ 必为偶数，不合，故

图 3-87

x 至少为 3．而当 $x=3$ 时，由 $y-z<x=3$ 可判断出 $y-z=2$，即 y、z 必为孪生质数．此时便可得到表 3-2，x、y、z、$x+y+z$ 之值皆小于 25 的情况．

表 3-2

x	Y	z	$x+y+z$
3	5	7	15
5	7	11	23

因 15 非质数，故 $x=3$ 的情形不满足题意；因此所求为 23．

答: (D)

16．(同中学中级卷第 20 题)

因 $72=8\times9$，故 $\overline{a986b}$ 同时为 8 与 9 的倍数．因 $\overline{a986b}$ 为 8 的倍数，故 $\overline{86b}$ 为 8 的倍数，即 $b=4$；

因 $\overline{a986b}$ 为 9 的倍数，故 9 整除 $a+9+8+6+b=a+27$，其中 a 不为 0，故 $a=9$．得 $\overline{a986b}=99864$，即 $a+b=9+4=13$．

答: (D)

17．令 B 表示棕色、G 表示金色，则可得表 3-3．

表 3-3

G	B	排列方式	不同的帽子数
0	6		1
1	5		1
2	4	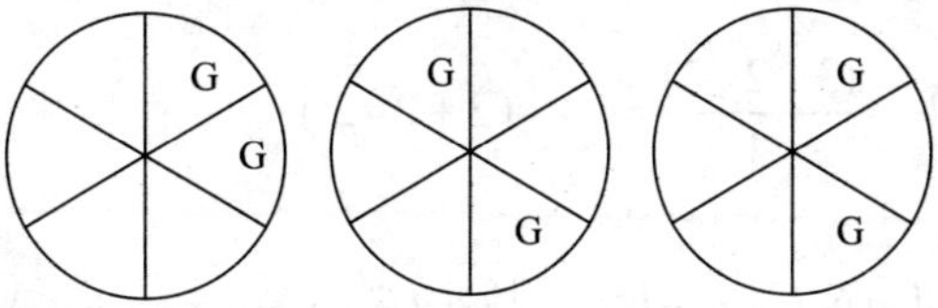	3
3	3	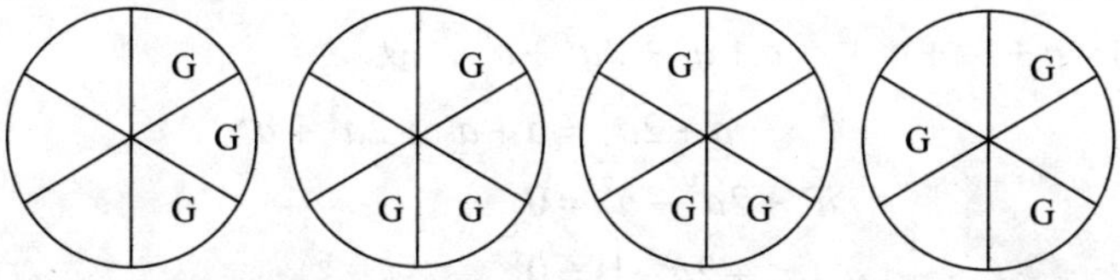	4

G	B	排列方式	不同的帽子数
4	2	与(G, B) = (2, 4)数量相同	3
5	1	与(G,B) = (1, 5)数量相同	1
6	0	与(G,B) = (0, 6)数量相同	1
合计			14

答: (B)

18. 因 p 为奇数，故 $p-1$ 为偶数而由此知 $\text{Snap}(p-1)=2(p-1)$，故 $\text{Snap}(p-1)-p=p-2$；再因为 $p-2$ 为奇数，所以可以得知 $\text{Snap}(p-2)=3(p-2)$.

答: (E)

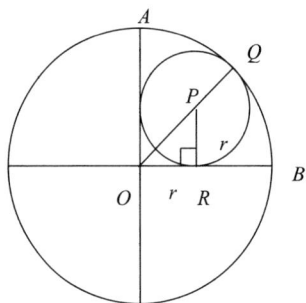

图 3-88

19. 如图 3-88，令小圆的半径为 r.

则由直角三角形 OPR 可知

$$OP^2 = r^2 + r^2,$$

$$OP = \sqrt{2r^2} = \sqrt{2}r,$$

$$OQ = \sqrt{2}r + r = (\sqrt{2}+1)r,$$

而小圆面积为 πr^2，且可知四分之一大圆的面积为

$$\frac{\pi((\sqrt{2}+1)r)^2}{4} = \frac{\pi(r^2(2+2\sqrt{2}+1))}{4} = \frac{\pi r^2(3+2\sqrt{2})}{4}.$$

因此所求之比为 $1 : \dfrac{(3+2\sqrt{2})}{4} = 4 : (3+2\sqrt{2})$.

答: (E)

20. 因已知 $a \otimes b = a + b^2$，故 $(a \otimes a) \otimes a = (a + a^2) \otimes a = a + 2a^2$，且 $a \otimes (a \otimes a) = a + (a + a^2)^2 = a + a^2 + 2a^3 + a^4$，故

$$a + 2a^2 = a + a^2 + 2a^3 + a^4,$$

$$a^4 + 2a^3 - a^2 = 0,$$

$$a^2(a^2 + 2a - 1) = 0.$$

因此 $a=0$ 或 $\dfrac{-2\pm\sqrt{8}}{2}=-1\pm\sqrt{2}$. 但因 $a>0$，故知 $a=\sqrt{2}-1$.

答: (C)

21. 可知 $2!=1!\times 2$、$4!=3!\times 4$、$6!=5!\times 6$、$\cdots$、$12!=11!\times 12$，故可得

$$
\begin{aligned}
1!\times 2!\times 3!\times\cdots\times 12! &= (1!)^2\times 2\times(3!)^2\times 4\times(5!)^2\times 6\times\cdots\times(11!)^2\times 12\\
&= (1!\times 3!\times 5!\times\cdots\times 11!)^2\times 2^6\times 6!\\
&= (1!\times 3!\times 5!\times\cdots\times 11!\times 2^3)^2\times 6!.
\end{aligned}
$$

显然 $\dfrac{m!}{6!}$ 应为有理数的平方，

由此可见 $m=6$ 符合题意，若 $m\neq 6$，当 $m\geqslant 13$ 时 $m!$ 中有质因子 13，不合题意；当 $7\leqslant m\leqslant 12$ 时 $m!$ 中恰有一个质因子 7，不合题意，当 $1\leqslant m\leqslant 4$ 时 $m!$ 中无质因子 5 不合题意，当 $m=5$ 时 $\dfrac{m!}{6!}=\dfrac{1}{6}$ 不合题意.

故知 $m=6$.

答: (B)

22. **解法 1**　F 点为 AD 与 AC 重合时 D 点的位置，则可以得知 $\triangle ADE$ 与 $\triangle AFE$ 为全等三角形，各个线段长度如图 3-89 所示.

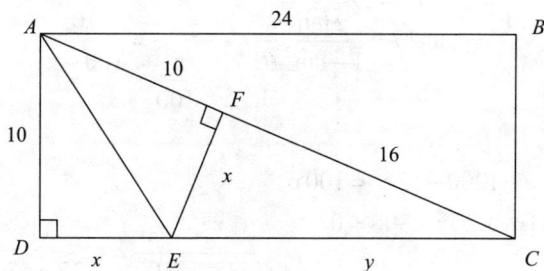

图 3-89

因 $\triangle EFC$ 与 $\triangle ADC$ 为两个相似三角形 (AA 相似)，故可得 $\dfrac{y}{16}=\dfrac{26}{24}\Rightarrow y=\dfrac{52}{3}\Rightarrow x=24-y=\dfrac{20}{3}$ (cm).

解法 2　同图 3-89，又知 $x+y=24$、$y=24-x$，故可得

$$(24-x)^2 = y^2 = 16^2 + x^2,$$
$$576 - 48x + x^2 = 256 + x^2.$$

因此知 $x = \dfrac{20}{3}$ cm.

解法 3 如图 3-90 所示，令 $\angle DAE = \angle EAC = \theta$，则可得 $\tan\theta = \dfrac{x}{10}$ 与 $\tan 2\theta = \dfrac{24}{10} = \dfrac{12}{5}$.

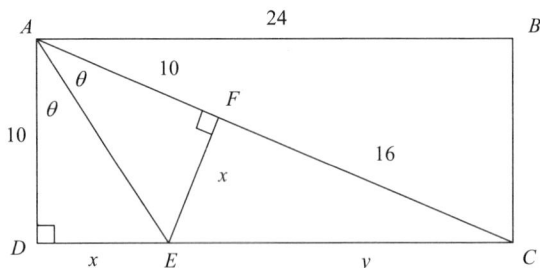

图 3-90

故有

$$\frac{12}{5} = \tan 2\theta = \frac{2\tan\theta}{1-\tan^2\theta} = \frac{\dfrac{x}{5}}{1-\dfrac{x^2}{100}} = \frac{20x}{100-x^2},$$

即

$$1200 - 12x^2 = 100x,$$
$$3x^2 + 25x - 300 = 0,$$
$$x = \frac{-25 \pm \sqrt{625+3600}}{6} = \frac{-25 \pm 65}{6}.$$

因 $x>0$，故知 $x = \dfrac{20}{3}$ cm.

答: (C)

23. (同中学中级卷第 25 题)

若第五个数码为 1，则数串 1111 共发生两次，与题意不合；因此前五个数码为 11110，且此时知数串 1111 与 1110 皆已包含. 此时观察数串 0111，若此数串不为这十九位数的末四位数，则与其后一数码所形成的五位数必为 01110 或 01111，分别包含数串 1110、1111，即 1111 与 1110 其中一个数串至少发生两次，故不合．因此最后四个数码为 0111．

答：(E)

评注　这样的十九位数数串并不唯一，利用已知前五个数码为 11110，后四个数码为 0111，再逐一搜索，删除不合者．

1111<u>0</u>0000 不合

11110000<u>1</u>000 不合

111100001<u>0</u>010 不合

111100001001<u>1</u>00 不合

11110000100110101111 符合

111100001<u>0</u>0111 不合

11110000101<u>0</u>00 不合

1111000010<u>1</u>0010 不合

11110000101001110111 符合

11110000101<u>0</u>1 不合

11110000101<u>1</u>00 不合

11110000101101001111 符合

1111000010110<u>1</u>1 不合

11110000101<u>1</u>1 不合

111100001<u>1</u>00 不合

1111000011010<u>0</u>00 不合

11110000110100101111 符合

111100001101<u>0</u>10 不合

11110000110101<u>1</u>01 不合

111100001101<u>1</u>0 不合

1111000011011<u>1</u> 不合

11110000<u>1</u>11 不合

111100<u>0</u>1000 不合

11110001<u>0</u>010 不合

111100010011<u>0</u>0 不合

11110001001100<u>1</u>00 不合

11101<u>0</u>0000 不合

111101<u>0</u>000100 不合

11101<u>0</u>00001010 不合

11110100001011100111 符合

11110100001<u>0</u>111 不合

11110100001<u>1</u>000 不合

11110100001100100111 符合

111101000<u>0</u>1101 不合

1110100<u>0</u>0111 不合

1111010<u>0</u>0100 不合

11110100001<u>0</u>10 不合

1111010001011<u>0</u>00 不合

1111010001011<u>1</u>01 不合

11110100010<u>1</u>11 不合

11110100011<u>0</u>00 不合

11110100011001<u>0</u>0 不合

11110100011001<u>1</u> 不合

111101000<u>1</u>101 不合

1111010001<u>0</u>11 不合

1111010010<u>0</u> 不合

111101001<u>0</u>10 不合

11110100101100000111 符合

1111010010110<u>0</u>1 不合

111101001011<u>0</u>1 不合

11110100100<u>1</u>11 不合

11110100110<u>0</u>000 不合

11110001001100110 不合　　　　　　　**1111010011000010111** 符合

11110001001111 不合　　　　　　　　1111010011000100 不合

111100001011000 不合　　　　　　　　111101001100011 不合

1111000101010010 不合　　　　　　　　1111010011001 不合

11110001010011100 不合　　　　　　　111101001101 不合

11110001010011111 不合　　　　　　　11110100111 不合

111100010101 不合　　　　　　　　　　1111010110 不合

1111000101100 不合　　　　　　　　　1111010101100000 不合

11110001011011000 不合　　　　　　　**111101011000010011** 符合

11110001011010101 不合　　　　　　　11110101100000110 不合

11110001011011 不合　　　　　　　　11110101100001000 不合

11110001011111 不合　　　　　　　　11110101100000101 不合

1111000111100 不合　　　　　　　　　111101011000011100 不合

11110001101000 不合　　　　　　　　11110101100000111 不合

1111000110100100 不合　　　　　　　**111101011001000000111** 符合

1111000110100011 不合　　　　　　　11110101100001001 不合

11110001101010 不合　　　　　　　　1111010110000101 不合

11110001101010110 不合　　　　　　　1111010110000110 不合

11110001101010111 不合　　　　　　　1111010110000111 不合

11110001101010110 不合　　　　　　　111101011001101 不合

11110001101010111 不合　　　　　　　111101010111 不合

1111000111 不合　　　　　　　　　　111101100000 不合

111100100000 不合　　　　　　　　　11110110000010000 不合

1111001000010 不合　　　　　　　　11110110000100011 不合

11110010000011100 不合　　　　　　　**111101100001010011** 符合

111100100001101011 符合　　　　　11110110000101011 不合

1111001000001111 不合　　　　　　　1111011000001110 不合

111100100010 不合　　　　　　　　　1111011000001111 不合

11110010001100 不合　　　　　　　　11110110000011000 不合

11110010001100100 不合　　　　　　　11110110000110010 不合

11110010001101110 不合　　　　　　　11110110000100110 不合

1111001000111 不合　　　　　　　　11110110000101000 不合

1111001001 不合

11110010100000 不合

111100101000010 不合

1111001010000110111 符合

11110010100010 不合

1111001010001100 不合

1111001010000111 不合

111100101001 不合

11110010101 不合

111100101100 不合

1111001011010000111 符合

111100101101001 不合

11110010110101 不合

1111001011011 不合

11110010111 不合

1111001100 不合

111100110100000 不合

1111001101000010111 符合

111100110100011 不合

1111001101010 不合

11110011010111 不合

111100110111 不合

111101100010101 不合

11110110001011 不合

1111011000110 不合

1111011000111 不合

111101100100000 不合

1111011001000010 不合

111101100100010 不合

1111011001000110 不合

1111011001001 不合

1111011001010000111 符合

1111011001010010 不合

11110110010101 不合

111101100101011 不合

111101100110 不合

111101100111 不合

111101101 不合

11110111 不合

11110011010001001 不合

1111001101001 不合

11110011010110 不合

111100110110 不合

111100111 不合

我们共可得到以下的 16 组解.

$$
\begin{array}{l}
1\ 1\ 1\ 1\ 0\ 0\ 0\ 0\ 1\ 0\ 0\ 1\ 1\ 0\ 1\ 0\ 1\ 1\ 1 \\
1\ 1\ 1\ 1\ 0\ 0\ 0\ 0\ 1\ 0\ 1\ 0\ 0\ 1\ 1\ 0\ 1\ 1\ 1 \\
1\ 1\ 1\ 1\ 0\ 0\ 0\ 0\ 1\ 0\ 1\ 1\ 0\ 1\ 0\ 0\ 1\ 1\ 1 \\
1\ 1\ 1\ 1\ 0\ 0\ 0\ 0\ 1\ 1\ 0\ 1\ 0\ 0\ 1\ 0\ 1\ 1\ 1 \\
1\ 1\ 1\ 1\ 0\ 0\ 1\ 0\ 0\ 0\ 0\ 1\ 1\ 0\ 1\ 0\ 1\ 1\ 1 \\
1\ 1\ 1\ 1\ 0\ 0\ 1\ 0\ 1\ 0\ 0\ 0\ 0\ 1\ 1\ 0\ 1\ 1\ 1 \\
1\ 1\ 1\ 1\ 0\ 0\ 1\ 0\ 1\ 1\ 0\ 1\ 0\ 0\ 0\ 0\ 1\ 1\ 1 \\
1\ 1\ 1\ 1\ 0\ 0\ 1\ 1\ 0\ 1\ 0\ 0\ 0\ 0\ 1\ 0\ 1\ 1\ 1 \\
1\ 1\ 1\ 1\ 0\ 1\ 0\ 0\ 0\ 0\ 1\ 0\ 1\ 1\ 0\ 0\ 1\ 1\ 1
\end{array}
$$

1 1 1 1 0 1 0 0 0 0 1 1 0 0 1 0 1 1 1

1 1 1 1 0 1 0 0 1 0 1 1 0 0 0 0 1 1 1

1 1 1 1 0 1 0 0 1 1 0 0 0 0 1 0 1 1 1

1 1 1 1 0 1 0 1 1 0 0 0 0 1 0 0 1 1 1

1 1 1 1 0 1 0 1 1 0 0 1 0 0 0 0 1 1 1

1 1 1 1 0 1 1 0 0 0 0 1 0 1 0 0 1 1 1

1 1 1 1 0 1 1 0 0 1 0 1 0 0 0 0 1 1 1

24. 将 $16\times16\times16$ 的正立方体切成八块 $8\times8\times8$ 的正立方体. 如图 3-91 所示，考虑其中一块 $8\times8\times8$ 的正立方体，若 PQ 为其主对角线，则知 $PQ^2 = PR^2 + RQ^2 = (8\sqrt{2})^2 + 8^2 = 8^2 \times 3$，即 $PQ = 8\sqrt{3}$.

故在 $8 \times 8 \times 8$ 的正立方体中，最远的两点距离为 $8\sqrt{3}$，且因 $(8\sqrt{3})^2 = 192 < 196 = 14^2$ 而知 $8\sqrt{3}$ 小于 14. 此即表示在边长为 8 的正立方体中，放置的两点无论是位于其内部或表面，其距离必小于 14.

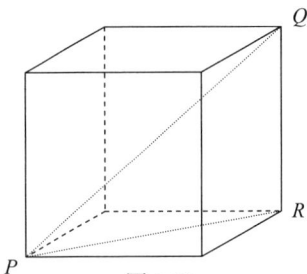

图 3-91

因 $16\times16\times16$ 的正立方体是由八块 $8\times8\times8$ 的正立方体所组成，故知最多可放入 8 个点使得每一个点都恰位于其中一个 $8\times8\times8$ 的正立方体内部或表面，且若这 8 个点都恰位于 $16\times16\times16$ 的正立方体之顶点时，其距离都大于或等于 16.

此时如果再多放入一点，则至少会有两点在同一个 $8\times8\times8$ 的正立方体而可推得其距离小于 14. 故 n 的最小值为 9.

答: (B)

25. 可知小罗在第一象限内可看见的树之坐标为 $(1, 0)$、$(1, 1)$、$(0, 1)$、$(2, 1)$ 与 $(1, 2)$，而看不见 $(3, 1)$，换言之，经过 $(0, 0)$ 与 $(3, 1)$ 的直线必与位于 $(1, 0)$、$(2, 1)$ 上的树都相交. 如图 3-92 所示，若 PQ 为树的半径，由对称性可知，则经过 $(0, 0)$ 与 $(3, 1)$ 的直线与位于 $(1, 0)$、$(2, 1)$ 上的树都恰相切. 利用三角形相似可得知

$$r = PQ = \frac{PQ}{OP} = \frac{AB}{OB} = \frac{1}{\sqrt{10}}.$$

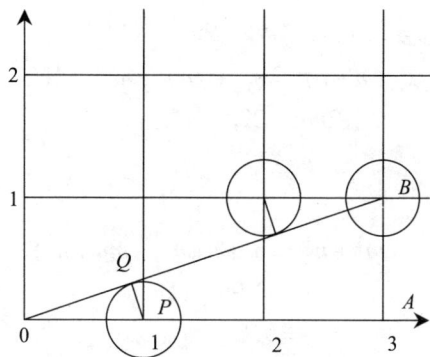

图 3-92

因此若位于 (3，1) 上的树无法看见，则树的半径至少为 $\dfrac{1}{\sqrt{10}}$．

同样地，位于 (3，2) 上的树也无法看见，故树的半径也必须大于如图 3-93 中的 RS 长度．

而

$$RS = \frac{RS}{2RT} = \frac{1}{2} \times \frac{AC}{OC}$$
$$= \frac{1}{2} \times \frac{2}{\sqrt{13}} = \frac{1}{\sqrt{13}}.$$

由以上讨论并比较大小后，可知树的半径至少为 $\dfrac{1}{\sqrt{10}}$．

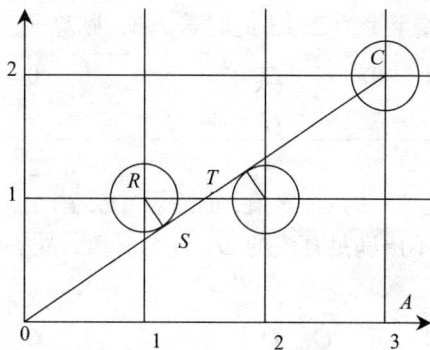

图 3-93

答: (C)

26. 因已知 $m+n=11$ 且 $m^2+n^2=99$，故可得

$$(m+n)^2 = m^2 + 2mn + n^2 = 121,$$
$$2mn = 22,$$
$$mn = 11.$$

因此

$$m^3 + n^3 = (m+n)(m^2 - mn + n^2)$$
$$= 11(99 - 11)$$
$$= 968.$$

答：968

27. (同中学初级卷第 29 题、中级卷第 28 题)

解法 1　令此算式为

$$
\begin{array}{cccc}
 & A & B & C & D \\
- & & E & F & G \\
\hline
 & & H & I & J \\
\end{array}
$$

由差为三位数可知 $A=1$，因此差至少为 203. 由题意可先假设 $H=2$，即算式变为

$$
\begin{array}{cccc}
 & 1 & B & C & D \\
- & & E & F & G \\
\hline
 & & 2 & I & J \\
\end{array}
$$

此时可判断出 $E>B$ 且由 $H=2$ 知 $E=B+8$ 或 $B+7$；因 1 与 2 皆已使用，故 $B=0$、$E=7$ 或 8，且差至少为 234. 此时若 $I=3$，则算式为

$$
\begin{array}{cccc}
 & 1 & 0 & C & D \\
- & & 7 & F & G \\
\hline
 & & 2 & 3 & J \\
\end{array}
\quad 或 \quad
\begin{array}{cccc}
 & 1 & 0 & C & D \\
- & & 8 & F & G \\
\hline
 & & 2 & 3 & J \\
\end{array}
$$

前者找不出满足算式的 C、F 值，而后者 (C, F) 虽可为 (4, 7)、(5, 9) 或 (6, 9)，但仍无法找不出满足算式的 D、G 与 J 值，故 $I=3$ 不成立. 若 $I=4$，则算式为

$$
\begin{array}{cccc}
 & 1 & 0 & C & D \\
- & & 7 & F & G \\
\hline
 & & 2 & 4 & J \\
\end{array}
\quad 或 \quad
\begin{array}{cccc}
 & 1 & 0 & C & D \\
- & & 8 & F & G \\
\hline
 & & 2 & 4 & J \\
\end{array}
$$

前者 (C, F) 可为 $(3，8)$ 或 $(3，9)$.

若 $(C, F) = (3，8)$，则可得以下两个算式

$$
\begin{array}{r}
1\quad0\quad3\quad5\\
-\quad\ \ 7\quad8\quad6\\
\hline
2\quad4\quad9
\end{array}
\qquad
\begin{array}{r}
1\quad0\quad3\quad5\\
-\quad\ \ 7\quad8\quad9\\
\hline
2\quad4\quad6
\end{array}
$$

若 $(C, F) = (3，9)$，则无法找不出满足算式的 D、G 与 J 值；

后者 (C, F) 虽可为 $(3，7)$ 或 $(5，9)$，但也无法找不出满足算式的 D、G 与 J 值；故所求最小值为 246.

解法 2　令此算式为

$$
\begin{array}{r}
A\quad B\quad C\quad D\\
-\quad\ \ E\quad F\quad G\\
\hline
H\quad I\quad J
\end{array}
$$

因所有的数码和为 45，且 $\overline{EFG}+\overline{HIJ}=\overline{ABCD}$，故知 $E+F+G+H+I+J \equiv A+B+C+D \pmod 9$，因此 $A+B+C+D$ 为 9 的倍数. 现可令原式中 $\overline{EFG}>\overline{HIJ}$.

可知 A 必为 1，否则差必大于 1000 而不为三位数. H 为 2，可判断出 B 为 0.

由 $A+B+C+D$ 为 9 的倍数知 $\overline{ABCD}$ 可能值为 1008、1017、1026、1035、1044、1053、1062、1071、1080、1089 或 1098；再由数码不得重复出现且数码 2 已经使用，可再进一步筛选出 $\overline{ABCD}$ 的可能值为 1035、1053、1089 或 1098.

此时因 E 可能为 7 或 8，故可得到表 3-4.

表 3-4

		未使用之数码
(1)	1035=7□□+2□□	4、6、8、9
(2)	1035=8□□+2□□	4、6、7、9
(3)	1053=7□□+2□□	4、6、8、9
(4)	1053=8□□+2□□	4、6、7、9
(5)	1089=7□□+2□□	3、4、5、6
(6)	1098=7□□+2□□	3、4、5、6

再因 700+200+60+50+4+3=1017 < 1089，故 (5)、(6) 不会发生；而在 (1)

中，由 D 是 5 可知 G、J 为 6、9，即知 I、F 为 4、8，故 $\overline{HIJ}$ 之最小值为 246，且可由等式 1035=789+246 得到；最后由 (2)、(3)、(4) 未使用的数码可判断出无法再找出小于 246 的值，故所求为 246.

答: 246

28. 解法 1 连接 TR (图 3-94). 则由圆周角的性质可知 $\angle PQR = \angle PTR$、再由 $PQ = PR$ 可知 $\angle PQR = \angle PRQ$，故我们可令

$$\angle PQR = \angle PTR = \angle PRQ = \alpha .$$

再令 $\angle TRQ = \beta$，则 $\angle PSR = \alpha + \beta = \angle TRP$，故可得知 $\triangle PTR$ 与 $\triangle PRS$ 为两个相似三角形，即可得

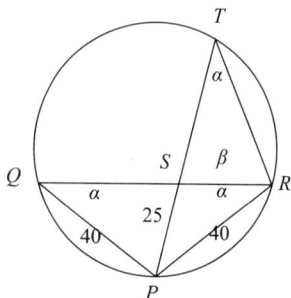

图 3-94

$$\frac{PT}{PR} = \frac{PR}{PS} .$$

因此 $PT = \dfrac{PR^2}{PS} = \dfrac{40^2}{25} = 64$ cm.

解法 2 如图 3-95 所示，由 P 往 QR 作垂线并相交于 V 点.

令 $VS = a$，$VQ = b$. 由直角三角形 VPS 可得知 $a^2 + h^2 = 625$；由直角三角形 PVQ 可得知 $b^2 + h^2 = 1600$. 故知 $b^2 - a^2 = 975$. 而 $25 \times ST = (a+b)(b-a) = b^2 - a^2 = 975$，故 $ST = 39$ cm，所以可知 $PT = 64$ cm.

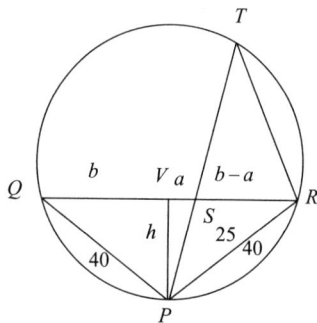

图 3-95

答: 064

29. 令 $f(x) = a_n x^n + a_{n-1} x^{n-1} + \cdots + a_1 x + a_0$，则可知

$$f(1) = a_n + a_{n-1} + \cdots + a_1 + a_0 = 6.$$

因所有系数是非负整数，故知所有系数皆不超过 6；

而由 $f(7) = 7^n a_n + 7^{n-1} a_{n-1} + \cdots + 7 a_1 + a_0 = 3438$ 且所有系数皆介于 0 与 6 之间，故可将此式看成 3438 的 7 进制表示法，故可得

$$3438 = 7 \times 491 + 1 \Rightarrow a_0 = 1,$$
$$491 = 7 \times 70 + 1 \Rightarrow a_1 = 1,$$
$$70 = 7 \times 10 \Rightarrow a_2 = 0,$$
$$10 = 7 \times 1 + 3 \Rightarrow a_3 = 3, a_4 = 1.$$

因此 $f(x) = x^4 + 3x^3 + x + 1$ ，故 $f(3) = 81 + 81 + 3 + 1 = 166$.

答：166

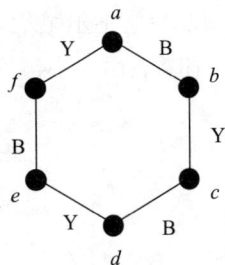

图 3-96

30．(同中学中级卷第 30 题)

解　考虑一个小镇可利用 BYBYBY 的路径回来时，可先画出如图 3-96 所示的地图.

因每一个小镇都有红线道路，故若以 a 小镇来看，该小镇的红线道路在不计镜射的状况后，有三种可能 (图 3-97).

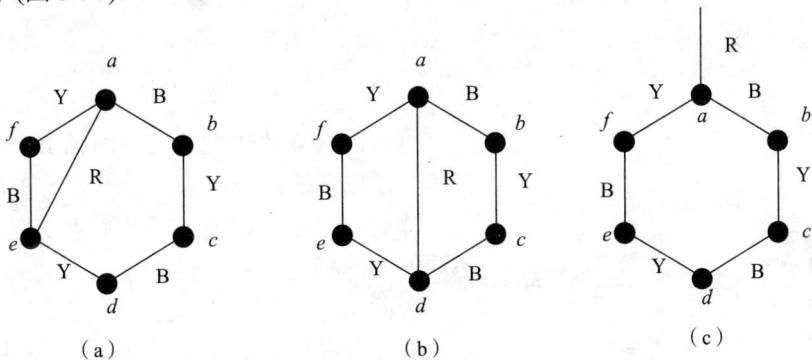

（a）　　　　　（b）　　　　　（c）

图 3-97

(i) 若 a 小镇的红线道路为图 3-98.

可看出由 b 小镇出发，此时已有路径 BRB，故知其必须以红线道路回来，即可得图 3-99.

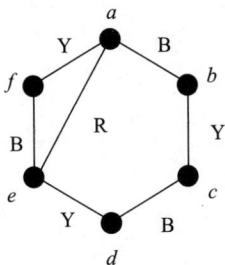

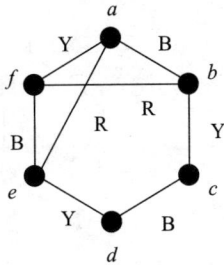

图 3-98　　　　　　　　　图 3-99

由 c 小镇出发，此时已有路径 YRYRY，故知其必须以红线道路回来，即

图 3-100.

此与每个小镇都有三条道路与其他三个不同的小镇相连矛盾，故不合.

(ii) 若由 a 小镇连出的红线道路为图 3-101.

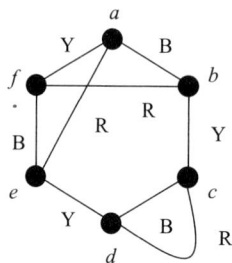

图 3-100

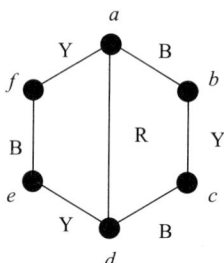

图 3-101

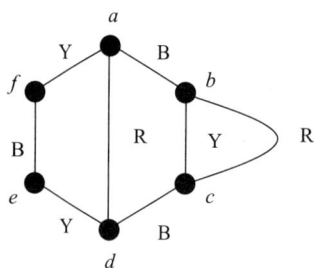

图 3-102

可看出有 b 小镇此时已有路径 BRB，故知其必须以红线道路回来，即可得图 3-102.

此与每个小镇都有三条道路与其他三个不同的小镇相连矛盾，故不合.

因此 a 小镇的红线道路必为最后一种情况. 同理可推得其余五个小镇也是相同状况，即得以下新增六个小镇的地图 (图 3-103).

请注意，小镇的红线道路有可能在六边形内部，如图 3-104 所示.

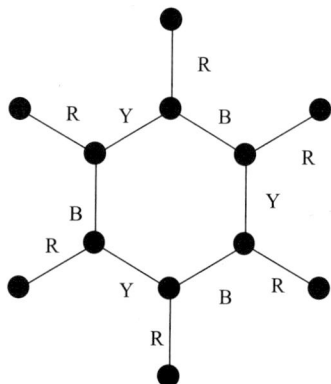

图 3-103

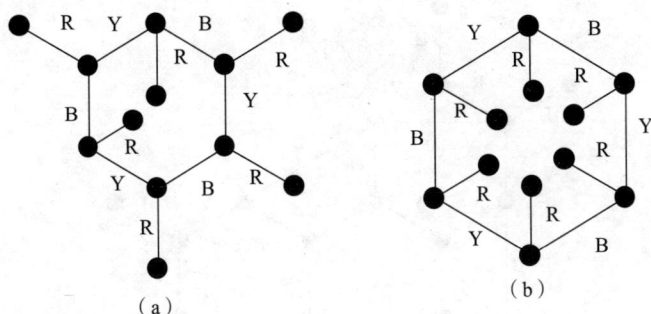

图 3-104

此时仍可以之后的讨论手法构造并得到相同答案.

由地图可看出已有三条 RBR 路径，故必由蓝色路径回来 (图 3-105).

此时仍有三条 RYR 路径未完成, 故完成后可得再新增六个小镇的地图 (图 3-106).

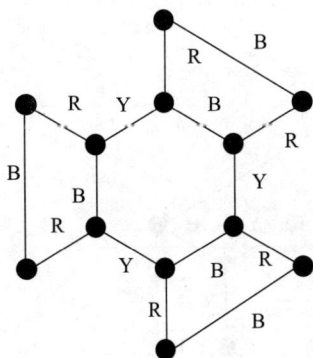

图 3-105

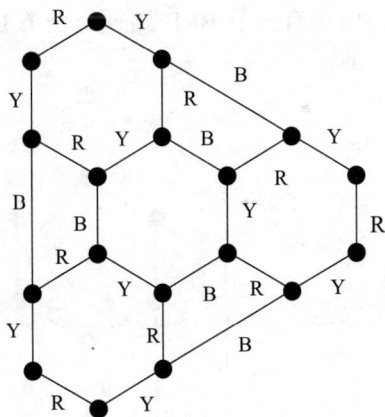

图 3-106

可发现此次新增的六个小镇没有蓝线道路, 利用仅有六个小镇时的讨论手法可知, 加入蓝线道路后的地图应为以下再多六个小镇的地图 (图 3-107).

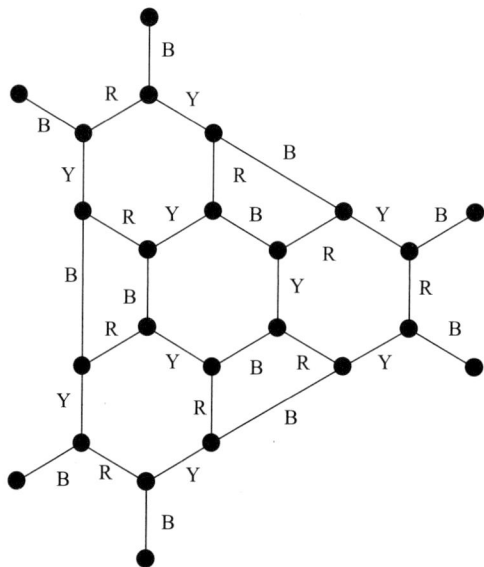

图 3-107

　　此时仍有三条 BRB 路径与三条 BYBYB 路径，此时可依如下的地图完成 (图 3-108).

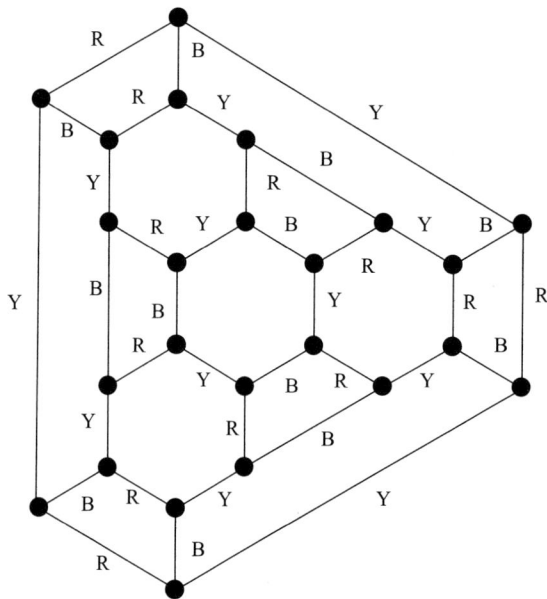

图 3-108

故至少共有 24 个小镇.

答: 024

3.6 2011年中学高级卷试题解析与评注

1. $3x(x-4)-2(5-3x)=3x^2-12x-10+6x=3x^2-6x-10$.

答: (B)

2. 因平均每 2 位大学生就有 5 位会员, 现有 12 位大学生, 故此俱乐部共有 30 位会员.

答: (C)

3. (同中学中级卷第 3 题)

$14\div0.4=140\div4=35$.

答: (B)

4. (同中学初级卷第 11 题)

如图 3-109 所示, 由对顶角及三角形的外角等于两远内角和, 可得知 $x=52+90=142$.

答: (A)

5. (A) 即 210, (B) 即 1024, (C) 10^2 即 100, (D) 即 20, (E) 即 1, 故其中选项 (B) 1024 为最大值.

答: (B)

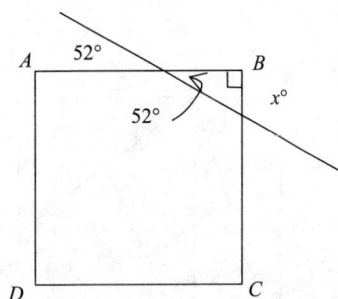

图 3-110

6. (同中学初级卷第 17 题)

因 m、n 为正整数且 $mn=100$, 故 mn 可能为 1×100、2×50、4×25、5×20 及 10×10, 因此 $m+n$ 之值可能为 101、52、29、25 及 20, 即不可能等于 50.

答: (C)

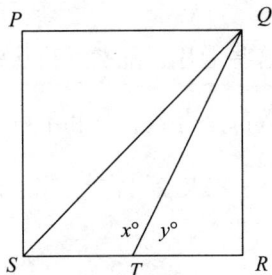

图 3-110

7. 令 $\angle QRT=y°$. 则因 $QT=2RT$, 故知 $\cos y°=\dfrac{1}{2}$, 即 $y=60$, 故 $x=120$ (图 3-110).

答: (C)

8. (同中学中级卷第 11 题)

可知在每 100 间房屋中, 有 90 间住宅里的 10%, 即 9 间住宅待售, 以及 10 间商店里的 30%,

即 3 间商店待售，因此共有 12 间房屋待售，故知用途为住宅的待售房屋所占的百分比是 $\dfrac{9}{12} \times 100\% = 75\%$．

答：(D)

9. 将 $\dfrac{\frac{1}{2}+\frac{1}{4}+\frac{1}{8}}{2+4+8}$ 的分子、分母同乘 8 之后可得

$$\frac{4+2+1}{14 \times 8} = \frac{7}{14 \times 8} = \frac{1}{16}．$$

答：(E)

10. 以 5 km/h 的速度行走 1 km 需费时 $\dfrac{1}{5}$ 小时，即 12 分钟；以 10 km/h 的速度慢跑了 3 km 需费时 $\dfrac{3}{10}$ 小时，即 18 分钟；以 6 km/h 的速度快走 2 km 需费时 $\dfrac{2}{6} = \dfrac{1}{3}$ 小时，即 20 分钟．因此总时间为 12+18+20=50 分钟．

答：(E)

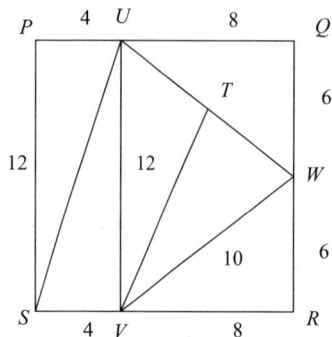

图 3-111

11. 如图 3-111 所示，因 $\triangle UPS$ 和 $\triangle UVS$ 的面积相同，故知 $PU=SV$、$UV /\!/ PS$ 且 $PU = \dfrac{1}{3} \times 12 = 4$．再因为 $\triangle UWQ$ 和 $\triangle WVR$ 的面积相同，所以可推得 $QW=WR=6$．最后再由 $\triangle UTV$ 和 $\triangle WTV$ 的面积相同知 T 为 UW 的中点，故点 T 到边 PQ 的距离为 $6 \div 2 = 3$ 单位．

答：(B)

12. 首六个质数为 2、3、5、7、11 及 13，而将这些卡片打乱然后再从中选取两张共有 $\dbinom{6}{2} = 15$ 种情形．若取出两张卡片上的数都是奇数，其和不可能是质数，故其中一张一定要选 2，而唯有 2+3=5、2+5=7 以及 2+11=13 等三种情形其和是质数，故所求概率为 $\dfrac{3}{15} = \dfrac{1}{5}$．

答：(A)

13．(同中学初级卷第 20 题、中级卷第 15 题)

两人之间的距离为 12 km，可知当走在前面的游客抵达斜坡起点时，后面的游客仍落后 12 km，而他仍需 $\frac{12}{4}=3$ 小时才能抵达斜坡起点 (图 3-112)．

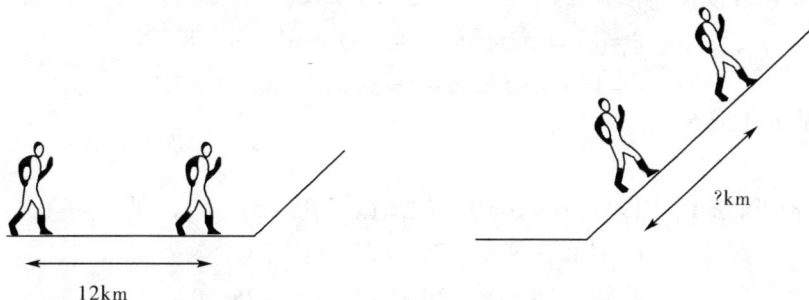

图 3-112

而在此期间，走在前面的游客也继续前进了 3×3=9 (km)，这也就是两位游客都在爬坡时的距离．

答：(D)

14．考虑 98×56 的矩形 (图 3-113)．

分割出的最大正方形的边长必是 98 与 56 的最大公因子．因 98=7×7×2、56=7×2×2×2，故 98 与 56 的最大公因子 14.再因 56÷14=4、98÷14=7,故需要加入 3 条水平线与 6 条铅直线，共 9 条．

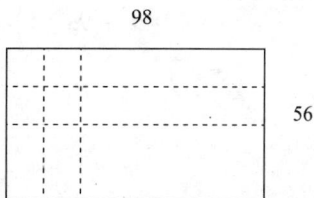

图 3-113

答：(B)

15．令 $n^2+2011=m^2$，其中 m 为正整数．则知 $2011=m^2-n^2=(m+n)\times(m-n)$，因 2011 为质数，故得 $(m+n)(m-n)=2011×1$，即 $m+n=2011$ 且 $m-n=1$，所以可知 2m=2012，意即 $m=1006$，由此可知 $n=1005$ 且 n 之数码和为 6.

答：(A)

16．(同中学中级卷第 21 题)

若将每天骑车的职员数直接相加，可得共有 36 人次骑车．现已知共有 22 位职员至少有一天骑车上班,故有 36–22=14 人次是重复的，因此至多有 14÷2=7 位职员这三天都骑车上班，而这情形是可能发生的，例如 7 位职员这三天都骑车上班、8 位职员只在星期一骑车上班、5 位职员只在星期二骑车上班、2 位职员只在星期三骑车上班.

答: (D)

17. 因 $n^2-6n+8=(n-2)(n-4)$,故此乘积为正质数仅发生在 $n<2$ 或 $n>4$ 且 $n-2=-1$ 或 $n-4=1$ 时.

$$n-2=-1 \Rightarrow n=1 \Rightarrow n-4=-3 \Rightarrow n^2-6n+8=3,$$
$$n-4=1 \Rightarrow n=5 \Rightarrow n-2=3 \Rightarrow n^2-6n+8=3.$$

故 $n=1$ 或 5.

答: (B)

18. **解法 1**　因 $x^2-9x+5=0$,故知 $(x^2-9x+5)^2=0$,即

$$x^4-18x^3+91x^2-90x+25=0,$$
$$x^4-18x^3+81x^2+10(x^2-9x+5)-25=0,$$

故 $x^4-18x^3+81x^2+42=25+42=67$.

解法 2　利用长除法将 $x^4-18x^3+81x^2+42$ 除以 x^2-9x+5 后,所得的余式之次数必为 1 或 0:

$$
\begin{array}{r}
x^2 \quad -9x \quad -5 \\
x^2-9x+5 \overline{)\ x^4 \quad -18x^3 \quad +81x^2 \qquad\quad +42} \\
\underline{x^4 \quad -9x^3 \quad +5x^2} \\
-9x^3 \quad +76x^2 \qquad +42 \\
\underline{-9x^3 \quad +81x^2 \quad -45x} \\
-5x^2 \quad +45x \quad +42 \\
\underline{-5x^2 \quad +45x \quad -25} \\
+67
\end{array}
$$

故知 $x^4-18x^3+81x^2+42=(x^2-9x+5)(x^2-9x-5)+67=67$.

解法 3　可知 $x^2=9x-5$,故

$$
\begin{aligned}
x^4-18x^3+81x^2+42 &= x^2(9x-5)-18x^3+81x^2+42 \\
&= -9x^3+76x^2+42 \\
&= -9x(9x-5)+76x^2+42 \\
&= -5x^2+45x+42 \\
&= -5(9x-5)+45x+42=67.
\end{aligned}
$$

答: (D)

19. 如图 3-114 所示，观察球与正立方体重叠的部分，可知此部分体积即为球体积的 $\dfrac{1}{8}$ (可想象用八个正立方体叠合在一起成为一个大正立方体，且其中心恰为球的球心，则知此时由球与每一个正立方体重叠的部分知该球被分成八个相同的部分). 因球的体积为 $\dfrac{4}{3}\pi$，故知球没有跟正立方体重叠的部分为 $\dfrac{7}{8}\times\dfrac{4}{3}\pi=\dfrac{7}{6}\pi$，即合并在一起所占的体积为 $\dfrac{7\pi}{6}+1$.

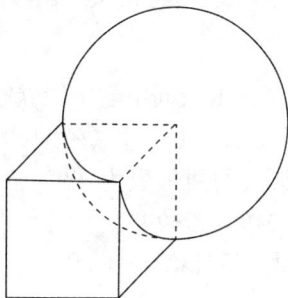

图 3-114

答: (A)

20. **解法 1**　令 W 表示小捷获胜，L 表示小捷落败. 则知:

小捷用三盘便取胜: 此时必为 WWW，其概率为 $\left(\dfrac{2}{3}\right)^3=\dfrac{8}{27}$；小捷用四盘取胜: 此时有 WWLW、WLWW 或 LWWW 这三种可能，故其概率为

$$3\times\left(\dfrac{2}{3}\right)^3\times\dfrac{1}{3}=\dfrac{8}{27}；$$

小捷用五盘取胜: 此时为 LLWWW、WLLWW、WWLLW、LWLWW、LWWLW 或 WLWLW 这六种可能，故其概率为

$$6\times\left(\dfrac{2}{3}\right)^3\times\left(\dfrac{1}{3}\right)^2=\dfrac{16}{81}.$$

因此小捷获胜的概率为 $\dfrac{8}{27}+\dfrac{8}{27}+\dfrac{16}{81}=\dfrac{24+24+16}{81}=\dfrac{64}{81}$.

解法 2　新增一项规定，不管前面比分如何都要打满五盘，这样胜负不会变更.

小捷在五盘中胜三盘的概率为 $\dbinom{5}{3}$、$\left(\dfrac{2}{3}\right)^3\times\left(\dfrac{1}{3}\right)^2=\dfrac{80}{243}$；

小捷在五盘中胜四盘的概率为 $\dbinom{5}{4}$、$\left(\dfrac{2}{3}\right)^4\times\left(\dfrac{1}{3}\right)^1=\dfrac{80}{243}$；

小捷五盘全胜的概率为 $\left(\dfrac{2}{3}\right)^5=\dfrac{32}{243}$；

故小捷获胜的概率为 $\dfrac{80}{243}+\dfrac{80}{243}+\dfrac{32}{243}=\dfrac{64}{81}$.

答: (E)

21. (同中学中级卷第 23 题)

最小的三位数为 100, 它可被表示成三个两位数之和, 如 100=10+20+70. 因最大的两位数为 99, 故在可被写成三个两位数之和的三位数中, 最大的为 99+99+99=297. 而因此共有 297−100+1=198 个三位数可以被写成为三个两位数 (不必相异) 的和.

答: (B)

22. 如图 3-115 (a) 所示, 令只有一层纸的三角形面积为 A, 则知两层纸的三角形面积为 $3A$.

如图 3-115 (b) 所示, 可知未折叠之前, 两个阴影部分的三角形的高相同, 因此可令一个三角形的底为 x 而另一个为 $3x$, 故现在可以从勾股定理知矩形的短边为 $\sqrt{(3x)^2-x^2}=2\sqrt{2}x$. 因矩形的长边即为 $4x$, 故长边与短边之比为 $\sqrt{2}:1$.

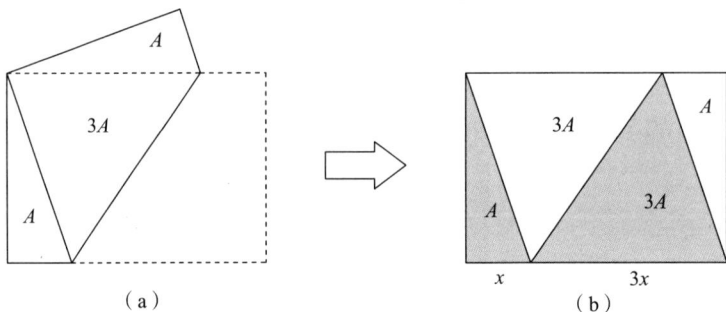

图 3-115

答: (C)

23. **解法 1** 如图 3-116 所示, 令这只蜘蛛所居住的顶点为 S.

可知这只蜘蛛可以将以 S 为顶点的三个面之全部区域都造访过, 而其余三个面只能造访部分区域, 如图 3-116 所示中, 表面 $ABCD$ 虚线下方的区域便是这只蜘蛛不会造访的区域. 可将这三个相关的面展开如图 3-117 所示.

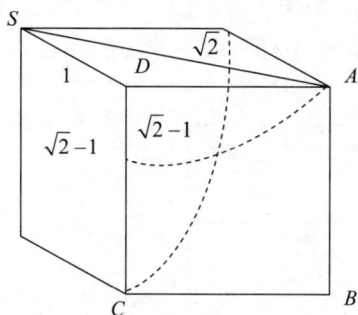

图 3-116

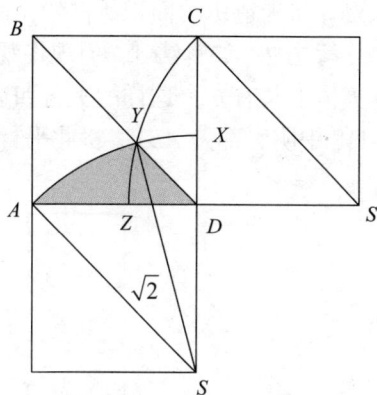

图 3-117

可知弧 AYX 是一个以 S 为圆心、$\sqrt{2}$ 为半径的圆的一部分，像这样的弧有两个，故由对称性可知 Y 会落在对角线 BD 上．

现考虑 $\triangle SYD$．可知 $SY=\sqrt{2}$、$SD=1$、$\angle SDY=\dfrac{3}{4}\pi$，且令 $\angle SYD=\theta$，则

有 $\dfrac{\sin\theta}{1}=\dfrac{\sin\dfrac{3}{4}\pi}{\sqrt{2}}=\dfrac{1}{2}$，故知 $\theta=\dfrac{\pi}{6}$ 且 $\angle DSY=\dfrac{\pi}{12}$．

现可推得扇形 SAY 的面积为 $\dfrac{1}{2}r^2\theta=\dfrac{1}{2}(\sqrt{2})^2\times\dfrac{\pi}{6}=\dfrac{\pi}{6}$，而 $\triangle SYD$ 的面积为

$\dfrac{1}{2}\times1\times\sqrt{2}\times\sin\dfrac{\pi}{12}$．

因 $\sin15°=\sin45°\cos30°-\cos45°\sin30°=\dfrac{1}{\sqrt{2}}\times\dfrac{\sqrt{3}}{2}-\dfrac{1}{\sqrt{2}}\times\dfrac{1}{2}=\dfrac{\sqrt{3}-1}{2\sqrt{2}}$，故

可得知 $\triangle SYD$ 的面积为 $\dfrac{1}{2}\times1\times\sqrt{2}\times\dfrac{\sqrt{3}-1}{2\sqrt{2}}=\dfrac{\sqrt{3}-1}{4}$．

$\triangle SAD$ 的面积为 $\dfrac{1}{2}$，故阴影部分 ADY 面积为 $\dfrac{\pi}{6}+\dfrac{\sqrt{3}-1}{4}-\dfrac{1}{2}$．

换言之，区域 ABY 面积为 $\dfrac{1}{2}-\dfrac{\pi}{6}-\dfrac{\sqrt{3}-1}{4}+\dfrac{1}{2}=1-\dfrac{\pi}{6}-\dfrac{\sqrt{3}-1}{4}$．因蜘蛛未造访的区域是由这样的 6 块区域组成的，而正立方体的表面积恰为 6，故所求为

$1-\dfrac{\pi}{6}-\dfrac{\sqrt{3}-1}{4}=\dfrac{15-3\sqrt{3}-2\pi}{12}\approx1.25-\dfrac{1.7}{4}-\dfrac{3.1}{6}\approx1.25-0.43-0.52\approx0.3$，因此这

只蜘蛛从未造访的面积所占的比例最接近 30%.

解法 2　如解法 1，但现将观察的重点放在平行四边形 $SABD$ 上. 可知正立方体上共有 6 个这样的平行四边形，因此蜘蛛未曾造访的区域之比例即为图 3-118 中阴影部分 ABY. 将此平行四边形置于坐标平面上，如图 3-118 所示.

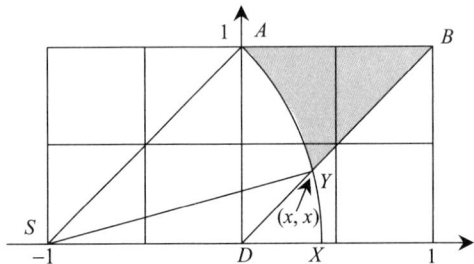

图 3-118

可知阴影部分多于 0.25. 因 X 坐标为 $(\sqrt{2}-1,0)\approx(0.414,0)$，故可设 $x\approx 0.4$. 则因 $\triangle ABY$ 的底边 $AB=1$ 而高为 $1-x\approx 0.6$，故其面积约为 0.3，而此即相当接近阴影部分的面积.

评注　为了得到更精确的数值，可利用 $SY=\sqrt{2}$ 来求出 x 之值，即

$$(x+1)^2+x^2=2 \Rightarrow x=\frac{-2\pm\sqrt{12}}{4}=\frac{-1\pm\sqrt{3}}{2}.$$

所以 $x=\dfrac{1}{2}(\sqrt{3}-1)\approx 0.732\div 2=0.366$，因此 $\triangle ABY$ 的面积为 $\dfrac{1}{2}(1-x)\approx 0.317$. 故知阴影部分的面积小于 0.317，即较接近 30% 而非 35%.

而从另一个角度来看，如图 3-119 所示，阴影部分的面积将大于四边形 $ABPQ$ 的面积，其中 $P\left(\dfrac{3}{8},\dfrac{3}{8}\right)$、$Q\left(\dfrac{1}{4},\dfrac{3}{4}\right)$.

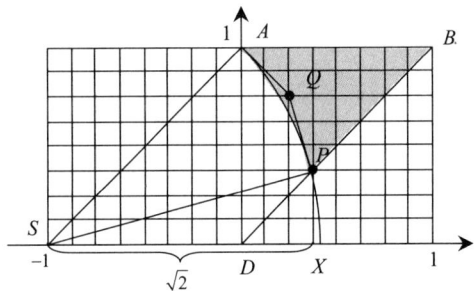

图 3-119

而四边形 $ABPQ$ 的面积为 $\dfrac{18}{64} \approx 0.28$，故知阴影部分的面积大于 0.28，即较接近 30%而非 25%.

答: (C)

24. 函数 f、g、h 之定义为

$$f(x) = x + 2,$$
$$g(0) = f(1),$$
$$g(x) = f(g(x-1)), \quad 当 x \geqslant 1,$$
$$h(0) = g(1),$$
$$h(x) = g(h(x-1)), \quad 当 x \geqslant 1,$$

故知

$$g(1) = f(g(0)) = f(f(1)) = f(3) = 5,$$
$$g(2) = f(g(1)) = f(5) = 7,$$
$$g(3) = f(g(2)) = f(7) = 9,$$
$$g(4) = f(g(3)) = f(9) = 11,$$
$$g(5) = f(g(4)) = f(11) = 13.$$

一般地，$g(n) = 5 + 2(n-1) = 2n + 3$.

因此

$$
\begin{aligned}
h(4) &= g(h(3)) \\
&= g(g(h(2))) \\
&= g(g(g(h(1)))) \\
&= g(g(g(g(h(0))))) \\
&= g(g(g(g(g(1))))) \\
&= g(g(g(g(5)))) \\
&= g(g(g(13))) \\
&= g(g(29)) \\
&= g(61) \\
&= 3 + 122 \\
&= 125.
\end{aligned}
$$

答: (D)

25. 因圆锥体的底之直径为 1 单位而斜高为 3 单位，故知底圆的周长为 π. 假设有一张纸恰可将这个圆锥完全包裹两圈且没有多余的部分，展开这张

纸，并将如题意所述的绳子在这张纸上拉直，如图 3-120 所示.

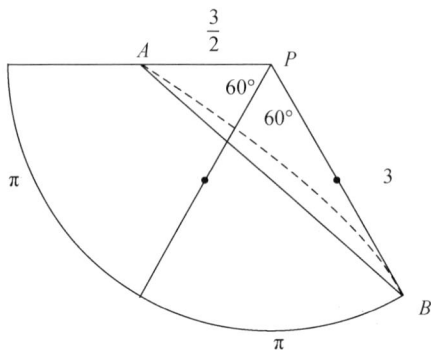

图 3-120

假设原始从 A 至 B 的路径为虚线部分，而拉紧后 A 至 B 最短的路径即为线段 AB. 因每一个扇形的周长皆为 π，故每一个扇形的圆心角皆为 $60°$，所以 $\angle APB=120°$. 在 $\triangle APB$ 上利用余弦定理可得 $p^2 = a^2 + b^2 - 2ab\cos 120° = 9 + \dfrac{9}{4} - 9\left(-\dfrac{1}{2}\right) = \dfrac{9 \times 7}{4}$.

故 $p = \dfrac{3}{2}\sqrt{7}$.

答: (B)

26. 解法 1　假设包太太为 x 岁，则包先生为 $x+1$ 岁，而两位小孩分别假设为 y 岁及 $y+1$ 岁. 则可得 $x(x+1) + 2y+1=2011$.

因 $45 \times 46=2070$，故知 $x \leqslant 44$.

若 $x=44$，则 $2y+1=2011-44 \times 45=31$，即 $y=15$；

若 $x=43$，则 $2y+1=2011-43 \times 44=119$，此时会发现小孩年龄大于父母年龄，矛盾.

故四人的年龄为 44、45、15 及 16，因此 13 年前的年龄为 31、32、2 及 3，作相同计算后可得 $32 \times 31+2+3=997$.

解法 2　因先生与太太年龄的乘积加上他们两个小孩的年龄正好等于 2011，故包太太年龄的平方将小于且接近于 2011，估计可知 $44^2=1936<2011<45^2=2025$.

若包太太为 45 岁，则包先生为 46 岁且其乘积为 2070，不合；若包太太为 43 岁，则包先生为 44 岁且其乘积为 1892，故两个小孩的年龄和为

2011−1892=119，即知两位小孩的年龄分别为 59 与 60，不合；若包太太为 44 岁，则包先生为 45 岁且其乘积为 1980，故两个小孩的年龄和为 2011−1980=31，即知两位小孩的年龄分别为 15 与 16，满足题意．因此在 13 年前，全家的年龄由大至小依序为 32、31、3 及 2，故所得的值是 32×31+3+2=997.

答: 997

27．(同中学中级卷第 27 题)

因已知其中四个数 w、x、y、z 都分别等于与它相邻的四个表面上的四个数的平均，故可得

$$4w = 2011 + x + y + z, \tag{1}$$
$$4x = 1 + w + y + z, \tag{2}$$
$$4y = 2011 + 1 + w + x, \tag{3}$$
$$4z = 2011 + 1 + w + x. \tag{4}$$

从后两式可得知 $y=z$，再将 (1) 式−(2) 式，则有

$$4w - 4x = 2010 + x - w, \tag{5}$$
$$4x = 1 + w + 2y, \tag{6}$$
$$4y = 2012 + w + x. \tag{7}$$

接着 (5) 式+2×(6) 式÷(7) 式，则有

$$4w - 4x = 2010 + x - w, \tag{8}$$
$$4w + 4x + 4y = 2 \times 2012 + 2x + 2w + 4y. \tag{9}$$

化简后可得

$$w - x = 402, \tag{10}$$
$$w + x = 2012. \tag{11}$$

故知 2x=2012−402=1610，即 x=805．此时便可将全图完成如下:

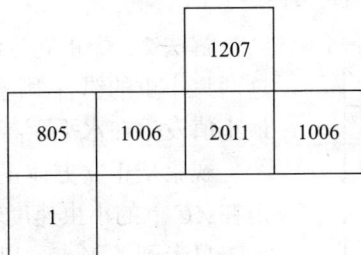

		1207	
805	1006	2011	1006
	1		

答: 805

28．(同中学中级卷第 28 题)

解法 1　假设在 AC 上的小虫速度较快，且它走到 X 点时，另一只走到 Y

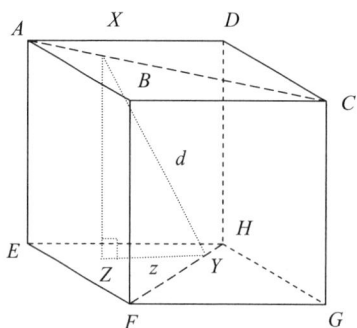

图 3-122

得如图 3-122 的平面.

现令 $z' = Y'Z'$，则知 $(z')^2 = (1-3t)^2 + (2t-t)^2 = 10t^2 - 6t + 1$．配方后可得

$$(z')^2 = 10\left(t^2 - \frac{3}{5}t + \frac{9}{100}\right) + 1 - \frac{9}{10} = 10\left(t - \frac{3}{10}\right)^2 + \frac{1}{10}.$$

故知 $(z')^2$ 的最小值是 $\frac{1}{10}$，发生在 $t = \frac{3}{10}$ 时．故可得

$$
\begin{aligned}
d^2 &= l^2 + z^2 \\
&= l^2(1 + (z')^2) \\
&= 40^2 \times 110 \times \left(1 + \frac{1}{10}\right) \\
&= 440^2,
\end{aligned}
$$

即这两只小虫的最短距离是 440.

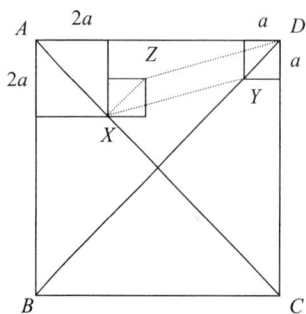

图 3-123

点，如图 3-121 所示. 则所求即为求 $d=XY$ 的最小值.

令正立方体棱长为 l 且 Z 点为 X 点在 $EFGH$ 平面上的投影，再令 $ZY=z$．则

$$d^2 = l^2 + z^2,$$

因 $l = 40\sqrt{110}$ 为定值，故需先找出 z 的最小值．而为了简化问题，可考虑一个 1×1 的正方形 $E'F'G'H'$，而较慢的小虫速度为 $\sqrt{2}$、较快的小虫速度为 $2\sqrt{2}$．则经过时间 t 后，可

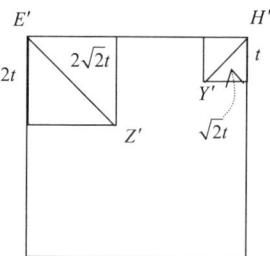

图 3-122

解法 2 令正立方体棱长为 $l = 40\sqrt{110}$．因这两只小虫的铅直距离即为 l，故实际距离 d 的最小值发生在水平距离 h 为最小时．

观察从正立方体正上方往下的投影图，令走在 AC 上的小虫速度较快，且它走到 X 点时，另一只走到了 Y 点，以及 Y 至边 CD 与 AD 的距离皆为 a，则可得到图 3-123.

其中点 Z 为使 $DYXZ$ 为平行四边形的点，

故知 $DZ=XY=h$，且可知 X、Z 为一个以边长为 a 的正方形上两个不相邻的顶点. 故可推得 Z 到 AB 的距离为 $3a$ 而 Z 到 AD 的距离为 a. 观察 A、D、Z 的相关位置，如图 3-124 所示.

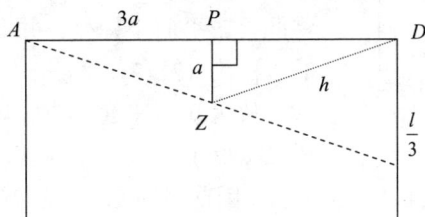

图 3-124

可知点 Z 位于 A 与 CD 上距 D 点较近的三等分点之连接. 故 h 的最小值发生在 $\triangle AZD$ 为直角三角形时，如图 3-125 所示.

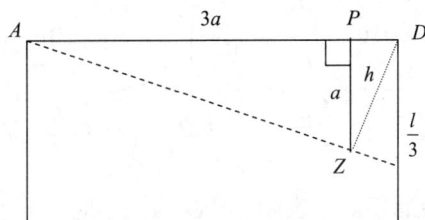

图 3-125

故 $\triangle AZD$、$\triangle APZ$、$\triangle ZPD$ 皆为相似三角形，故再由勾股定理可知，三边长的比例为 $3:1:\sqrt{10}$. 因此

$$l = AD = AP + PD = 3a + \frac{1}{3}a = \frac{10}{3}a \Rightarrow a = \frac{3}{10}l,$$

$$h = \frac{\sqrt{10}}{3}a = \frac{\sqrt{10}}{3} \times \frac{3}{10}l = \frac{l}{\sqrt{10}}.$$

因此两只小虫最接近的时候是水平距离 $h = \dfrac{l}{\sqrt{10}}$ 时，即

$$d = \sqrt{h^2 + l^2} = \sqrt{\frac{l^2}{10} + l^2} = l\sqrt{\frac{11}{10}} = 40\sqrt{110} \times \sqrt{\frac{11}{10}} = 440.$$

解法 3　作从正立方体正上方往下的投影图正方形 $ABCD$，并令其边长为 4，且速度较快的蚂蚁为从 A 至 C、速度较慢的蚂蚁为从 B 至 D. 再令 O 为中

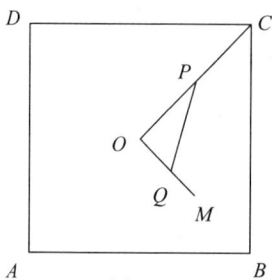

图 3-126

心且 M 为 BO 的中点，如图 3-126 所示.

可知当速度较快的蚂蚁抵达 O 点时，速度较慢的蚂蚁正行进至 M 点，此时在此投影的正方形上，这两只蚂蚁的距离为 $OM = \sqrt{2}$. 接着将此投影平面坐标化，并令 O 点为原点且 C 点的坐标为 $(2，2)$.

故可知当速度较快的蚂蚁位于 OC 上的点 $P(2x，2x)$ 时，其中 $0 \leqslant x \leqslant 1$，速度较慢的蚂蚁位于 OM 上的点 $Q(1-x，x-1)$. 因此可得知

$$PQ^2 = (2x-(1-x))^2 + (2x-(x-1))^2$$
$$= 9x^2 - 6x + 1 + x^2 + 2x + 1$$
$$= 10x^2 - 4x + 2.$$

配方后可得

$$(\sqrt{10}x)^2 - 2\times\sqrt{10}x\times\sqrt{\frac{2}{5}} + \left(\sqrt{\frac{2}{5}}\right)^2 + \frac{8}{5} = \left(\sqrt{10}x - \sqrt{\frac{2}{5}}\right)^2 + \frac{8}{5}.$$

故知其最小值发生在 $x = \frac{1}{5}$ 时，且其值为 $\sqrt{\frac{8}{5}} < \sqrt{2}$. 因两只蚂蚁的高度差恒为 4，故实际上最短的距离即发生在 PQ 为最小时，即 $\sqrt{\frac{8}{5}+16} = \sqrt{\frac{88}{5}}$. 但实际上正立方体的棱度为 $40\sqrt{110}$，为所假设之长度的 $10\sqrt{110}$ 倍，故所求为

$$\sqrt{\frac{88}{5}}\times 10\sqrt{110} = 440.$$

答: 440

29. **解法 1** 拉这些爆竹不同的方法可表示为 1 个六顶点的圈或 2 个三顶点的圈的图形. 因共有 $\frac{6!}{12} = 60$ 个不同的六顶点的圈及 $\frac{C_6^3}{2} = 10$ 种方式从六人中分成 2 个三顶点的圈. 因此共有 60+10=70 种方法.

解法 2 假设六个成员为 A、B、C、D、E 及 F. A 必须与两位不同成员一起拉，故共有 $\dbinom{5}{2} = 10$ 种选择. 现假设 A 分别与 B、C 拉，若 B 与 C 一起拉，则有

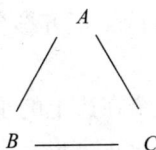

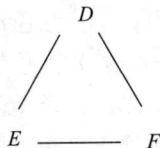

一种情况.

此时仍有其他六种情况:

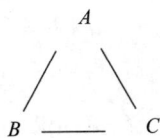

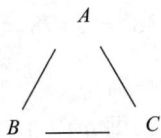

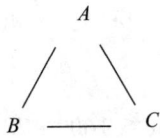

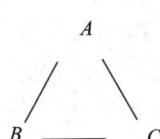

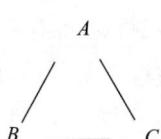

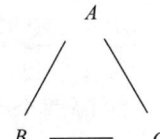

即共有七种情况. 故共有 10×7=70 种不同的方法.

答: 070

30．(同中学中级卷第 30 题)

(A) 首先证明至多可以有 420 个红色小正方形:

解法 1　考虑在这个 40×40 正方形内由四个 1×1 的小正方形所组成的 4×1 矩形. 显然在这四个小正方形中至多只能有两个是红色的,因此在 40×40 正方形的每一条边上的 40 个小正方形中至多有 20 个是红色的.

在 40×40 正方形的外面多加一层 1×1 的小正方形而使之成为 42×42 的大正方形,然后在与红色小正方形共有一条边的正方形中心都标记上一个点. 因在 40×40 的白色正方形每一条边上的 40 个小正方形至多有 20 个可以是红色的,故此时在外环多加的这一层小正方形中至多有 4×20=80 个小正方形会被标记上一个点，可知在这一个 42×42 的大正方形中至多会有 $80+40\times40=1680$ 个小正方形会被标记上点，一个红色小正方形的四周有四个正方形会被标记上点，因此至多能有 $1680\div4=420$ 个正方形涂上红色．

解法 2　假设共有 a 个角落的小正方形、b 个在边上的小正方形以及 c 个内部的小正方形被涂上红色，则知与这些涂色的小正方形有一条边相邻的小正方形共有 $2a+3b+4c$ 个，以及与这些在角落与边上的红色小正方形有一条边相邻且也位在角落与边上的小正方形共有 $2a+2b$ 个．故知

$$\begin{cases}2a+3b+4c\leqslant1600\\ 2a+2b\leqslant40^2-38^2=2\times78\\ a\leqslant4\end{cases}\Rightarrow\begin{cases}2a+3b+4c\leqslant1600,\\ a+b\leqslant78,\\ a\leqslant4.\end{cases}$$

可得 $4a+4b+4c\leqslant1600+78+4$，即 $a+b+c\leqslant\dfrac{1682}{4}=420\dfrac{1}{2}$，所以至多能有 420 个红色正方形．

(B) 验证可以构造出涂有 420 个红色小正方形的方法．

解法 1　先观察位于这个 40×40 白色正方形正中央的 4×4 正方形．先将这个 4×4 正方形的左上角的两个小正方形涂上红色，接着以顺时针方向在 4×4 正方形边上的小正方形每隔两个小正方形后再将两个小正方形涂上红色，如图 3-127 所示，便可将 6 个小正方形涂上红色．

R	R		
			R
			R
R	R		

图 3-127

接着往外扩展，依照相同方法，可将位于这个 40×40 白色正方形正中央的 8×8 正方形如图 3-128 涂色．

R	R			R	R		
							R
		R	R				R
R					R		
R					R		
		R	R				R
							R
R	R			R	R		

图 3-128

由此观察可知在 40×40 白色正方形正中央的 4×4 正方形边上的小正方形有

一半涂上红色，接着往外一层的小正方形皆不能为红色，再来在中央的 8×8 正方形边上的小正方形有一半涂上红色、在中央的 12×12 正方形边上的小正方形有一半涂上红色……即涂上红色的小正方形个数为

$$\frac{(4^2-2^2)}{2}+\frac{(8^2-6^2)}{2}+\frac{(12^2-10^2)}{2}+\cdots+\frac{(40^2-38^2)}{2}$$

$$=(4+2)+(8+6)+(12+10)+\cdots+(40+38)$$

$$=(2+40)\times 20\div 2$$

$$=420.$$

解法 2   如图 3-129 所示，从 40×40 白色正方形正中央的点沿网格线绘出一条蓝色的螺旋线，并依图示的方法将小正方形标记上黑点，则由内圈至外圈共 2+4+6+8+…+40=420 个小正方形标记上黑点，且此种标记方法使每一个方格恰只有一个邻格被标记上黑点，因此可将标记上黑点的方格涂上红色，且此种涂法满足题意. 故至少有 420 个小正方形可涂红色.

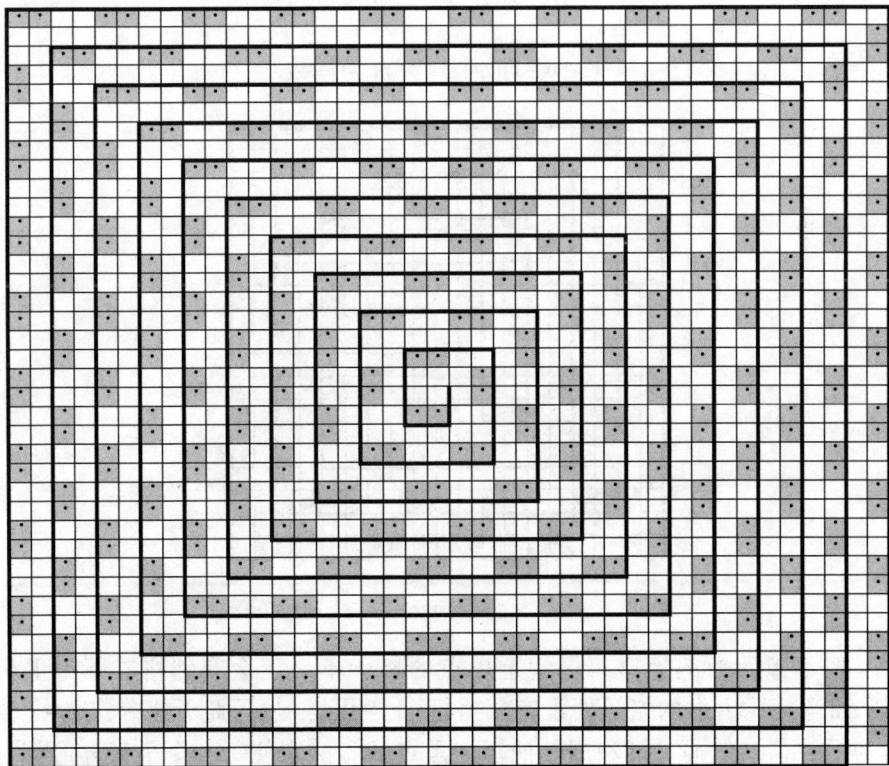

图 3-129

更进一步来看,对任何一个涂红色的小方格来说,每一个涂上红色的小正方形都与这 420 个红色小正方形其中一个相邻,且每一个标记上黑点的小方格不会有多于一个相邻的红色小方格,因此可涂红色的小方格不会多于 420 个. 因此至多有 420 个小方格可涂上红色.

答: 420

评注 以上的方法可用于 n 为偶数的情形,此时最多可将 $2+4+6+\cdots+n=\frac{1}{4}n(n+2)$ 个小方格涂上红色. 现考虑 n 为奇数的情形,从大正方形正中央格子右下角的点沿网格线绘出一条蓝色的螺旋线,并依图 3-130 所示的方法将小正方形标记上黑点,则

$$n = 2m-1,$$
$$M = 1+2+6+6+10+10+\cdots+(n\pm1)$$
$$= \begin{cases} \dfrac{1}{4}(n+1)^2, & m \text{ 为奇数,} \\ \dfrac{1}{4}(n-1)(n+3), & m \text{ 为偶数.} \end{cases}$$

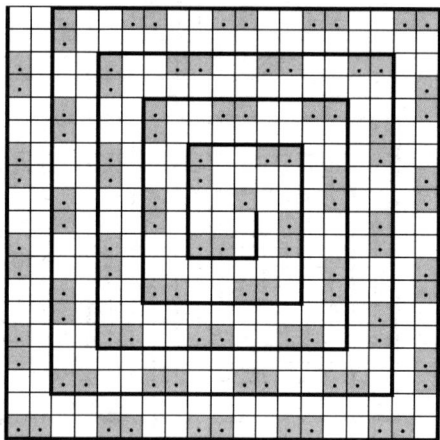

图 3-130

但不像偶数的情形,标记上黑点的格子不一定会有邻格被标记上黑点,如螺旋线出发的格子便没有邻格标记上黑点,也因此无法确定 M 之值即为最大值. 然而,可利用其他标记黑点的方法来使每一个小正方形都有一个邻格标记上黑点. 如图 3-130 所示的方法即为其中一种方式,但不像

偶数的情形，此时某些小正方形有可能有超过一个邻格会标记上黑点．例如，$n=4k+1$ (图 3-131) 与 $n=4k+3$ (图 3-132) 的情形．

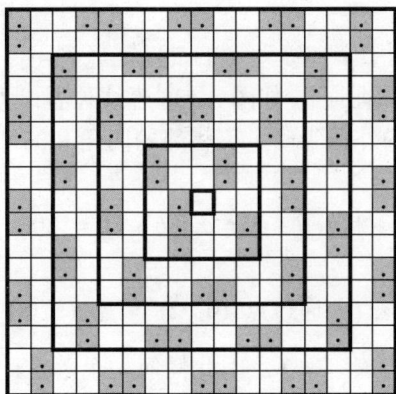

图 3-131

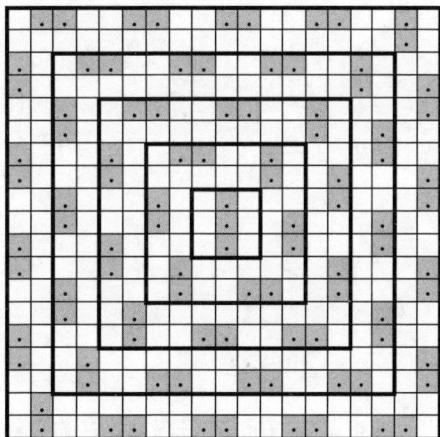

图 3-132

$$n = 4k+1,$$
$$M = 1+8+16+\cdots+(2n-2)$$
$$= \frac{1}{4}(n+1)^2.$$

$$n = 4k+3,$$
$$M = 3+12+20+\cdots+(2n-2)$$
$$= \frac{1}{4}(n-1)(n+3).$$

如此便可得到所有情形的表 3-5 最大值，如表 3-5 所示．

表 3-5

n	M	n	M	n	M	n	M	n	M	⋯
1	1	5	9	9	25	13	49	17	81	⋯
2	2	6	12	10	30	14	56	18	90	⋯
3	3	7	15	11	35	15	63	19	99	⋯
4	6	8	20	12	42	16	72	20	110	⋯

3.7 2012 年中学高级卷试题解析与评注

1. $2012-2.012=2009.988$.

答: (E)

2. (同中学初级卷第 10 题、中级卷第 5 题)

令所求为 x，则有 $\dfrac{6}{x} = \dfrac{1}{3}$，因此 $x=18$.

答: (A)

3. (同中学初级卷第 11 题)

作一条辅助线，如图 3-133 虚线位置: 则可利用三角形的外角为两个不相邻的内角和的性质二次，可得

$$x = \alpha + 30 + \beta + 40 = \alpha + \beta + 70 = 120.$$

答: (E)

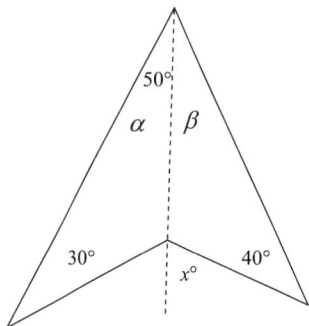

图 3-133

4. **解法 1**　通过点 $(0, 2)$ 与点 $(2, 8)$ 的直线之斜率为 $\dfrac{8-2}{2} = 3$. 因此任何一个落在此直线上的点与点 $(0, 2)$ 连接而成的直线之斜率也必等于 3.

逐一检验各点与 $(0, 2)$ 连接所得之斜率，与 (A) 连接所得斜率为 $\dfrac{14-2}{4} = 3$、与 (B) 连接所得斜率为 $\dfrac{14-2}{3} = 4$、与 (C) 连接所得斜率为 $\dfrac{10-2}{3} = 2\dfrac{2}{3}$、与 (D) 连接所得斜率为 $\dfrac{10-2}{4} = 2$、与 (E) 连接所得斜率为 $\dfrac{2-0}{0-2} = -1$.

解法 2　通过点 $(0, 2)$ 与点 $(2, 8)$ 的直线之斜率为 $\dfrac{8-2}{2} = 3$，故直线之方程为 $y=3x+2$. 逐一将各点代入，只有选项 (A) 符合.

答: (A)

5. 在 $\dfrac{a}{b}$ 与 $\dfrac{c}{b}$ 正中间的数是 $\dfrac{1}{2}\left(\dfrac{a}{b} + \dfrac{c}{b} \right) = \dfrac{a+c}{2b}$.

答: (E)

6. $3^{16} \times 27^{10} = 3^{16} \times 3^{30} = 3^{46} = 9^x = 3^{2x}$，因此 $x=23$.

答: (C)

7. $\dfrac{p}{p-2q} = \dfrac{\dfrac{p}{q}}{\dfrac{p}{q}-2} = 3$，因此 $\dfrac{p}{q} = 3\dfrac{p}{q} - 6$，即 $\dfrac{p}{q} = 3$.

答: (A)

8．因这两瓶香水罐的外形相似且其中一罐的高度是另一罐的两倍，故大瓶香水罐容量为小瓶香水罐容量的 $2×2×2=8$ 倍，因此小瓶香水罐的容量为 $270÷9=30\,\mathrm{ml}$．

答：(B)

9．可知 xy 与 $x(y+1)=xy+x$ 的差为 x，故共有 $x-1$ 个整数大于 xy 但小于 $x(y+1)$．

答：(E)

10．(同中学中级卷第 13 题)

由对称性与勾股定理可得知小三角形的三个边长为 $1\,\mathrm{m}$、$2\,\mathrm{m}$ 与 $\sqrt{5}\,\mathrm{m}$．

由图 3-134 可知需 4 个 $1\,\mathrm{m}$ 的边、3 个 $2\,\mathrm{m}$ 的边与 4 个 $\sqrt{5}\,\mathrm{m}$ 的边，因此建造整个形状总共需要 $10+4\sqrt{5}\,\mathrm{m}$ 的骨架．

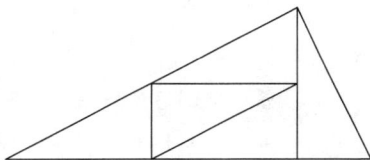

图 3-134

答：(C)

11．令这五个数依序为 5、x、y、z、16，因为这五个数的平均数是个质数且等于其中位数，故 $y=7$、11 或 13．

若 $y=7$，则 $x=6$ 且总和为 35，故 $z=1$，不合；

若 $y=11$，则总和为 55 且 $x=10$、9、8、7 或 6，此时对应之 $z=13$、14、15 或 16，但因这五个数为相异正整数，故 $z=16$ 不合，即此情形下，第二大的数共有 3 种可能值；

若 $y=13$，则总和为 65 且 $z=14$ 或 15，此时对应之 $x=17$ 或 16，都不合．

因此第二大的数共有 3 个可能值．

答：(D)

12．$3^{\frac{3}{2}}$、$3^{\frac{5}{2}}$、$3^{\frac{7}{2}}$ 的平均值为

$$\frac{1}{3}(3\sqrt{3}+9\sqrt{3}+27\sqrt{3})=\frac{1}{3}(39\sqrt{3})=13\sqrt{3}．$$

答：(E)

13．如图 3-135 所示，令 $QS=QT=p$、$PS=PR=q$．则由勾股定理可得

$$(p+q)^2=(2p)^2+q^2,$$
$$p^2+2pq+q^2=4p^2+q^2,$$

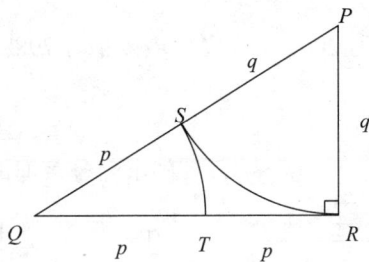

图 1-135

$$2pq = 3p^2,$$
$$2q = 3p,$$
$$p : q = 2 : 3.$$

答：(E)

14. 对老鹰队来说，每一场友谊赛的获胜概率为 $P(W) = \dfrac{1}{3}$、落败概率为

$P(L) = \dfrac{2}{3}$. 而要赢得此系列赛的情形有 WWW、WWL、WLW、LWW，因此

老鹰队赢得此项友谊赛的概率为

$$\left(\frac{1}{3} \times \frac{1}{3} \times \frac{1}{3}\right) + \left(\frac{1}{3} \times \frac{1}{3} \times \frac{2}{3}\right) + \left(\frac{1}{3} \times \frac{2}{3} \times \frac{1}{3}\right) + \left(\frac{2}{3} \times \frac{1}{3} \times \frac{1}{3}\right)$$

$$= \frac{1}{27} + \frac{2}{27} + \frac{2}{27} + \frac{2}{27} = \frac{7}{27}.$$

答：(D)

15. 如图 3-136 所示，可知 $\triangle ABX$ 与 FGX 为相似三角形，因此 $\triangle ABX$ 在 AB 边上的高为 $\triangle FGX$ 在 FG 边上的高之三倍且其总和为 20，因此 $\triangle ABX$ 在 AB 边上的高为 15 而 $\triangle FGX$ 在 FG 边上的高为 5.

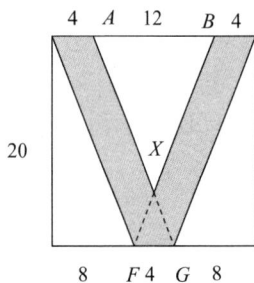

因此没有阴影的部分面积为 $2 \times \dfrac{1}{2} \times 8 \times 20 + \dfrac{1}{2} \times 12 \times 15 = 250$，即阴影部分的面积为 $20 \times 20 - 250 = 150$（cm^2）.

图 3-136

答：(B)

16. $10^{2012} - 2012 = 9999\cdots997988$ 这个数为 2008 个 9 之后再接着写 7988，因此数码和为 $2008 \times 9 + 7 + 9 + 8 + 8 = 18104$.

答：(B)

17. 假设这个直角三角形的三边长分别为 2、$2r$ 及 $2r^2$，则由勾股定理可得 $4 + 4r^2 = 4r^4$，解 r^2 可以得到 $r^2 = \dfrac{4 \pm \sqrt{16 + 64}}{8} = \dfrac{4 \pm 4\sqrt{5}}{8} = \dfrac{1}{2}(1 \pm \sqrt{5})$，其中因 $r^2 > 0$ 而舍去负解. 因此由假设知斜边长度为 $2r^2 = 1 + \sqrt{5}$.

答：(A)

18. **解法 1**　可知第一张被小马猜中是 X 的概率为 $\dfrac{4}{8}$，接着被猜中是 Y 的

概率为 $\dfrac{4}{7}$．因这是独立事件，故知 $P(XY)=\dfrac{4}{8}\times\dfrac{4}{7}$．以此类推，可得知

$$P(XYXYXYXY)=\frac{4}{8}\times\frac{4}{7}\times\frac{3}{6}\times\frac{3}{5}\times\frac{2}{4}\times\frac{2}{3}\times\frac{1}{2}\times\frac{1}{1}=\frac{1}{70}.$$

解法 2　可知 4 个 X 与 4 个 Y 的排列组合方式共有 $C_8^4=\dfrac{8!}{4!4!}=70$ 种，每一

种情形发生的概率都一样，因此出现 $XYXYXYXY$ 的概率为 $\dfrac{1}{70}$．

答: (B)

19. 假设每一片瓷砖的尺寸为 $a\times b$，且由已知周长为 24 cm 可得 $a+b=12$．令
这一长行上共有 n 块瓷砖，则知

$$3\sqrt{a^2+b^2}=\sqrt{a^2+n^2b^2},$$
$$9a^2+9b^2=a^2+n^2b^2,$$
$$8\frac{a^2}{b^2}=n^2-9.$$

故知 b 必整除 a．

由此可得 $(a,\ b)=(11,\ 1)$、$(10,\ 2)$、$(9,\ 3)$、$(8,\ 4)$ 或 $(6,\ 6)$．因

$\quad\quad 8\times121+9=997$ 不是一个完全平方数，

$\quad\quad 8\times25+9=209$ 不是一个完全平方数，

$\quad\quad 8\times9+9=81$ 为一个完全平方数，

$\quad\quad 8\times4+9=41$ 不是一个完全平方数，

$\quad\quad 8\times1+9=17$ 不是一个完全平方数，

故 $n=9$．

答: (C)

20. **解法 1**　如图 3-137 所示，令
$PQ=r$、$\angle P=\theta$、$\angle R=2\theta$．

接着由正弦定理可以得知 $\dfrac{4}{\sin\theta}=$

$\dfrac{r}{\sin 2\theta}=\dfrac{r}{2\sin\theta\cos\theta}$，即 $r=8\cos\theta$，因

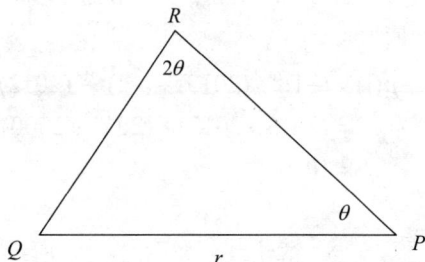

图 3-137

此可推得 $\cos 2\theta = 2\cos^2\theta - 1 = \dfrac{r^2}{32} - 1$. 现再由余弦定理可知

$$r^2 = 16 + 25 - 2 \times 4 \times 5 \times \cos 2\theta = 41 - 40\left(\dfrac{r^2}{32} - 1\right) = 81 - \dfrac{5}{4}r^2.$$

解方程即可得 $r=6$.

解法 2 如图 3-138 所示, 令 $\angle R$ 的角平分线交 PQ 于 S, 则可推知 $\triangle PQR$ 与 $\triangle RQS$ 为相似三角形. 令 $QS=x$ 与 $SP=y$.

接着由 $\dfrac{PR}{RQ} = \dfrac{PS}{QS}$ 知 $\dfrac{5}{4} = \dfrac{y}{x}$, 即 $y = \dfrac{5}{4}x$; 再由 $\dfrac{PQ}{QR} = \dfrac{QR}{QS}$ 知 $\dfrac{x+y}{4} = \dfrac{4}{x}$, 即

$$x(x+y) = 16,$$

$$x\left(x + \dfrac{5x}{4}\right) = 16,$$

$$x^2 = \dfrac{16 \times 4}{9},$$

$$x = \dfrac{8}{3}.$$

因此 $y = \dfrac{5}{4}x = \dfrac{10}{3}$ 且 $PQ = x + y = \dfrac{8}{3} + \dfrac{10}{3} = 6$.

答: (B)

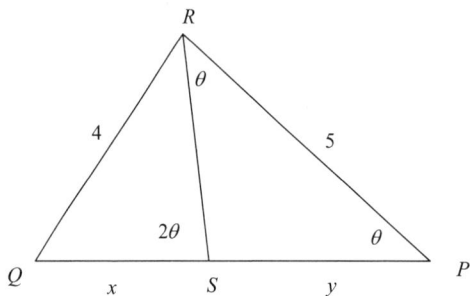

图 3-138

21. $p(x)$ 的各项系数之和即为 $x=1$ 时的取值, 而

$$p(1) = (-1)^{2012}(2013) + (-1)^{2011}(2012) + \cdots + (-1)(2)$$
$$= (2013 - 2012) + (2011 - 2000) + \cdots + (3 - 2)$$
$$= 1006.$$

答: (A)

22. **解法 1** 如图 3-139 所示, 考虑点 P_1 及由该点连出的弦 P_1P_2 、 P_1P_3 、 $\cdots$ 、 P_1P_{12}.

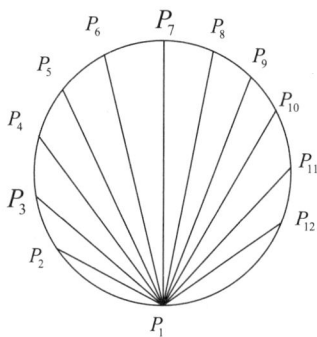

图 3-139

对 P_1P_2 来说，共有 10 个点位在 P_1P_2 的同一侧，因此 P_1P_2 可以与这 10 点中的任意两个点所构成的弦都形成一组不相干的弦对，此时共决定了 C_{10}^2 组不相干的弦对。可知 P_1P_3 则可以决定出 C_9^2 组不相干的弦对，而 P_1P_4 因有 2 个点位在 P_1P_4 的一侧及 8 个其余的点位在 P_1P_4 的另一侧，故决定了 $C_8^2 + C_2^2$ 组不相干的弦对；其余的弦可以此类推，因此由观察 P_1 所得到的不相干的弦对共有

$$C_{10}^2 + C_9^2 + (C_8^2 + C_2^2) + (C_7^2 + C_3^2) + \cdots + (C_2^2 + C_8^2) + C_9^2 + C_{10}^2.$$

其值为 $2(C_{10}^2 + C_9^2 + C_8^2 + \cdots + C_3^2 + C_2^2) = 330$ 组。

重复以上步骤套用至所有的点，此时因每条弦都算了 2 次、构造不相干的弦对也算了 2 次，因此总数为 $330 \times 12 \div 2 \div 2 = 990$ (组)。

解法 2　可知每一组不相干的弦对共有 4 个点，而每四个点可以得到 2 组不相干的弦对，因此共有 $2C_{12}^4 = 2 \times \dfrac{12 \times 11 \times 10 \times 9}{4 \times 3 \times 2 \times 1} = 11 \times 10 \times 9 = 990$ (组)。

解法 3　可知共有 $C_{12}^4 \times C_{10}^2 \div 2 = \dfrac{66 \times 45}{2} = 33 \times 45$ (组) 弦对，其中不是不相干的弦对共有 $C_{12}^4 = \dfrac{12 \times 11 \times 10 \times 9}{4!} = 11 \times 45$ (组)，所以不相干的弦对共有 $33 \times 45 - 11 \times 45 = 22 \times 45 = 990$ (组)。

答：(D)

23．由 $x^2 - 8x - 1001y^2 = 0$ 可得 $y^2 = \dfrac{x(x-8)}{7 \times 11 \times 13}$，故可知 $x=0$ 与 $x=8$ 是不合题意的，且可观察出当 y 值增加时，x 的取值也会对应增加。因此从 $y=1$ 开始考虑：

$y=1$ 时，可得 $x(x-8) = 7 \times 11 \times 13$，此时 x 无正整数解；

$y=2$ 时，可得 $x(x-8) = 4 \times 7 \times 11 \times 13$，此时 x 无正整数解；

$y=3$ 时，可得 $x(x-8) = 9 \times 7 \times 11 \times 13 = 99 \times 91$.

因此 $x=99$ 而 $y=3$。

故知 $x+y$ 的极小值是 102。

答：(C)

24．对于这个四角锥的任意一个侧面，其边长的关系如图 3-140 所示。

现观察这个四角锥放入球体后由顶点往底面

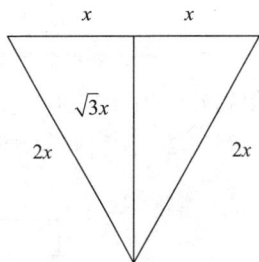

图 3-140

作一个垂直于底面的切面，此时得到的图形之边长关系如图 3-141 所示.

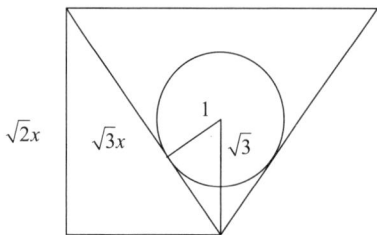

图 3-141

其中 x 与 $\sqrt{x}$ 的值与图 3-140 相同，而 $\sqrt{2x}$ 可在较大的直角三角形中由勾股定理得到. 而可推得这两个直角三角形为相似三角形，因此较小的直角三角形之斜边，便是球的球心与四角锥的顶点之距离，即 $\sqrt{3}$.

答: (D)

25. **解法 1**　列出 -2 的幂次方所对应的十进制之值 (表 3-6).

表 3-6

$(-2)^0$	$(-2)^1$	$(-2)^2$	$(-2)^3$	$(-2)^4$	$(-2)^5$	$(-2)^6$
1	-2	4	-8	16	-32	64
$(-2)^7$	$(-2)^8$	$(-2)^9$	$(-2)^{10}$	$(-2)^{11}$	$(-2)^{12}$	$(-2)^{13}$
-128	256	-512	1024	-2048	4096	-8192

现要将 2000 表示成 -2 的幂次方之和.

观察知 $-(-2)^n = (-2)^n + (-2)^{n+1}$ 且 $2(-2)^n = -(-2)^{n+1}$，如 $512 = -(-2)^9 = (-2)^9 + (-2)^{10} = -512 + 1024$ 且 $2 \times 1024 = 2(-2)^{10} = -(-2)^{11} = -(-2048)$. 利用以上观察，并将 -2 的奇数次方取代，可得

$$2000 = 11111010000_2 = 1024 + 512 + 256 + 128 + 64 + 16$$
$$= 2^{10} + 2^9 + 2^8 + 2^7 + 2^6 + 2^4$$
$$= (-2)^{10} - (-2)^9 + (-2)^8 - (-2)^7 + (-2)^6 + (-2)^4$$
$$= (-2)^{10} - (-2)^9 + (-2)^8 + (-2)^8 + (-2)^7 + (-2)^6 + (-2)^4$$
$$= (-2)^{10} - (-2)^9 - (-2)^9 + (-2)^7 + (-2)^6 + (-2)^4$$
$$= (-2)^{10} + (-2)^{10} + (-2)^7 + (-2)^6 + (-2)^4$$
$$= -(-2)^{11} + (-2)^7 + (-2)^6 + (-2)^4$$
$$= (-2)^{12} + (-2)^{11} + (-2)^7 + (-2)^6 + (-2)^4,$$

即得到 1100011010000_{-2}，因此共有 5 个不是 0 的数码.

解法 2　用直式将十进制转换为 -2 进制:

-2	2000		
-2	-1000	⋯	0
-2	500	⋯	0

−2		−250	⋯	0
−2		125	⋯	0
−2		−62	⋯	1
−2		31	⋯	0
−2		−15	⋯	0
−2		8	⋯	1
−2		−4	⋯	0
−2		2	⋯	0
−2		−1	⋯	0
	1		⋯	1

即得到 $2000 = 1100011010000_{-2}$，因此共有 5 个不是 0 的数码.

答: (C)

26. 假设从货仓至 A 休息等候的地点之距离为 a km、从货仓至 C 的家之距离为 b km.

解法 1　B 自己一个人骑车至少骑了 $2(b-a)$ km，故知 $2b-2a \leqslant 300$. 而两人合计至少骑了 $(2a+2b)$ km，故知 $2b+2a \leqslant 600$，因此 $4b \leqslant 900$，即 $b \leqslant 225$. 若等号成立，即 $b-a=150$ 且 $b+a=300$，故 $b=225$ 而 $a=75$.

此可利用以下方式得到: A 和 B 一起骑 75 km，此时二人皆使用了 $\frac{1}{4}$ 的油，接着从 A 的摩托车油箱抽油注入 B 的摩托车油箱至满油箱，此时 A 的油箱剩一半的油. 然后 B 最多可再骑 150 km 至 C 的家便需返回，到 A 等候处恰将油用完，接着 A 可从自己的摩托车油箱抽满油箱时容量的 $\frac{1}{4}$ 的油注入 B 的摩托车油箱，则二人可同时再骑 75 km 回到货仓. 因此 C 的家离货仓最远可为 225km.

解法 2　透过如题意的操作方式，假设从货仓至 A 休息等候的地点之距离为 a km，最佳情况为 B 折返至此处正好没油，故 B 保留可行驶 $2a$ 的油量而将行驶 $300-3a$ 的油量给 A. 此时 A 共有行驶 $600-4a$ 的总油量，而此油量不可以行驶超过 300 km，即 a 必须不小于 75. 可得知 B 最远可达的地点为 $a+(300-2a)=300-a$ (km) 处，而 a 越大 B 最远可达的地点越小，因此 B 最远可至距货仓 $300-75=225$ (km) 处.

答: 225

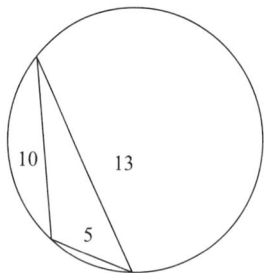

27. 如图 3-142 所示，令 28 个圆周上的点为 P_1、P_2、$\cdots$、P_{28}，则任意一个由其中三点所构成的三角形的三个内角之角度比与其对边所截的弧长之长度比相同，这是因为每一个内角都是其对边所截之弧的圆周角，其值为圆心角的一半。

例如，若称一个三角形的边长为 n，即其所截之弧为 $P_k P_{k+n}$，则边长总和为 28 且边的对角之比即为边所截的弧长之比。边所截的弧长为 1，则其对角的角度为 $\frac{\pi}{28}$；边所截的弧长为 n，则其对角的角度为 $\frac{n\pi}{28}$。如图 3-142 中，边所截的弧长为 5 的对角，其角度为 $\frac{5\pi}{28}$，而边所截的弧长为 10 的对角，其角度为 $\frac{10\pi}{28}$，即为边所截的弧长为 5 的对角的 2 倍。因此所求之三角形必有一条边所截的弧长恰为另一条边所截的弧长的两倍。因三边所截的弧长总和为 28，故知这些三角形的边所截的弧长为

$$1，2，25；$$
$$2，4，22；$$
$$3，6，19；$$
$$4，8，16 \ 此等价于 \ 8，16，4；$$
$$5，10，13；$$
$$6，12，10；$$
$$7，14，7；$$
$$9，18，1。$$

以上这 8 个不同的三角形每个都可绕 28 个顶点旋转翻转，但中有一个三角形 7，14，7 为等腰三角形，会被重复计算，而因此共有 $(8-1) \times 2 \times 28 + 28 = 420$ 个不同的三角形。

答：420

28. (同中学中级卷第 29 题)

此答案必仅有一解，否则若有两个不同的解，则这两个解里对应的方格所填之数相减，此时将可获得另一个仍满足题意所要求的平均条件的填法，但此时可发现其四个角落都为 0 而可推得全部的方格都必须为 0，即这两个解内对应的方格所填之数都相等，换言之，此二解相同，矛盾。现由这四个角落所填

之数观察，若有一解，则不论将这个解镜像填入、旋转填入或将方格内的数加上负号填入仍会满足题意，因此可假设此填法为图 3-143.

+1000	y	0	$-y$	−1000
y	x	0	$-x$	$-y$
0	0	0	0	0
$-y$	$-x$	0	x	y
−1000	$-y$	0	y	+1000

图 3-143

因此只需求得 x、y 之值即可．由这两个数的位置可知

$$y = \frac{1}{3}(1000 + x),$$

$$x = \frac{1}{4}(2y + 0) = \frac{y}{2}.$$

故知 $3y = 1000 + \frac{y}{2}$，即 $y=400$、$x=200$．所以标记 x 的小方格内的数是 200，填数方式如图 3-144 所示.

+1000	400	0	−400	−1000
400	200	0	−200	−400
0	0	0	0	0
−400	−200	0	200	400
−1000	−400	0	400	+1000

图 3-144

答：200

29. (同中学初级卷第 30 题、中级卷第 30 题)

解法 1　可知从 $T_0 = [0]$ 开始，可得 $T_1 = [0\,|\,1\,|\,2]$、$T_2 = [0, 1, 2\,|\,1, 2, 3\,|\,2, 3, 4]$

以及 $T_3 = [0,1,2,1,2,3,2,3,4 \mid 1,2,3,2,3,4,3,4,5 \mid 2,3,4,3,4,5,4,5,6] = [t_1, t_2, t_3, \cdots, t_{27}]$，其中 T_3 的三个部分可以看成 T_2、T_2+1、T_2+2.

由规则可知 T_n 的最大数为 $2n$，且经过 n 次迭代后共有 3^n 项. 因 $3^6 = 729 < 2012 < 2187 = 3^7$，故要求出第 2012 项要从 T_7 开始看起. 由观察以上规则可以看出:

因 2012=729+729+554，故第 2012 项 $t_{2012} = t_{554} + 2$；

而因 554=243+243+68，故第 554 项 $t_{554} = t_{68} + 2$；

再因 68=27+27+14，故第 68 项 $t_{68} = t_{14} + 2$；

最后因 14=9+5，故第 14 项 $t_{14} = t_5 + 1$.

因此可知

$$t_{2012} = t_{554} + 2 = t_{68} + 2 + 2 = t_{14} + 2 + 2 + 2 = t_5 + 1 + 2 + 2 + 2$$
$$= 2 + 1 + 2 + 2 + 2 = 9.$$

解法 2 可知每经过一次泰勒化所得到的一组数之个数是泰勒化前那一组数的 3 倍，故考虑三进制. 将泰勒化后所得到的数依序与三进制中由小至大的数一一对应后可得表 3-7.

表 3-7

0	1	2	1	2	3	2	3	4	1
0	1	2	10	11	12	20	21	22	100
2	3	2	3	4	3	4	5	2	…
101	102	110	111	112	120	121	122	200	…

可发现泰勒化中的数，即为其所对应的三进制中的数之数码和，因此第 2012 个数即为三进制中由小至大第 2012 个数之数码和. 因 $2012 = 2202111_3$，故所求为 $2+2+0+2+1+1+1 = 9$.

答：009

30. 可知

$$\sin x \cos x + \sin y \cos y + \sin x \sin y + \cos x \cos y = 1,$$

$$\frac{1}{2} \sin 2x + \frac{1}{2} \sin 2y + \cos(x - y) = 1,$$

$$\frac{1}{2}(2 \sin(x+y) \cos(x-y)) + \cos(x-y) = 1,$$

$$\cos(x-y)(1 + \sin(x+y)) = 1,$$

$$\cos(x-y)=\frac{1}{1+\sin(x+y)}.$$

因此 $\cos(x-y)$ 的最小值发生在

$$\sin(x+y)=1,\ \text{即}\ x+y=90,\ 450,\ 810,\ \cdots,$$

此时

$$\cos(x-y)=\frac{1}{2},\ \text{即}\ x-y=60,\ 300,\ 420,\ \cdots,$$

因此可知 $x+y=90+360n$ 且 $x-y=\pm60+360m$，因此

$$2x-y=\frac{1}{2}(x+y)+\frac{3}{2}(x-y)=45\pm90+180n+540m.$$

此即任何一个满足 180 的倍数再减去 45 的数，因此所求之最接近 360° 的度数为 $360-45=315$.

答: 315

3.8　2013 年中学高级卷试题解析与评注

1. $\dfrac{0.6}{12}=\dfrac{0.60}{12}=0.05$.

答: (C)

2. (A) $3^2+4^2=25\neq5.2^2$; (B) $1^2+\sqrt{5}^2=6\neq4^2$;
(C) $6^2+8^2=100=10^2$; (D) $1^2+2.1^2=5.41\neq3^2$;
(E) $2^2+3^2=13\neq7^2$.

注　事实上图形 B、E 并不存在.

答: (C)

3. 令上一季的产量为 y 吨，则 $1.2y=114$，$y=114\div1.2=95$.

答: (E)

4. $600^3=216\times10^6$、$5000^3=1.25\times10^{11}$、$6000^3=2.16\times10^{11}$、$50000^3=1.25\times10^{14}$、$60000^3=2.16\times10^{14}$，而

$$2\times10^{11}<201320132013<2.1\times10^{11},$$

故知 201320132013 的立方根接近于 6000.

答: (C)

5. (同中学中级卷第 7 题)
$p=4b+26=2(2b+13)$，故 p 恒可被 2 整除；$p=4b+26=4(b+6)+2$，

因此 p 不可能被 4 整除;

当 $b=1$ 时, $p=30$ 可能被 5 与 6 整除;

当 $b=4$ 时, $p=42$ 可能被 7 整除.

注　由中国剩余定理可知, 只要 m 不是 4 的倍数, p 都可能被 m 整除.

答: (B)

6. 继续将此数列写下去:

1、2、1、-1、-2、-1、1、2、1、-1、-2、-1、$\cdots$.

可发现这是一个由 1、2、1、-1、-2、-1 这六个数一直依序重复出现的循环数列, 故这个数列的前 42 项是这六个数重复出现 7 次, 故其总和为

$$(1+2+1+(-1)+(-2)+(-1))\times 7 = 0.$$

答: (A)

7. (A) $5x+12y-12=0$: 当 $x=0$ 时, $y=1$; 当 $y=0$ 时, $x=\dfrac{12}{5}$. 与图示相符;

(B) $4x+y+1=0$: 当 $x=0$ 时, $y=-1$, 不合;

(C) $3x-7y+7=0$: 当 $y=0$ 时, $x=-\dfrac{7}{3}$, 不合;

(D) $3x-2y+2=0$: 当 $y=0$ 时, $x=-\dfrac{2}{3}$, 不合;

(E) $2x+3y-3=0$: 当 $y=0$ 时, $x=\dfrac{3}{2}$, 不合.

答: (A)

8. 当小克跑了 100 m 时, 小杰只跑 90 m, 即小杰速度为小克的 0.9 倍. 当小孔跑了 100 m 时, 小克只能跑 95 m, 故可得小杰只能跑 95×0.9=85.5 (m), 因此小孔赢 100−5.5=14.5 (m).

答: (C)

9. 由比例可知每有 24 只羊驼, 便有 16 只骆驼、3 位管理员, 即每有 24+16=40 只动物, 便有 3 位管理员, 故所求的数量比为 40∶3.

答: (D)

10. (同中学初级卷第 17 题)

将操作五次之后所得的结果整理如图 3-145 所示, 其中细线代表加 1、粗线代表乘以 2, 因此不可能是计算结果之最小的数是 11.

答: (A)

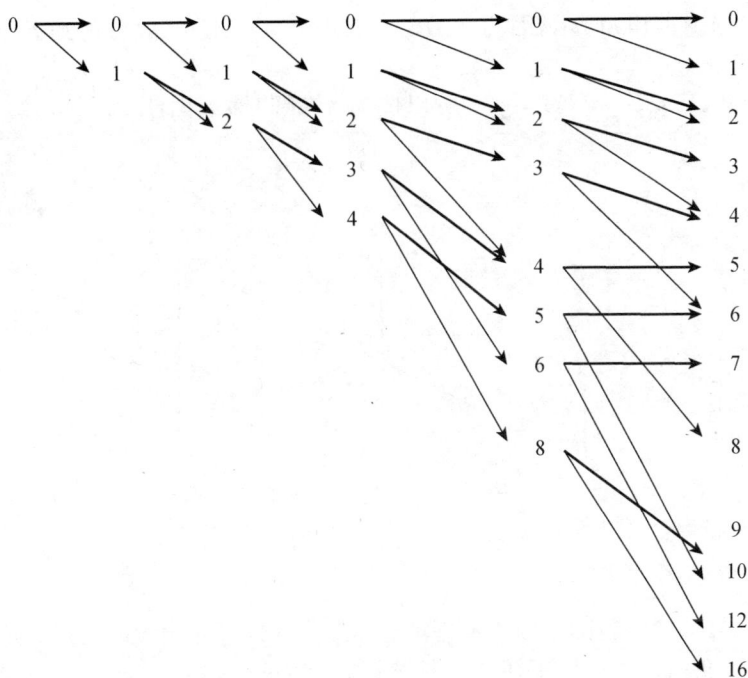

图 3-145

11．可知取出白石子的概率为 $\dfrac{1}{3}\times\dfrac{1}{4}+\dfrac{1}{3}\times\dfrac{1}{4}+\dfrac{1}{3}\times\dfrac{1}{5}=\dfrac{7}{30}$.

答: (A)

12．若令 $y=1+\sqrt{1-(x-2)^2}$ ，则

$y-1=\sqrt{1-(x-2)^2}$ ，即

$$(x-2)^2+(y-1)^2=1,$$

此为以 $(2,1)$ 为圆心、半径为 1 的圆方程，故知题目所述的区域范围为图 3-146 中的阴影部分.

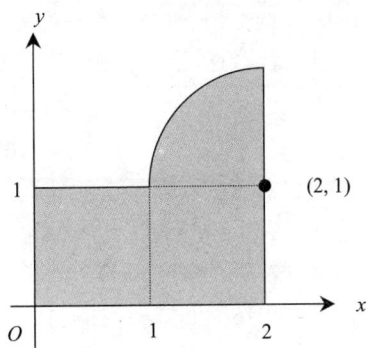

图 3-146

此时便可得知阴影部分面积为

$$1\times 2+\dfrac{\pi\times 1^2}{4}=2+\dfrac{\pi}{4}.$$

答: (E)

13. 如图 3-147 所示,因为 $\triangle ABC \sim \triangle AFG \sim \triangle ADE$,故可得知 $FG = \dfrac{AF}{AB} \times$

$BC = 4$、$DE = \dfrac{AD}{AF} \times FG = \dfrac{3}{2}$,所以阴影部分的梯形面积为 $\dfrac{1}{2} \times \left(4 + \dfrac{3}{2}\right) \times 5 =$

$\dfrac{55}{4}$ (cm^2).

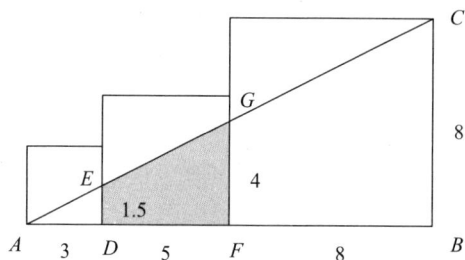

图 3-147

答: (C)

14. 可知图中所围出的四个直角三角形是彼此互相全等的直角三角形,且其斜边为 $20 \div 4 = 5$ (cm). 不妨令两股长分别为 a cm、$(28 \div 4) - a = 7 - a$ (cm),则由勾股定理可得 $a^2 + (7-a)^2 = 5^2$,化简后为 $a^2 - 7a + 12 = 0$,即 $(a-3)(a-4) = 0$,而无论 $a = 3$ 或 4,都可判断出两股长分别 3 cm、4 cm. 再利用勾股定理就可得知一个在内部正方形的顶点与四个在外部正方形的顶点之距离由小至大依序为 3 cm、4 cm、$\sqrt{3^2 + 7^2} = \sqrt{58}$ cm、$\sqrt{4^2 + 7^2} = \sqrt{65}$ cm,即所求为 $\sqrt{65}$ cm.

答: (D)

15. **解** 可知每一个数码在所形成的六个数的十位数及个位数各出现两次,因此若令这三个非零数码分别为 a、b、c 而第六个数为 $\overline{ab}$,则

$$100 + \overline{ab} = 22(a+b+c),$$
$$100 = 12a + 21b + 22c.$$

因 $12a$ 与 $21b$ 都是 3 的倍数而 100 则是被 3 除后余数为 1,因此可推知 $22c$ 可写成 $3m+1$ 的形式,此时便可再进一步推得 c 也必可写成 $3n+1$ 的形式,故 $c = 1$、4 或 7. 但是因为 $22c \leqslant 100 - 12 - 21$,即 $c \leqslant 3$,所以可知 $c = 1$,因此 $78 = 12a + 21b$,即 $7b = 26 - 4a = 2(13 - 2a)$,故 b 为偶数. 但因 $21b \leqslant 78$,即 $b \leqslant 3$,所以 $b = 2$,故 $a = \dfrac{26 - 7 \times 2}{4} = 3$. 因此 $\overline{ab}$ 为 32.

评注　如解所述,可知 $100+\overline{ab}=22(a+b+c)$ 为 22 的倍数,因此 $100+\overline{ab}$ 可为 132、154、176 或 198,即 $\overline{ab}$ 可为 32、54、76 或 98.

若 $\overline{ab}=32$,则 $a+b+c=\dfrac{132}{22}=6$,此时 $c=6-3-2=1$;

若 $\overline{ab}=54$,则 $a+b+c=\dfrac{154}{22}=7$,此时 $c=7-5-4<0$,不合;

若 $\overline{ab}=76$,则 $a+b+c=\dfrac{176}{22}=8$,此时 $c=8-7-6<0$,不合;

若 $\overline{ab}=98$,则 $a+b+c=\dfrac{198}{22}=9$,此时 $c=9-9-8<0$,不合.

因此 $\overline{ab}$ 为 32.

答: (B)

16. 三支飞镖所在的方格共有 $C_9^3=\dfrac{9!}{3!6!}=84$ 种排列的方式,而形成水平线、铅垂线或对角线的方式共有 8 种,因此所求概率为 $\dfrac{8}{84}=\dfrac{2}{21}$.

答: (B)

17. 如图 3-148 所示,若令这一个箱子的长、宽、高为 a、b、c,其中 $a \leqslant b \leqslant c$,则可以得知 $a^2+b^2+c^2=9^2=81$,故 $\dfrac{81}{3}=27 \leqslant c^2 < 81$,即 $6 \leqslant c < 9$.

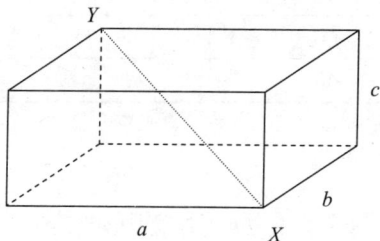

图 3-148

若 $c=6$,则有 $a^2+b^2=45$,故 $\dfrac{45}{2}=22\dfrac{1}{2} \leqslant b^2 < 45$,即 $5 \leqslant b \leqslant 6$.

若 $b=5$,则 $a^2=20$,此时 a 不为整数,不合;

若 $b=6$,则 $a=3$ 且箱子体积为 108;

若 $c=7$,则有 $a^2+b^2=32$,故 $\dfrac{32}{2}=16 \leqslant b^2 < 32$,即 $4 \leqslant b \leqslant 5$.

若 $b=4$，则 $a=4$ 且箱子体积为 112；

若 $b=5$，则 $a^2=7$，此时 a 不为整数，不合；

若 $c=8$，则有 $a^2+b^2=17$，故 $\dfrac{17}{2}=8\dfrac{1}{2}\leqslant b^2<17$，即 $3\leqslant b\leqslant 4$．

若 $b=3$，则 $a^2=8$，此时 a 不为整数，不合；

若 $b=4$，则 $a=1$ 且箱子体积为 32．

故箱子体积最大为 112．

答: (A)

18．可将 $2x^2-2xy+y^2=169$ 化为 $x^2+(x-y)^2=13^2$，而将 13^2 写成两个整数的平方和的表示法共有

$$13^2=(\pm13)^2+0^2=(\pm5)^2+(\pm12)^2，$$

因此可造表如下 (表 3-8)．

表 3-8

x	$x-y$	y	$(x,\ y)$
13	0	13	(13，13)
12	5	7	(12，7)
12	−5	17	(12，17)
5	12	−7	(5，−7)
5	−12	17	(5，17)
0	13	−13	(0，−13)
0	−13	13	(0，13)

合计共 7 组整数解．

答: (D)

19．**解法 1**　若令半圆的半径为 r，则知矩形的其中一边长为 $2r$．再令边长为 $2r$ 的邻边长度为 a．此时由跑道的长度为 400 m 知 $2\pi r+2a=400$，即 $a=200-\pi r$，故矩形的面积为 $2ra=2r(200-\pi r)=400r-2\pi r^2$．接着利用配方法可得

$$400r-2\pi r^2=-2\pi\left(r^2-\frac{200}{\pi}\right)$$

$$=-2\pi\left(r^2-\frac{200}{\pi}+\left(\frac{100}{\pi}\right)^2\right)+2\pi\times\left(\frac{100}{\pi}\right)^2$$

$$= -2\pi \left(r - \frac{100}{\pi} \right)^2 + \frac{20000}{\pi}.$$

故知此矩形的最大面积发生在 $r = \dfrac{100}{\pi}$ 时，其值为 $\dfrac{20000}{\pi}$ m^2.

解法 2　如解法 1 所述，矩形的面积为 $A = 400r - 2\pi r^2$. 接着以 r 为变量作微分，可得 $\dfrac{\mathrm{d}A}{\mathrm{d}r} = 400 - 4\pi r$，而因极值发生在此值为 0 时，故矩形的最大面积发生在 $r = \dfrac{400}{4\pi} = \dfrac{100}{\pi}$ 时，其值为 $400r - 2\pi r^2 = \dfrac{20000}{\pi}$　(m^2).

答: (B)

20. 令 2013 可写成 a、$a+1$、$\cdots$、$a+(n-1)$ 这 n 项之和，则知 $2013 = \dfrac{n(2a+n-1)}{2}$. 不妨令 $m = 2a+n-1$，则有 $mn=4026=2\times3\times11\times61$ 且 $m \geqslant n$. 此时可分为以下几种情形:

$m=3\times11\times61=2013$、$n=2$，则 $a=1006$，即 $2013=1006+1007$;

$m=2\times11\times61=1342$、$n=3$，则 $a=670$，即 $2013=670+671+672$;

$m=11\times61=671$、$n=6$，则 $a=333$，即 $2013=333+334+335+336+337+338$;

$m=2\times3\times61=366$、$n=11$，则 $a=178$，即 $2013=178+179+\cdots+188$;

$m=3\times61=183$、$n=22$，则 $a=81$，即 $2013=81+82+\cdots+102$;

$m=2\times61=122$、$n=33$，则 $a=45$，即 $2013=45+46+\cdots+77$;

$m=2\times3\times11=66$、$n=61$，则 $a=3$，即 $2013=3+4+\cdots+63$.

故知共有 7 种.

答: (C)

21. **解**

$$x^2 = x + 3,$$
$$x^3 = x^2 + 3x = 4x + 3,$$
$$x^4 = 4x^2 + 3x = 7x + 12,$$
$$x^5 = 7x^2 + 12x = 19x + 21.$$

评注

$$x^5 = x \times x^4 = x(x+3)^2 = x(x^2+6x+9) = x(x+3+6x+9)$$
$$= x(7x+12) = 7x^2 + 12x = 7(x+3) + 12x = 19x + 21.$$

答: (D)

22. (同中学中级卷第 24 题)

因直线 CW 经过矩形 $PQRS$ 的中心点 C，故知此直线将矩形 $PQRS$ 切为面积相等的两个区域；再因直线 CW 将非阴影区域切为面积相等的两块区域，故可推知直线 CW 也将阴影部分的两个圆切为面积相等的上、下两个部分．此时利用对称性可推知直线 CW 必经过两圆圆心连接的中点 Z．现如图 3-149 所示，经 C 点作 PS 的垂线 CX，再由 Z、W 作平行于 PS 的直线分别与 CX 交于 Y、X 两点．

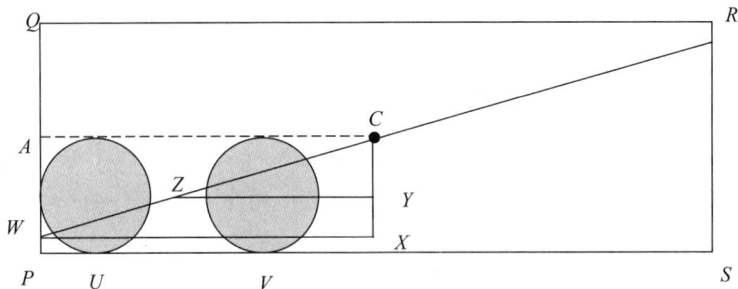

图 3-149

则可知 $\triangle CYZ$ 与 $\triangle CXW$ 为相似三角形且点 Z 至 QP 的距离为

$$UP + \frac{1}{2}UV = 1 + \frac{1}{2}(4-1) = \frac{5}{2},$$

$$YZ = 6 - \frac{5}{2} = \frac{7}{2},$$

$$CY = \text{圆的半径} = 1、XW = CA = 6,$$

因此 $CX = \dfrac{XW \times CY}{YZ} = \dfrac{6}{\frac{7}{2}} = \dfrac{12}{7}$，故 $PW = \dfrac{4}{2} - \dfrac{12}{7} = \dfrac{2}{7}$．

答：(A)

23. 将等式两边平方后可得

$$x + y + 2\sqrt{x+y}\sqrt{y+z} + y + z = z + x,$$

$$\sqrt{x+y}\sqrt{y+z} = -y,$$

$$(x+y)(y+z) = y^2,$$

$$xy + xz + yz = 0,$$

而 $\dfrac{1}{x} + \dfrac{1}{y} + \dfrac{1}{z} = \dfrac{xy + xz + yz}{xyz} = \dfrac{0}{xyz} = 0$．

当 $x=2$、$y=-1$、$z=2$ 时，$\sqrt{x+y}+\sqrt{y+z}=1+1=2=\sqrt{z+x}$，故知等号会成立.

答: (A)

24. **解**　令这一个数为 N 而其数码顺序颠倒后的数为 R. 则由 A 与 E 中至多一位学生是错误的可知 A 与 E 中至少有一位学生是正确的,因此可知 N 为奇数.

若 C 是错误的,则知其余四位学生都是正确的. 此时由 A 与 D 可知 $N \neq R$ 且组成 N 与 R 的两个数码为相异的奇数码. 再因 R 为两位数,故知 R 必有小于 10 的质因子,且 3 不可能为的质因子,否则 3 必整除 A,与 A 所说的矛盾.故 R 的最小质因子为 5 或 7,所以 R 的可能值为 35、91 或 95.

若 $R=35$,则 $N=53$,但 51、55 皆不为质数,与 E 所说矛盾;

若 $R=91$,则 $N=19$,但 19 无法写成两个完全平方数之和,与 B 所说的矛盾;

若 $R=95$,则 $N=59$,但 59 无法写成两个完全平方数之和,与 B 所说的矛盾.

因此 C 必正确,故 N 的可能值为 17、27、37、47、57、67、71、73、75、77、79、87 与 97. 此时可如下表注记 N 的不同取值时,是否满足除了 C 以外的其余四位学生所述的情形 (表 3-9).

表 3-9

N	17	27	37	47	57	67	71	73	75	77	79	87	97
A	○		○	○		○	○				○		○
B	○		○					○					○
D					○				○	○			
E	○	○			○		○	○	○	○	○		

可知仅 $N=17$ 与 73 时恰有四位学生是正确的,且这两种情形时,都是 D 错误.

解法 2　令这一个数为 N 而其数码顺序颠倒后的数为 R. 则由 A 与 E 中至多一位学生是错误的,可知 A 与 E 中至少有一位学生是正确的,因此可知 N 为奇数.

若 A 和 C 都是正确的,则可知 N 的可能值为 17、37、47、67、71、73、79 与 97,此时对应的 R 值依序为 71、73、74、76、17、37、97 与 79,故知 D 错误,因此 B 与 E 都必正确. 因 E 正确,故知 N 的可能值为 17、71 与 73,而其中仅 $17=1+16=1^2+4^2$ 与 $73=9+64=3^2+8^2$ 可写成两个完全平方数之和,故知 $N=17$ 或 73,且都是 D 错误.

若 D 是正确的，则由上述讨论知 A、C 其中必有一个是错误的，故 B、E 必正确. 现因为 N、R 为奇数且 R 为合数知 R 的可能值为 15、33、35、39、51、55、57、75、77、91、93、95 与 99，对应的 N 的可能值依序为 51、33、53、93、15、55、75、57、77、19、39、59 与 99.

若是 A 错误而 C 正确，此时由 C 知 N 的可能值为 57、75 与 77，但这三个数皆无法写成两个完全平方数之和，与 B 矛盾；

若是 A 正确而 C 错误，此时由 A 知 N 的可能值为 19、53 与 59，但 19、59 皆无法写成两个完全平方数之和，与 B 矛盾，而 53+2=55、53−2=51 皆不为质数，与 E 矛盾.

故此情形不会成立.

解法3　由 A、E 中至少一人正确，知此数是奇数.

若 D 所述正确，则将此数数码顺序颠倒后所得的数必有一个小于 10 的质因子，由于其为奇数，故此质因子仅可能为 3、5 或 7.

若此质因子为 3，则知原数亦可被 3 整除，不是质数，即 A 所述错误，因此 B 所述正确，设此数能写为 $x^2 + y^2$ 之形式. 由于此数被 3 整除，而平方数被 3 除余 0 或 1，故 x、y 都是 3 的倍数. 即此数是 9 的倍数. 再由 C 所述知此数为 27 或 72，但 27 将导致 A、B、D 均错误，72 将导致 A、E 均错误.

若此质因子为 5，则原数首位为 5，仅可能为 51，53，55，57，59 之一. 但 51，55，59 被 4 除余 3，会导致 B 所述错误，57 被 3 整除不被 9 整除，也会导致 B 所述错误，51，53，55，59 会导致 C 所述错误，53 会导致 E 所述错误，57 会导致 A 所述错误，均不合题意.

若此质因子为 7，由上面分析知这是最小质因子，故颠倒后的数仅可能为 49=7×7，77=7×11，91=7×13，但 94 不是奇数，77 会使 A、B 所述错误 (平方数被 7 除仅能余 0，1，2，4，或简单验证)，19 会使 B、C 错误，均不合题意.

因此 D 所述必为错误的，此时 A、B、E 所述正确，故此数为 100 以内的孪生素数对中除以 4 余 1 的那个，仅可能为 13，17，29，41，61，73 之一，再结合 C 所述知此数必为 17 或 73，符合题意.

答: (D)

25. **解**　若令小球体积为 V，则由大小球的半径分别为 1 与 2 可知大球的体积为 $8V$. 可再令小球内无阴影部分与阴影部分的体积分别为 aV 与 $(1-a)V$，则因为 P 为切点，所以可以推知大圆内阴影部分与无阴影部分的体积分别为

$8aV$ 与 $8(1-a)V$. 因两球中无阴影部分的体积为全部体积的 $\dfrac{1}{3}$，故可知

$$\dfrac{1}{3} \times 9V = aV + 8(1-a)V,$$

$$3 = a + 8 - 8a,$$

$$a = \dfrac{5}{7}.$$

所以小球内阴影部分与无阴影部分的体积比为 $\dfrac{2}{7} : \dfrac{5}{7} = 2 : 5$.

评注　不妨令小球内阴影部分与无阴影部分的体积分别为 a 与 b，则由大小球的半径分别为 1 与 2 可知大球的体积为 $8(a+b)$. 因 P 为切点，故可推知大圆内阴影部分与无阴影部分的体积分别为 $8b$ 与 $8a$. 此时便可得知 $\dfrac{a + 8b}{b + 8a} = 2$，即 $2b + 16a = a + 8b$，故有 $15a = 6b$，因此 $a : b = 2 : 5$.

答: (E)

26．(同中学中级卷第 28 题)

解法 1　为了方便起见，不妨令这两队分别为 X 队与 Y 队，且 n 为两队的进球总数、d 为 X 队进球数减去 Y 队进球数及 $X:Y$ 为两队的进球比数. 则由这两支球队"实力相当"可知 $-2 \le d \le 2$ 且:

$n=0$ 时，只有 $d=0$ 这一种状况，且只可能为 $0:0$ 这一个赛况.

$n=1$ 时，只有 $d=1$ 或 $d=-1$ 这两种状况，且 $d=1$ 只可能为 $1:0$ 这一个赛况、$d=-1$ 只可能为 $0:1$ 这一个赛况，合计 2 个赛况.

$n=2$ 时，只有 $d=2$、$d=0$ 或 $d=-2$ 这三种状况，且可知

(i) $d=2$ 时一定会曾发生 $n=1$、$d=1$ 的情况，故只可能有 1 个赛况；

(ii) $d=0$ 时一定会曾发生 $n=1$、$d=1$ 或 $n=1$、$d=-1$ 的情况，故只可能有 $1+1=2$ 个赛况；

(iii) $d=-2$ 时一定会曾发生 $n=1$、$d=-1$ 的情况，故只可能有 1 个赛况.

因此合计 $1+2+1=4$ 个赛况.

$n=3$ 时，只有 $d=1$ 或 $d=-1$ 这两种状况，且可知

(i) $d=1$ 时一定会曾发生 $n=2$、$d=2$ 或 $n=2$、$d=0$ 的情况，故只可能有 $1+2=3$ 个赛况；

(ii) $d=-1$ 时一定会曾发生 $n=2$、$d=0$ 或 $n=2$、$d=-2$ 的情况，故只可能有 $2+1=3$ 个赛况；

因此合计 3+3=6 个赛况.

$n=4$ 时,只有 $d=2$、$d=0$ 或 $d=-2$ 这三种状况,且可知

(i) $d=2$ 时一定会曾发生 $n=3$、$d=1$ 的情况,故只可能有 3 个赛况;

(ii) $d=0$ 时一定会曾发生 $n=3$、$d=1$ 或 $n=3$、$d=-1$ 的情况,故只可能有 3+3=6 个赛况;

(iii) $d=-2$ 时一定会曾发生 $n=3$、$d=-1$ 的情况,故只可能有 3 个赛况.

因此合计 3+6+3=12 个赛况.

接着继续以此类推,可造表如表 3-10.

表 3-10

n \ d	−2	−1	0	1	2
0			1		
1		1		1	
2	1		2		1
3		3		3	
4	3		6		3
5		9		9	
6	9		18		9
7		27		27	
8	27		54		27
9		81		81	
10	81		162		81
11		243		243	
12	243		486		243

因此当两队共进 12 球时,共有 243+486+243=972 种不同可能的赛况.

解法 2　可知当两队的进球总数为奇数时,两队之间的进球数之差必定为 1,且此时领先的球队不可能再连续进两球,因此接下来两队的进球总数直到

下一个奇数时共只有三种可能的赛况 (若领先的是 X 队，则接下来可能进球的赛况为 XY、YX、YY).

因两队的进球总数为 1 时，有两种可能的情况，因此直到两队进球总数为 $11=2×5+1$ 时，共有 $2×3^5=486$ 种不同可能的赛况，而第 12 颗无论是哪一队进球，仍会是"实力相当"的赛况，因此也有 2 种可能的情况，故到两队进球总数为 12 时，共有 $486×2=972$ 种不同可能的赛况.

评注   为了方便起见，假设两队分别为 X 队与 Y 队，再令 n 为 X 队分数、k 为 Y 队分数，于是便可在坐标平面上利用点 $(n，k)$ 来表示两队比数，如图 3-150 所示.

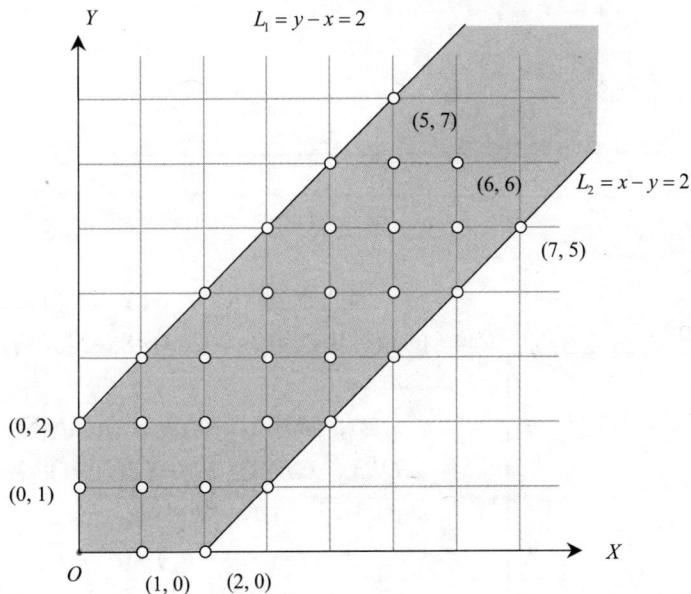

图 3-150

由题意可知 $|n-k|\leqslant 2$，故所有代表两队得分的点会落在 $L_1 L_2$ 两直线之间的阴影区域里；当 $n+k=12$ 时，球赛的实际赛况个数就会变成图中阴影区域内从原点走到 (5，7)、(6，6)、(7，5) 这三点的路径走法数.

图 3-151 中，各点旁的数即为在图中阴影区域内从原点沿网格线走到该点的路径走法数.

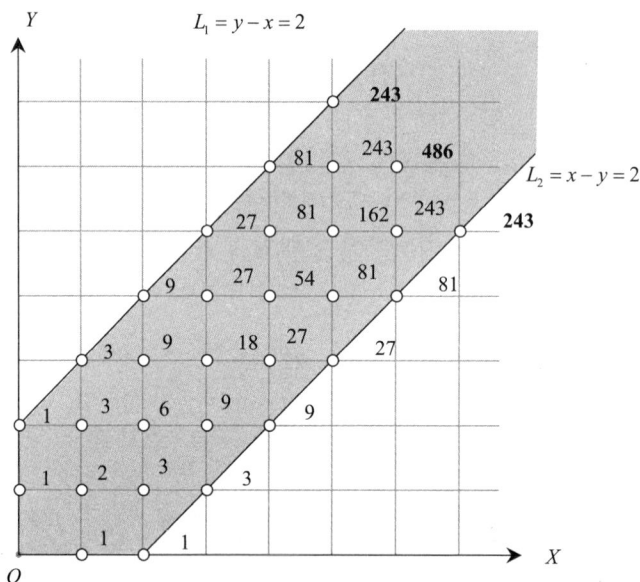

图 3-151

因此走到 (5，7)、(6，6)、(7，5) 这三点的路径走法数共有 243+486+243=972 种.

答: 972

27. **解法 1**　令 a、b、c、d 分别为 $\triangle PQX$、$\triangle QRX$、$\triangle RSX$、$\triangle SPX$ 在正方形各边上的高，如图 3-152 所示，则可知

$$a^2 - c^2 = (a^2 + d^2) - (c^2 + d^2)$$
$$= 53^2 - 51^2 = 2 \times 104 = 2^4 \times 13.$$

因 a、c 都是正整数，故可判断出 $a+c$、$a-c$ 都是偶数，即

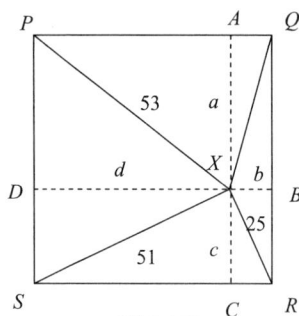

图 3-152

(i) $\begin{cases} a+c=104, \\ a-c=2, \end{cases}$ 解方程组后可得知 $a=53$、$c=51$，不合；

(ii) $\begin{cases} a+c=52, \\ a-c=4, \end{cases}$ 解方程组后可得知 $a=28$、$c=24$，因此正方形的边长为

28+24=52，故 $\triangle PQX$ 的面积为 $\dfrac{1}{2}\times 52\times 28=728$ （m²）.

解法 2 观察 $\triangle RCX$. 因这一个直角三角形的斜边长度为 $XR=25$，故由勾股数可得知两股长分别为 7 与 24 或 15 与 20.

若 $XC=7$，则 $SC^2=51^2-7^2=2552$，此不为完全平方数，故不合；

若 $XC=24$，则 $SC^2=51^2-24^2=2025=45^2$，因此 $SC=45$，所以正方形的边长为 $SR=SC+RC=45+7=52$，且 $AX=PD=\sqrt{53^2-45^2}=28$，因此 $\triangle PQX$ 的面积为 $\dfrac{1}{2}\times 52\times 28=728$ （m²）.

若 $XC=15$，则 $SC^2=51^2-15^2=2376$，此不为完全平方数，故不合；

若 $XC=20$，则 $SC^2=51^2-20^2=2201$，此不为完全平方数，故不合.

评注 可知 PX、SX、RX 都分别是直角三角形的斜边长，故观察 25^2、51^2、53^2 写成两个完全平方数之和的情形.

因 $53^2=28^2+45^2$、$51^2=3^2\times 17^2=3^2(8^2+15^2)=24^2+45^2$，故可推得 $DX=45$、$AX=28$、$CX=24$ 且据此知 $PQ=52$. 所以得知 $\triangle PQX$ 的面积为 $\dfrac{1}{2}\times 52\times 28=728$ （m²）.

答: 728

28. (同中学中级卷第 30 题)

观察 10 的幂次方被 37 除之后所得的余数，可知

$$1=10^0=10^3-27\times 37=10^6-27027\times 37=\cdots$$
$$=10^{3n}-\underbrace{270270\cdots 270}_{n-1\text{个}270}27\times 37,$$
$$10=10^1=10^4-270\times 37=10^7-270270\times 37=\cdots$$
$$=10^{3n+1}-\underbrace{270270\cdots 270}_{n\text{个}270}\times 37,$$
$$26=10^2-2\times 37=10^5-2702\times 37=\cdots$$
$$=10^{3n+2}-\underbrace{270270\cdots 270}_{n\text{个}270}2\times 37,$$

故可令 $N=a+10b+26c=18+37m$，其中 a、b、c 皆为正整数且 $a+b+c$ 的值即为数码为 1 的个数，因此 $a+b+c$ 要尽可能小.

当 $m=0$，则有 $a+10b+26c=18$，此时 $c=0$、$a=8$、$b=1$，故 $a+b+c=9$；

当 $m=1$，则有 $a+10b+26c=55$，现由 $a+b+c$ 的值要尽可能小，推知需取

$c=2$，此时可知 $b=0$、$a=3$，故 $a+b+c$ 的最小值为 5；

当 $m=2$，则有 $a+10b+26c=92$，现由 $a+b+c$ 的值要尽可能小，知需取 $c=2$ 或 3. 若 $c=3$，可再推知 $b=1$、$a=4$；若 $c=2$，可此时可再推知 $b=4$、$a=0$，故 $a+b+c$ 的最小值为 6；

当 $m \geqslant 3$，则有 $18+37m \geqslant 129 > 4 \times 26$，故知 $a+b+c \geqslant 5$.

故由以上讨论可知 $a+b+c$ 的最小值为 5，如

$$N=1101101=37 \times 29759+18.$$

答：005

29. **解法 1**　如图 3-153 所示，作 $WX//QR$ 交 TS 于点 W.

由 $\triangle PWX \sim \triangle PQR$ 且 $PX=\frac{4}{9}PR$ 可知

$$PW=\frac{4}{9}PQ、WX=\frac{4}{9}QR=\frac{8}{3}QZ;$$

由 $\triangle SZQ \sim \triangle SXW$ 且 $WX=\frac{8}{3}QZ$ 可知

$$SW=\frac{8}{3}SQ,$$

因此 $WQ=\frac{5}{3}SQ$；

由 $\triangle TWX \sim \triangle TQY$ 且 $WX=\frac{8}{3}QZ=$

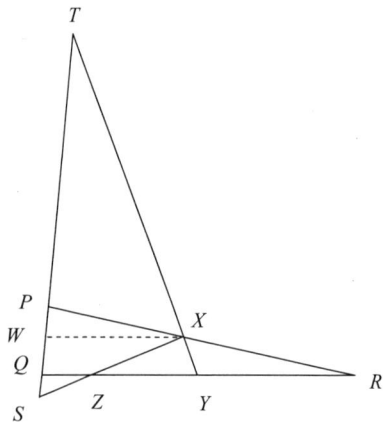

图 3-153

$\frac{8}{9}QY$ 可知 $TW=\frac{8}{9}TQ$，因此 $QW=\frac{1}{9}TQ$，

即 $TQ=9WQ$，再因 $WQ=\frac{5}{3}SQ$，故知

$TQ=15SQ$，所以 $ST=16SQ=176$ cm.

解法 2　如图 3-154 所示，作 $XA//TS$ 交 QR 于点 A、作 $BY//TS$ 交 QR 于点 B.

由 $\triangle XRA \sim \triangle PRQ$ 且 $AX=\frac{5}{9}PQ$ 可知

$$QA=\frac{4}{9}QR,$$

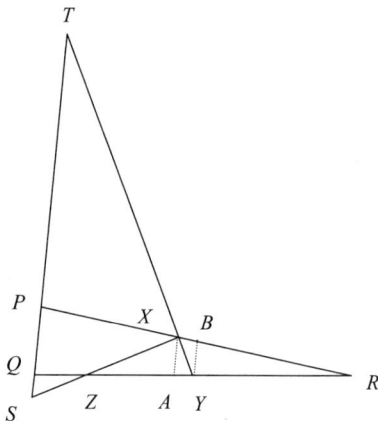

图 3-154

因此再由 $QZ = \dfrac{1}{6}QR$ 可知

$$ZA : QA = \dfrac{5}{3} : 1.$$

由 $\triangle XAZ \sim \triangle SQZ$ 且 $AX = \dfrac{5}{3}SQ$ 可知 $PQ = \dfrac{9}{5}AX = 3SQ$.

由 $\triangle BRY \sim \triangle PRQ$ 且 $BY = \dfrac{1}{2}PQ$ 可知 B 为 PR 的中点且可知 $BX : XP = 1 : 8$.

由 $\triangle XBY \sim \triangle XPT$ 且 $XP = 8BX$ 可知 $PT = 8BY = 4PQ = 12SQ$.

因此 $ST = SQ + PQ + PT = SQ + 3SQ + 12SQ = 16SQ = 176$ cm.

解法 3　如图 3-155 所示，在 $\triangle PQR$ 上利用 Menelaus 定理.

在直线 XZS 上，可得 $\dfrac{PS}{SQ} \times \dfrac{QZ}{ZR} \times \dfrac{RX}{XP} =$

$\dfrac{PS}{SQ} \times \dfrac{1}{5} \times \dfrac{5}{4} = 1$，因 此 可 得 $PS = 4SQ$，即

$PQ = 3SQ$；

在直线 YXT 上，可得 $\dfrac{PT}{TQ} \times \dfrac{QY}{YR} \times \dfrac{RX}{XP} =$

$\dfrac{3}{3} \times \dfrac{5}{4} = 1$，因此可得 $PT = \dfrac{4}{5}TQ$，即 $PT = 4PQ =$

$12SQ$.

故 $ST = SQ + PQ + PT = SQ + 3SQ + 12SQ = 16SQ = 176$ cm.

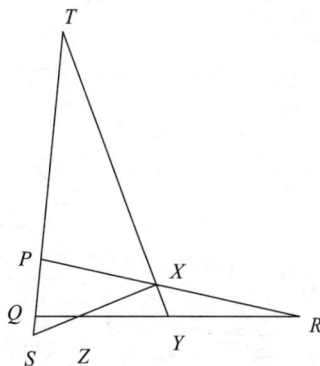

图 3-155

答: 176

评注　Menelaus 定理：一直线分别截 $\triangle ABC$ 三边 BC、CA、AB 或延长线于点 D、E、F，则

$$\dfrac{AF}{FB} \times \dfrac{BD}{DC} \times \dfrac{CE}{EA} = 1.$$

证明　如图 3-156 所示，过点 C 作 $CG//DF$ 交 AB 于 G，则有

$$\dfrac{BD}{DC} = \dfrac{BF}{GF}、\qquad \dfrac{CE}{EA} = \dfrac{GF}{FA},$$

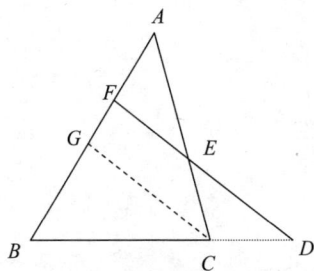

图 3-156

所以 $\dfrac{AF}{FB} \times \dfrac{BD}{DC} \times \dfrac{CE}{EA} = \dfrac{AF}{FB} \times \dfrac{BF}{GF} \times \dfrac{GF}{AF} = 1$.

30. **解法 1** 因 348=29×12, 故可令 △ABC 上的点 A 之坐标为 (0, 0)、AB=29 且在 AB 边上的高 DC=24. 不失一般性, 可再令点 B 的坐标为 (u, v), 其中 0<v<u, 则有 $u^2 + v^2 = 29^2$. 由勾股数可知 u=21、v=20. 此时可再令点 C 的坐标为 (a, b), 并在坐标平面上绘出以 AB 为边长的正方形 ABGF 及矩形 ABED, 如图 3-157 所示, 其中点 G 及点 F 的坐标可由勾股数推出.

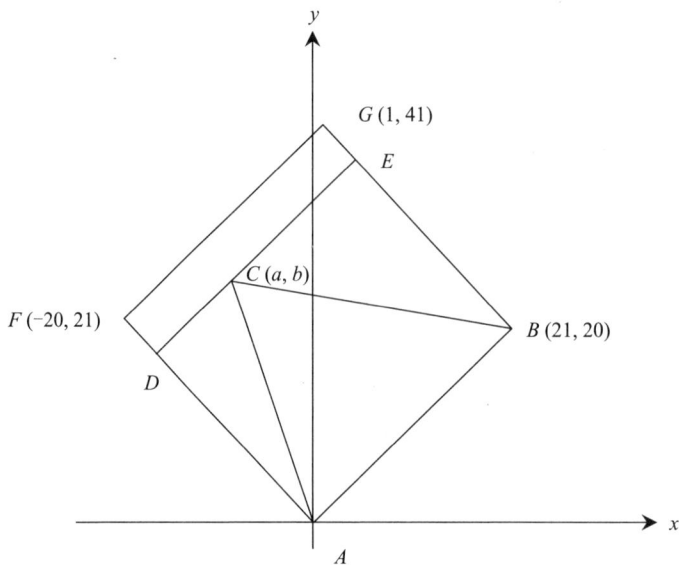

图 3-157

则由 $\dfrac{AD}{AF} = \dfrac{24}{29}$ 可以计算出点 D 的坐标为

$$\dfrac{24}{29}(-20, 21) = \left(-\dfrac{480}{29}, \dfrac{504}{29}\right),$$

再由直线 DE 的斜率为 $\dfrac{20}{21}$ 知直线 DE 的方程为

$$20x - 21y = -20 \times \dfrac{24 \times 20}{29} - 21 \times \dfrac{24 \times 21}{9} = -24 \times 29.$$

为了要找出整数解, 可将上式化为知 $y \equiv 16 \pmod{20}$, 即 y=16+20m, 代

回原方程，可得 $x=21m-18$，故知直线 DE 上的整数点为 $(21m-18, 16+20m)$.

由 x 坐标可知 $-\dfrac{480}{29}<a<21$，故 $-\dfrac{480}{29}=-16\dfrac{16}{29}<21m-18<21$，即 $1\dfrac{13}{29}<21m$ <39，因此 $m=1$，即 $x=3$、$y=36$，故点 C 之坐标为 $(3,36)$，所以 $AC=\sqrt{3^2+36^2}$ $=3\sqrt{145}$、$BC=\sqrt{16^2+18^2}=2\sqrt{145}$.

因此所求之乘积为 $3\sqrt{145}\times2\sqrt{145}=870$.

解法 2 如解法 1 所述，令点 A 之坐标为 $(0,0)$、点 B 之坐标为 $(21,20)$，再令点 C 的坐标为 (x,y)，且过 C、B 分别作直线垂直于 x 轴，依序交于 D、E 两点，如图 3-158 所示.

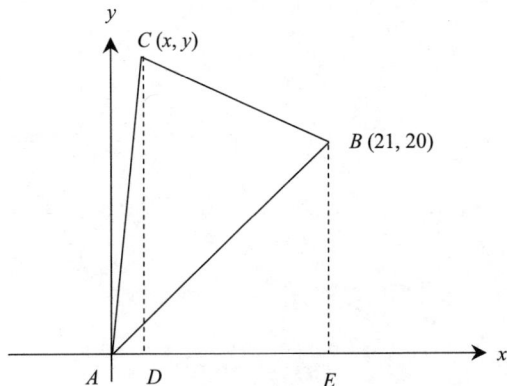

图 3-158

可知 $\triangle ACD$ 的面积为 $\dfrac{xy}{2}$、梯形 $BCDE$ 的面积为 $\dfrac{(20+y)(21-x)}{2}$ 以及 $\triangle ABE$ 的面积为 210. 因已知 $\triangle ABC$ 的面积为 348，故由面积关系知

$$\dfrac{xy}{2}+\dfrac{(20+y)(21-x)}{2}=348+210=558.$$

化简后可得 $21y-20x=696$. 接着如同解法 1 所使用之手法，可得所求之乘积为 $3\sqrt{145}\times2\sqrt{145}=870$.

评注 如解法 1 所述，令点 A 之坐标为 $(0,0)$、点 B 之坐标为 $(21,20)$，则可知直线 AB 的方程为 $21x-20y=0$，且 $(0,1)$ 至 AB 直线的距离为 $\dfrac{21}{29}>0$. 再因点 C 至直线 AB 的距离为 24，故有 $24=\dfrac{21b-20a}{\sqrt{20^2+21^2}}$，即 $21b-$

$20a = 696$，因此过点 C 平行于 AB 的直线方程为 $21y - 20x = 696$．接着如同解法 1 所使用之手法，可得所求之乘积为 $3\sqrt{145} \times 2\sqrt{145} = 870$．

答：870